주역의 관문 대학

주역의 관문
대학

―

초판 발행	2018년 03월 06일
지은이	이응문
펴낸이	서경원
디자인	이철주
편집	나진연
펴낸곳	도서출판 담디
등록일	2002년 9월 16일
등록번호	제9-00102호
주소	01036 서울특별시 강북구 삼각산로 79 2층
전화	02-900-0652
팩스	02-900-0657
이메일	damdi_book@naver.com
홈페이지	www.damdi.co.kr

―

2018 ⓒ 이응문
지은이와 출판사의 허락 없이 책 내용 및 사진, 드로잉 등의 무단 복제와 전재를 금합니다.

―

Printed in Korea
ISBN 978-89-6801-077-4 (04150)
ISBN 978-89-6801-044-6 (세트) (04150)

―

이 도서의 국립중앙도서관 출판예정도서목록(CIP)은 서지정보유통지원시스템 홈페이지(http://seoji.nl.go.kr)와 국가자료공동목록시스템(http://www.nl.go.kr/kolisnet)에서 이용하실 수 있습니다.(CIP제어번호: CIP2018006448)

주역의 관문
대학

청고 이응문 지음

머리말

사람은 누구나 배움으로 능숙해지고 물음으로 깨닫는다. 능히 앎이란 알이 깨어나듯이, 학문(學問)으로 말미암는다. 지능(知能)은 천지부모가 내려주신 신(神)의 선물이며, 그 근원은 자연의 이간(易簡)한 법도이다. 쉽고[易] 간단한[簡] 자연도리를 그대로 본받아 지능을 계발하고 내외로 덕업(德業)을 갖춰나가면, 현인군자도 되고 세상의 이치도 체득한다.

『대학(大學)』은 읽는 이에게 큰 배움의 길을 제시하는 유학경전으로, 대인군자(지도자)의 도덕 경륜을 닦고 익히는 글이다. 여기서 큰 배움이란 무엇인가?

이 세상에서 가장 큰 존재는 역(易)이라 일컫는 천지자연이며, 이를 거느리고 이끄는 주재자가 태극(太極)이므로, 태극의 진리를 배우고 본받는 것이 곧 대인의 길을 여는 큰 배움이다. 인간 세상을 널리 이롭게 하는 홍익이화(弘益理化)의 정신도 이 큰 배움을 바탕으로 한다.

공부와 관련된 '가르칠 교(敎)'와 '배울 학(學)'에는 모두 '효도 효(孝)'라는 글자가 들어있다. 효(孝)란 부모의 사랑[爻]으로 태어난 자식[子]이 마땅히 부모를 본받고 섬겨야 한다는 뜻이다. 『역경(易經)』에서 고요한 음[--]과 움직이는 양[—]을 가리키는 효(爻)는 본래 천지부모가 음양조화를 이루어 서로 사귄다는 의미이며, '본받을 효(效)'와도 통한다.

작게는 낳고 길러준 어버이의 인생을 본받는 소효(小孝)가 있고, 크게는 만물을 품는 천지 대자연의 진리를 본받는 대효(大孝)가 있다. 이는 배움의 과정이 『소학(小學)』과 『대학(大學)』으로 나뉘는 것과도 같다.

공자(孔子)께서 시·서·예·악(詩·書·禮·樂)을 산정(刪定)하셨지만, 고본 『예기(禮記)』 속에 들어있던 『대학』, 『중용』편은 문하인 증자(曾子)와 자사(子思)의 작

품으로 알려져 있다. 그 명칭도 대동중정(大同中正)을 종지로 삼는『역경(易經)』에서 유래한 것으로 본다.

공자는『역경』을 위편삼절(韋編三絶)하여 시방세계에 나래를 펼치도록「십익(十翼)」이라는 열 날개 해설전문을 덧붙여 집대성하였다. 그의 가르침은 수제자인 증자에게로 이어진다. 대학경전에 있어서도 공자의 말씀을 증자가 경문 1장으로 세우고, 자사를 비롯한 그 문인들이 스승의 가르침을 전문 10장으로 엮은 것이라고 추정한다.

전해오기로는 한(漢)나라 노국공왕(魯國恭王)이 공자의 구택을 허물 당시 선진고문(先秦古文) 가운데 예기(禮記)가 나왔지만, 그 안의『대학』편만이 죽간이 흐트러져 글 순서가 뒤죽박죽이 된 상태였다. 공자 이후 본래의『예기』속에 들어있던 문헌자료들은 제대로 전해지지 못했고, 현재의『예기』는 한나라 당시의 유학자들이 정리한 문헌이다.

본격적으로 착간(錯簡)을 바로잡기 위해 노력하기 시작한 것은 송나라에 들어와서이다. 이는 원시유학의 근본바탕이 대학경전에 있다고 보았기 때문이다. 정자(程子)와 주자(朱子)뿐만 아니라 우리나라의 수많은 선유들도 고정에 심혈을 기울였는데, 특히 주자의『대학장구(大學章句)』는 오늘날까지도 대표적인 대학교재로 쓰이고 있다.

필자가 쓴『주역의 관문, 대학』은 야산선생(1889~1958)의『대학착간고정』원문 순서를 밑바탕으로 경전의 가르침을 살핀 글이다.

야산선생은 죽간대학이 뒤섞였을지라도 원문 자체는 거의 유실되지 않았다고 보았다. 문장을 별도로 보궐(補闕)한 주자의『대학장구』와 달리,『착간고정』은 '고본대학 원문 안'에서 고정을 하였다는 점이 중요하다. "옛 글 그대로 기술할 뿐 창작하지 않는다."는 공자의 술이부작(述而不作) 정신에 그대로 부합한다고 하겠다.

『논어』자한(子罕)편에 공자가 때를 탄식하며 "봉황이 이르지 않고 하수에서 그림이 나오지 않으니 내가 그만두어야겠구나[鳳鳥不至 河不出圖 吾已矣]!"라는 대목이 있다.

『주역』에도 또한 "하수에서 그림이 나와[河出圖] 성인이 이를 법도로 삼았다[聖人則之]."는 공자말씀이 있다.

하도(河圖)는 우주자연을 생성하고 변화하는 무궁태극의 이치를 1~10에 이르는 열 가지 수로 표상한 그림이다. 음양오행을 비롯한 인류 최초의 결승문자인 8괘가 여기에서 나왔으므로, 문명의 시원(始原)이 된다. 공자는 '역유태극(易有太極)'을 밑바탕으로 3변하여 양의·사상·8괘가 생성됨을 설명하였다. 『대학』의 핵심인 3강령·8조목도 하도와 팔괘의 생성수리를 기본법도로 삼았다.

야산선생은 『대학』을 '역을 배우는 관문[學易之關]'이라 하였다. 『대학』이란 관문 속에 역이 들어있고, 그 속에 무궁태극의 진리가 담겨있다는 의미이리라. 『대학착간고정』은 선생께서 돌아가시기 한 해 전인 정유년(1957년)에 남긴 마지막 저술이다.

어느덧 60주년 1갑(甲)을 지난 무술년 새해 입춘이다. 밝은 해가 솟구쳐 온 세상을 두루 비추듯이, 『대학』의 도가 우리를 자소명덕(自昭明德)으로 이끌어주리라 믿는다.

비록 학문과 견문, 지혜와 덕이 부족하기 그지없는 필자의 글이지만, 수천년 전 원시유학의 근원 물줄기를 찾는데 소박한 디딤돌이 되길 바라마지 않는다. 언젠가 야산선생의 『대학착간고정』이 한국유학의 위상을 온 세상에 드높이고, 대학교의 교육과정에도 두루 쓰일 때가 오길 염원하며, 관련 전공학자를 비롯한 학인 여러분들의 참된 질정(叱正)과 뜨거운 관심을 기다린다.

책을 내는데 애쓴 담디 출판사, 대연학당 및 성원해주신 동유회, 동방문화진흥회 식구 모든 분들을 비롯하여 대구시의 성원에 깊이 머리 숙여 감사드린다. 특히 편집교정에 노력과 정성을 다한 덕천(德泉) 오금지 님, 관초(觀礎) 고승순 님, 경연당(庚衍堂) 송준영 님의 헌신적 도움에 진실로 고마움을 표한다.

단기 4351년(무술 2018) 입목(立木) 절기 2월 4일
대구앞산 대명동 대연학당 관생재(觀生齋)에서

목차

004		머리말
010		일러두기

013		**대학입문**
014		인문철학을 대표하는 유학
014		유학의 기본경전, 사서삼경
015		경전의 핵심과 읽는 순서
017		『주역』의 '대동·중정'과 『예기』의 '대학·중용'
018		『고본대학』의 착간 및 선유들의 고정노력
019		야산선생의 『대학착간고정』

021		『대학』의 강목(綱目)
021		삼강령(三綱領)
023		팔조목(八條目)

024		『대학착간고정』의 경전 체계
024		격물장과 치지장의 회복
025		경문 1장 3절(123자)과 전문 10장 64절(1640자)
025		『대학』경전의 설계도, 하도(10수)

029		학역지관(學易之關)인 『대학』
029		삼강팔목(三綱八目)의 태극지도(太極之道)
031		삼강팔목(三綱八目)의 본말선후(本末先後)
033		대인지학(大人之學)과 대연오십(大衍五十)
034		효천법지(效天法地)와 이간덕업(易簡德業)

037	**대학착간고정(원문해설)**	
038	경문(經文)	
065	전문(傳文)	
065		제 1 장 명명덕(明明德)
080		제 2 장 친민(親民)
090		제 3 장 지어지선(止於至善)
102		제 4 장 격물(格物)
118		제 5 장 치지(致知)
135		제 6 장 성의(誠意)
148		제 7 장 정심수신(正心修身)
160		제 8 장 수신제가(修身齊家)
170		제 9 장 제가치국(齊家治國)
186		제 10 장 치국평천하(治國平天下)

240	**부록**
241	야산 선생의 『대학착간고정서기』
254	주자의 『대학장구서』
262	주자의 『대학장구본』과 야산선생의 『착간고정본』 원문 대조표
271	『대학착간고정』 경전원문(총 1763자)
272	삼강령도(三綱領圖), 팔조목도(八條目圖) 1·2
274	야산선생의 『대학경전도덕도(大學經傳道德圖)』
276	오세재윤법(五歲再閏法) ⇒ 팔세삼윤법(八歲三閏法)
279	대법홍범(大法洪範)과 대학강목(大學綱目)
287	야산 이달 선생의 생애 및 주요학설(乾九五圖說 등)

295	**찾아보기**

일러두기

1. 책이 나오기까지 과정

 역경을 비롯한 인문유학에 첫 발을 내딛던 1985년 봄에 필자가 처음 배우고 익힌 경전이 바로 대학이다. 이 책 『주역의 관문, 대학』은 2002년 대구로 내려와 대연학당(大衍學堂)을 개소한 이후부터 지금까지, 야산선생의 『대학착간고정』에 대해 평소 생각하고 궁리한 바를 틈틈이 기록 정리한 글이다. 대학 해설을 위해 실은 주역 관련그림은 기본적으로 필자의 학문적 견해를 담은 것임을 밝힌다.

2. 책의 구성 체계

 이 책은 야산선생의 『대학착간고정』을 정본(正本)으로 한다. 전체적인 편제는 『대학입문』, 『대학착간고정』 원문해설, 부록편 셋으로 나누어 구성하였다. 서문에 해당하는 『대학착간고정서기』는 독자들이 대학원문의 해설을 살핀 다음 보아야 이해하기 쉬우리라 생각되어, 편의상 부록 속에 넣었다.

 (1) 『대학입문』에서는 대학공부에 꼭 필요한 유학경전에 대한 기본소개 및 대학의 강목(綱目)과 『대학착간고정』의 경전체계, 『대학』이 주역을 배우는 관문이 되는 구체적인 연유 등을 담았다.

 (2) 원문해설에서는 야산선생의 『대학착간고정』과 주자의 『대학장구』가 서로 손쉽게 비교되도록 〈본문대조표〉를 붙였다. 본문공부에 기본바탕이 되거나 『대학착간고정』의 고정논지를 보다 명확히 할 필요가 있을 때에는 『대학

장구』해설을 함께 실었다.

〈경전해설〉은『대학착간고정』원문에 대한 기본적인 풀이이며, 〈고정논지〉는 대학착간을 고정한 야산선생의 뜻에 대해 추정한 내용이다. 이 외〈주역산책〉은 대학을 공부하는데 참조가 되리라 여겨지는 대목에 대해, 주역적인 관점에서 살핀 내용이다.

(3) 부록 내용은 아래와 같다.
① 『대학착간고정서기』(야산)
② 『대학장구서』(주자)
③ 주자의『대학장구본』과 야산선생의『착간고정본』〈원문 대조표〉
④ 『대학착간고정』경전원문(총 1763자)
⑤ 야산선생의『대학경전도덕도(大學經傳道德圖)』및 삼강령도(三綱領圖), 팔조목도(八條目圖) 1·2
⑥ 오세재윤법(五歲再閏法) ⇒ 팔세삼윤법(八歲三閏法)
⑦ 대법홍범(大法洪範)과 대학강목(大學綱目)
⑧ 야산 이달 선생의 생애
⑨ 야산선생의 주요학설(乾九五圖說 등)

3. 이 책의 특색

첫째, 야산선생이 대학을 '주역을 배우는 관문'으로 정의한 말씀에 따라, 주역적인 관점에서『대학착간고정』전체를 살피고자 하였다. 대학의 핵심인 3강령과 8조목이 하도(河圖) 및 태극(太極)의 수리에 근본바탕을 두었음이 이 글에서 논증된다. 필요할 경우에는 가급적 도해(圖解)를 덧붙여, 초학자와 일반 독자들이 대학경전을 접함에 있어서 자연스럽고 흥미를 갖도록 힘썼다.

둘째, 주자의 대학해설과 상호 비교하기 쉽도록 원문을 대조해놓았다. 가급적 주자의 해설도 상세히 소개하여 야산선생의 고정논지를 보다 명확히 밝히고자 하였다.

셋째, 문장 풀이는 전통적인 방식에 따라 직역을 앞세우고 의역을 하였으며, 전공학자들에게도 도움이 될 수 있도록 해설에 필요한 인용문구 등을 빠짐없이 주(註)에 넣고자 하였다.

4. 원문 및 현토

원문은 대동문화연구원에서 나온『경서(經書)』대학편에 따라 편집을 하였고, 현토는 학민출판사의『대학·중용』(附諺解)에 의거하였다.

5. 책을 펴냄에 도움이 된 기본서적 및 문헌자료

- 사서삼경 원전을 비롯한 역경에 관련된 선유들의 글
- 주자의 대학장구
- 야산선생문집
- 대학고금본통고(大學古今本通考) --- 중국자학명저집성(中國子學名著集成) 015
- 대학 대학혹문(大學或問) 대학강어(大學講語) --- 박완식 편저
- 대산 대학강의. (한길사 간)
- 한국민족문화대백과. (한국학중앙연구원 간), 두산백과
- 태극사상과 한국문화. (필자. 도서출판 동방문화)
- 주역을 담은 천자문. (필자. 도서출판 담디)
- 세상을 담은 천자문 자해. (필자. 도서출판 담디)
- 주역과 천도변화. (필자. 동방문화진흥회 학술자료집)
- 재미있고 신비한 동양학이야기. (필자. 대구중앙도서관 특강자료집)

大學入門
대 학 입 문

인문철학을 대표하는 유학

유학의 기본경전, 사서삼경

水天需

　　유학(儒學)은 선비의 학문으로, 사람[亻]에게 필수(必需)적인 도리를 닦는다는 뜻이다. '선비 유(儒)'자 안의 수(需)는 『역경(易經)』 64괘 가운데 하나로, 비구름[☵]이 하늘[☰]을 덮고 있으나 아직은 비를 내리지 못하는 형상으로 본다. 따라서 비 오길 구하고 기다린다는 데서 '구할 수, 기다릴 수', 생명수처럼 삶에 반드시 요구되는 물품인 '음식 수'의 의미로 쓰인다.

　　사람이 살아가기 위해서는 음식이 꼭 필요하지만, 정신적인 양식(糧食)인 인륜도덕과 예의규범 또한 반드시 요구된다. 이를 익히고 닦는 것이 곧 '선비 유(儒)'의 참 의미이다.

> **부모(父母)의 자(子) · 교학(敎學)의 효(孝) · 선불(仙佛)의 유(儒)**
>
> 효(孝)는 고유 현묘의 도, 풍류(風流)는 유불선 3교의 근원 - 고운(孤雲)
> 포함삼교(包含三敎) 접화군생(接化群生)
> -3교를 포함하고 중생을 교접(감응)교화한다
> 정신(仙) + 육신(佛) + 범절(儒): 선불유(천지인)의 修(닦을 수)
> 태극(太極)의 동방목도(東方木道): 천지인(삼재)의 泰(열릴 태)
> 승천(昇天)의 신선. 부지(附地)의 부처. 선불(仙佛)의 선비 - 야산(也山)
> 효천법지(效天法地) 진덕수업(進德修業)
> -하늘을 본받고 땅을 법하여, 안으로 덕을 밝히고 밖으로 업을 닦는다

　　요·순·우·탕·문·무·주공(堯·舜·禹·湯·文·武·周公)의 도를 일관(一貫) 계승하여 유학을 집대성한 공자(孔子: BC 551~ BC 479)는 예악을 밑바탕으로 한 도덕과 경륜을 세상에 펼치고자 고국인 노(魯)나라를 떠나 14년 동안 주유천하(周

遊天下)하였다.

뜻을 펼치지 못한 채 귀국한 공자는 말년에 3천 제자를 양성하면서, 산시서·정예악·수춘추·찬역(刪詩書·定禮樂·修春秋·贊易)[1]으로 일컫는 육경(六經)의 산정찬수(刪定贊修)에 힘써 천추만세에 그 도를 전하였다.

6경 가운데 악기(樂記)는 실전되었으므로, 이를 뺀 시·서·역·예기·춘추의 5경(五經)이 유학의 기본경전이다. 일반적으로는 공자가 직접 편술한 시·서·역(詩·書·易) 3경과 공자의 문인제자들이 전한 『대학(大學)』·『중용(中庸)』·『논어(論語)』·『맹자(孟子)』의 4서를 묶어, 유학경전을 대표하는 사서삼경(四書三經)이라 일컫는다.

경전의 핵심과 읽는 순서

『예기(禮記)』에서 별도로 분리된 『대학』·『중용』은 학문(學問), 『맹자』·『논어』는 언행(言行), 『시경』·『서경』·『역경』은 문사철(文史哲)에 관계된 내용을 각기 가르치는 교과목이다. '학문언행문사철(學問言行文史哲)'을 순차적으로 익히면 품성수양과 인격완성이 자연 갖추어진다. 경전에서 가르치는 핵심 요지를 한 글자로 표명하면 『대학』은 선(善), 『중용』은 성(誠), 『맹자』는 의(義), 『논어』는 인(仁), 『시경』은 정(正), 『서경』은 경(敬), 『역경』은 신(神)이다.[2]

이에 대해 간략히 정리하면 다음과 같다.

(1) 『대학』을 읽어 착하게 살아감을 배움의 큰 목적으로 세운다.
(2) 『중용』을 읽어 본연의 떳떳한 성품을 회복하고자 정성을 다한다.
(3) 『맹자』를 읽어 웅변수사를 익히고 호연지기를 기르며 대의명분을 세운다.

---

1. 산시서(刪詩書): 『시경(詩經)』과 『서경(書經)』의 불필요한 부분을 깎아내어 정리함.
정예악(定禮樂): 『예악(禮樂)』을 바로잡아 정함.
수춘추(修春秋): 춘추시대 노(魯) 은공(隱公) 원년(元年, BC 722년)부터 애공(哀公) 14년(BC 481년)까지의 역사를 수찬(修撰)함.
찬역(贊易): 『주역』에 십익(十翼)을 달아 보충 해설함.

2. 「대산대학강의(한길사간 2000년도)」 22~28p에 상세히 설명되어 있다.

(4)『논어』를 읽어 어진 덕을 실천하고 예의 자연한 회복에 힘쓴다.
(5)『시경』을 읽어 희로애락의 감정을 진솔하고 담백하게 노래한다.
(6)『서경』을 읽어 옛 성군현신들의 훌륭한 발자취를 거울로 삼는다.
(7)『역경』을 읽어 대자연의 원리를 깨닫고 천인합일의 조화를 꾀한다.

이러한 공부 방법은『대학』을 통해 배움을 확대해 나아가고[양]『중용』으로 정신을 집중하며[음],『맹자』를 통해 외향을 넓히고[양]『논어』로 내실을 기하며[음],『시경』으로 감성을 노래하고[양]『서경』으로 역사를 고찰하며[음],『역경』으로 변통해[태극] 나아가는, 동정변화의 자연스런 흐름에 따른 것이다.

특히 마지막 7번째에 놓인『역경』공부는 일월오성의 배합으로 칠요(七曜)가 완성되는 것에 비견된다. 동짓달에 해당하는『역경』의 복(復)괘에도 이레 만에 되돌아와 본래 모습을 회복하는 '칠일래복(七日來復)'을 말씀하였다.

칠서(七書)의 단계적인 공부를 성실히 이행하면, 태극의 밝은 본성인 '천부지성'을 완전히 회복하여 인격의 완성이 이루어진다.

사서삼경

책	읽는 순서
대학〈善〉 -- 학(學) 양	
중용〈誠〉 -- 문(問) 음	
맹자〈義〉 -- 언(言) 양	
논어〈仁〉 -- 행(行) 음	
시경〈正〉 -- 문(文) 양	
서경〈敬〉 -- 사(史) 음	
역경〈神〉 -- 철(哲) 극	

음양불측지위신(陰陽不測之謂神)

역경(易經)은 모든 경전의 태극역할을 하며, 그 글의 핵심요지는 '신(神)'이다.

『주역(周易)』의 '대동·중정'과 『예기(禮記)』의 '대학·중용'

『주역』은 공자가 시방세계에 나래를 펼칠 수 있도록 '십익(十翼)'이라는 해설을 지음으로써 집대성되었다. 핵심사상은 '대동중정(大同中正)'이며, 그의 가르침은 수제자인 증자(曾子)와 그 제자인 공자의 손자 자사(子思)에게로 전승된다.

정자(程子)와 주자(朱子)를 비롯한 송대(宋代)의 선유(先儒)들은 증자와 자사에 의해 전해진 공문유서(孔門遺書)가 고본 『예기(禮記)』 속의 『대학』과 『중용』편이라고 여겨, 이를 별도의 경전으로 분리 독립시켰다. 본래 『대학』·『중용』이란 명칭도 『주역』의 대동중정(大同中正) 사상에 기본을 둔 것이라 여겨진다. 공문(孔門)의 도와 유학의 기본철리가 『주역』·『대학』·『중용』에 하나로 집약되어 삼위일체(三位一體)를 이루므로, 시서역(詩書易) 대신 이들을 유학의 삼경(三經)으로 보기도 한다.

야산(也山) 선생은 학용(學庸)[3]에 대해 "『대학』은 '역을 배우는 관문[學易之關]'이요, 『중용』은 '작은 주역[小周易]'이라."고 강조하였다. 대동중정의 도리를 표방하는 『주역』은 음양을 거느리는 태극의 문으로 천체 하늘을 대표한다. 『대학』은 배움을 세상 밖으로 널리 확대하여 펼치는 양(陽)의 문으로 낮을 밝히는 해, 『중용』은 안으로 집중하여 밝은 본성을 구하는 음(陰)의 문으로 밤을 비추는 달과도 같다.

『대학』·『중용』은 배우고 묻는 학문(學問)의 기본바탕을 닦는 글이다. 외적인 박학(博學)과 내적인 심문(審問)의 공부과정이 자연히 연계되므로, 선후체용의 본말관계가 성립된다. 『대학』을 통해서 사물의 본말선후에 대한 이치를 밖으로 조리정연하게 확대(擴大)해 나가고, 『중용』을 통해서 온 정성을 다해 정신을 집중(集中)함으로써 안으로 심성공부를 하는 것이다.

---

[3]. 배운 다음 깨닫는 '학이각(學而覺)'의 입장에선 『대학』과 『중용』의 '학용(學庸)', 가르치고 배우는 '교학(敎學)'의 입장에선 『중용』과 『대학』의 '용학(庸學)'으로 일컫는다.

「고본대학」의 착간 및 선유들의 고정노력

 전해오기로는 한(漢)나라 노국(魯國)의 공왕(恭王: 재위. 기원전 155~129)이 공자의 구택(舊宅)을 허물 당시에, 죽간(竹簡)4으로 만들어진『고문상서(古文尙書)』,『논어(論語)』,『예기(禮記)』등이 나왔다.『예기』속에 들어있던『대학』의 경우, 가죽 끈으로 엮은 죽간이 끊어져 글의 순서가 뒤죽박죽 섞인 상태였다고 한다.

 공자 이후로 본래의『예기』속에 들어있던 문헌자료들은 제대로 전해지지 못했다. 다만 한나라에 들어와 대덕(戴德)이 정리한「대대례기(大戴禮記)」와 대성(戴聖)이 정리한「소대례기(小戴禮記)」가 있었다. 대덕과 대성은 숙질(叔姪)간이었으며「대대례기」는 유실된 부분이 많았고, 일반적으로 현재 쓰고 있는『예기』는「소대례기」를 말한다. 총 49편으로 이루어졌으며 그 중 제42편이『대학』이다. 후한(後漢)의 마융(馬融: 79~166)과 그 제자 정현(鄭玄: 127~200) 등이 이에 대해 기본 주해(注解)를 붙였다.

 당대(唐代)에는 태종의 명에 의해 공영달(孔穎達: 574~648)이 시·서·역·춘추·예기(詩·書·易·春秋·禮記)에 대한 오경정의(五經正義)를 편찬하여,『예기-대학편』이 해석되기는 하였으나 별로 주목받지 못하였다.『대학』의 강목(綱目)이 본격적으로 중시된 것은 한유(韓愈: 768~827)가 유학의 도통전수(道統傳授)를 강조하면서부터라고 한다.

 송대(宋代)에 들어와 이정자(二程子) 형제의 노력으로『대학』은 성리학(性理學)의 핵심중추로 격상이 된다. 형인 정호(程顥: 明道, 1032~1085)는 '공자가 남기신 글[孔氏之遺書]'로 보아 수양의 근본으로 삼고, 흐트러진 선후순서를 처음으로 개정하였다. 아우인 정이(程頤: 伊川, 1033~1107) 또한 '덕에 들어가는 문[入德之門也]'으로 존숭하면서「고본대학」의 원문을 개정하였다.

---

4. 대나무[竹]로 만든 책[簡]이란 뜻이다. 대나무를 반으로 쪼개 안쪽에다 뾰족한 칼끝으로 글자를 새기거나 옻칠액 같은 것을 찍어 썼다. 이를 가죽 끈으로 엮어 맨 서적을 말한다.

정이(程頤)의 학문을 계승하여 『대학』이 확고부동한 유학경전으로 자리 잡도록 힘쓴 이는 주자(朱子: 晦庵, 1130~1200)이다. 성리학을 집대성한 그는 생의 마지막까지 혼신을 다하여 떠나기 사흘 전까지 미진한 '성의장(誠意章)'을 고정하였다.

그는 경문(經文) 1장과 전문(傳文) 10장으로 구성된 「대학장구(大學章句)」를 지어 경전의 근본체계를 확립하고, 「대학혹문(大學或問)」까지 덧붙여 보완에 전력을 다하였다. 또한 격물치지(格物致知)에 관련된 원문이 유실되었다고 보아, 빠진 부분을 보충한다는 '보궐장(補闕章)'을 따로 지었다.[5] 「대학장구」의 경문 1장은 정이천(程伊川)이 고정한 원문의 글 순서를 그대로 따르고 있다.

우리나라는 고려후기에 송학(宋學)이 원(元)을 통하여 들어오면서, 『대학』과 『중용』인 '학용(學庸)'이 본격적으로 전래되었다. 안향(安珦: 晦軒, 1243~1306)을 비롯한 이색(李穡: 牧隱: 1328~1396) 등에 의해 정주(程朱)의 성리학(性理學)이 도입되었고 5경과 4서의 학술체계도 세워졌다.

『대학』 연구에 선구적인 역할을 한 이는 조선의 건국초기 「입학도설(入學圖說)」을 지은 권근(權近: 陽村, 1352~1409), 「대학장구보유(大學章句補遺)」를 지은 이언적(李彦迪: 晦齋, 1491~1553), 최유지(崔攸之: 艮湖, 1603~1673) 선생 등이다.

조선 중후기에 들어와서는 퇴계 · 율곡(退溪·栗谷) 선생을 필두로 성호(星湖) 이익, 다산(茶山) 정약용 선생 등 많은 유학자 들이 있었다. 뿐만 아니라 기존 성리학과 견해를 달리하는 양명학파와 실학파 학자들도 격물치지(格物致知)에 대한 깊은 성찰과 착간의 고정에 적극적인 노력이 있어왔다.

야산(也山. 1889~1958) 선생의 「대학착간고정(大學錯簡考正)」

『대학』의 글 순서를 경문(經文) 1장과 전문 10장으로 정리한 주자는 그 서문

---

5. 주자와 같은 시대에 살았던 육구연(陸九淵: 象山, 1139~1192)에 이어 양명학(陽明學)을 세운 왕수인(王守仁: 陽明, 1472~1528)은 심즉리(心卽理) 곧 마음과 이치가 별개로 나뉠 수 없다고 주장하였다. 주자의 격물치지(格物致知)에 대한 견해와 정반대인 양명학파에서는 대학착간에 대한 고정의 필요성을 부정하며, 대학원문의 문맥이 명료하다고 보았다.

에 착간·궐문(錯簡·闕文)이 있어, 정자(程子)가 정리해놓은 『대학』을 참고로 하여 서차(序次)를 삼고 의견을 첨부하여 보궐(補闕)한다고 하며 후세군자를 기다린다고 하였다.

그 후 선유들이 이따금 주자가 해놓은 『대학』의 장구와 보궐에 이의를 제기했으며, 조선시대의 회재(晦齋) 이언적(李彦迪) 선생도 「대학장구보유(大學章句補遺)」를 지어 이견을 제시하는 등 많은 분들이 착간에 관심을 기울였다.

평생 스승 없이 독학으로 공부하여 『주역』을 비롯한 사서삼경 등의 유학경전 및 제가 학문에 통달하였던 이는 야산(也山) 이달(李達:1889~1958) 선생이다. 작고하시기 1년 전 1957년에 심혈을 기울여 전한 유작(遺作)이 있는데, 바로 『대학』의 어긋난 글 순서를 바로잡은 「대학착간고정」이다. 순서에 따른 경전 원문과 절목체계를 세밀히 살펴보면, 『대학』이 『주역』에 바탕을 둔 글임을 확연히 입증할 수 있다.

야산은 『대학』의 기본이 경(經)에 있고 그 핵심은 삼강령·팔조목(三綱領·八條目)에 있다고 보아, 경문을 강령(綱領) 1절과 조목(條目) 2절로 정리하는 한편 전문 10장을 64절목으로 맞추었다.

또한 주자가 정리한 편차에 미진한 부분을 발견하여 정리하고, 글을 지어 채워 넣은 '격물치지장'에 대해 "주자의 문장과 도덕은 인정하지만 '보궐장(補闕章)'이라 하는 것 자체가 석연치 않다."하며, 원문 중에서 '격물장'과 '치지장'을 찾아내어 일목요연하게 문맥이 통하도록 고정하였다.

그리고 "『대학』은 학역(學易)의 관문이 되고 『중용』은 소주역(小周易)이 된다. 사서삼경은 이치를 설명한 『주역』을 기본으로 하여 이루어졌는데도 선비들이 따로따로 공부를 하였기 때문에, 그 공통점을 발견치 못한 것이다."라고 말씀하였다.[6]

---

6. 「대산대학강의(한길사간 2000년도)」 232~233p에서 인용

『대학』의 강목(綱目)

삼강령(三綱領)

강령은 '벼리 강(綱)'과 '옷깃 령(領)'으로, '그물로는 벼리이고 옷으로는 옷깃이다.'는 뜻이다. 벼리가 없으면 그물이 펼쳐질 수 없고 옷깃이 없으면 옷을 만들 수 없듯이, 본체가 됨을 의미한다.

『대학』의 삼강령은 밝은 덕을 밝히는 '명명덕(明明德)', 백성을 사랑하여 새로운 백성을 만드는 '친민(親民)', 지극히 선한 데 머물러 그치는 '지어지선(止於至善)'이다. 그 중 첫 번째 명명덕은 내본에 해당하는 수기(修己), 두 번째 친민은 외말에 해당하는 치인(治人), 세 번째 지어지선은 내외 합일(중립)에 해당하는 강령이다.

『대학』의 도란 큰 학문의 길이며, 도(道)[7]는 목적지로 나아가는 길이다. 삼강령이란 스스로의 명덕을 밝히고 나아가 인민을 교화하여 지선한 인간세상을 구현함이 큰 배움의 목표라는 뜻이다. 천·지·인 삼재(三才)가 순차적으로 나뉘듯이, 삼강령은 그 선후본말에 따른 차례가 있다. 삼재가 결국 하나로 합일되듯이, 각기 목적지 행로는 다르지만 최종에 이르러서는 하나로 완성된다.[8]

『중용』제26장에도 "박후(博厚)는 배지(配地)하고 고명(高明)은 배천(配天)하고 유구(悠久)는 무강(无疆)이니라."고 하였다. 명명덕은 높고 밝은 하늘의 도, 친민은 넓고 두터운 땅의 도, 지어지선은 천지합일을 이룬 유구한 성인의 도에

---

7. 『주역(周易)』계사상전(繫辭上傳)에 "一陰一陽之謂道니 繼之者 善也오 成之者 性也라."고 하였다. 즉 한번은 음이 되고 한번은 양이 되어 동정 변화함이 도이며, 이 도를 잘 이어 나아감이 선(善)이고 잘 이룸이 성(性)이라 하였다. 태극이 음양을 생성하므로 도의 주재자가 태극임을 알 수 있다.
8. 『대학』의 도(道)는 명덕을 밝히는 길, 백성을 사랑으로 교화하여 새롭게 하는 길, 지극히 착한데 그치는 길 세 갈래가 있다. 마치 선불 유(仙佛儒) 삼교의 종지(宗旨)가 갈려짐과 같다. 그러나 본성을 되찾는다는 가르침은 하나이며 태극에서 분화된 삼재가 다시 귀일하듯이, 삼강령이 삼위일체(삼재합일)를 이루어야만 비로소 『대학』의 도가 완성되었다고 할 수 있다.

합한다.

　마찬가지로 제1강령 명명덕은 하늘의 밝음에 바탕을 둔 천태극(천극), 제2강령 친민은 땅의 두터움에 바탕을 둔 지태극(지극), 제3강령 지어지선은 사람의 선함에 바탕을 둔 인태극(인극)에 각기 상응한다.

　역(易)에도 사람이 위로 하늘의 밝은 명에서 비롯된 본성의 밝음을 밝히고, 아래로 땅의 두터운 덕을 법하는 '효천법지(效天法地)'를 강조한 공자의 가르침이 있다. 천지부모를 본받는 가운데 사람으로서의 제 위치와 분수를 지키고 지선한 도리를 벗어나지 않는다면, 능히 삼재합일을 이루는 큰 배움의 도를 성취하게 되는 것이다.

大學 錯簡攷正 〈經文〉

大學之道는
在明明德하며 在親民하며 在止於至善이니라

(右는 三綱領 一節이라)

古之欲明明德於天下者는 先治其國하고
欲治其國者는 先齊其家하고
欲齊其家者는 先修其身하고
欲修其身者는 先正其心하고
欲正其心者는 先誠其意하고
欲誠其意者는 先致其知하니
致知는 在格物하니라

物格而后에 知至하고
知至而后에 意誠하고
意誠而后에 心正하고
心正而后에 身修하고
身修而后에 家齊하고
家齊而后에 國治하고
國治而后에 天下平이니라

(右는 八條目 二節이라)
(右는 經一章이라)

삼강령 16字
팔조목(1) 64字 / 팔조목(2) 43字

팔조목(八條目)

'가지 조(條)'는 '바 유(攸)'와 '나무 목(木)'으로 이루어진 글자이다. 나뭇가지가 위로 차츰 뻗어나가듯이, 사람이 점진적으로 나아갈 바를 뜻한다. '눈 목(目)'은 그물눈 또는 사물을 보는 눈을 의미한다.

팔조목은 삼강령에 제시된 학문적 목표를 향해 단계를 밟아 공부해 나아가는 방법이다. 격물·치지·성의·정심·수신·제가·치국·평천하(格物·致知·誠意·正心·修身·齊家·治國·平天下)를 이른다.

격물(格物)은 모든 사물에 직접 부딪쳐 보는 것이다. 격(格)은 '이를 격, 지극할 격, 바로잡을 격'이다. 즉 본래 진면목을 올바르게 감통(感通)하여 지극히 이른다는 뜻이다. 이치를 알려고 부딪치고 접촉을 하는 가운데 치지(致知)가 이루어진다. 즉 내재된 이치를 알아내어 앎을 이루게 된다.

앎을 이루었으면 뜻을 성실히 두는 성의(誠意)와 마음을 바로 쓰는 정심(正心)이 뒤따르게 되어, 마침내 내적 강령인 명덕을 밝히는 목표에 다다르게 된다.

수신(修身)은 만사·만물의 근본인 자신의 몸을 닦는 것이다. 격치성정(格致誠正)을 통하여 안으로 명덕을 밝히면, 자연 수기치인(修己治人)할 기본바탕을 갖추게 된다. 『중용』에도 선한 덕에 밝아야 몸을 성실히 할 수 있다는 '명선성신(明善誠身)'을 강조하였다.[9]

수신을 통하여 솔선수범할 수 있으면 가정의 모범이 되므로, 능히 집식구를 다스리는 제가(齊家)를 실현할 수 있고, 더 나아가서는 나라를 다스리는 치국(治國)과 세상을 두루 평화롭게 하는 평천하(平天下)도 가능하다.

---

[9] 『중용(中庸)』 제20장: 誠身이 有道하니 不明乎善이면 不誠乎身矣리라.

『대학착간고정』의 경전체계

격물(格物)장과 치지(致知)장의 회복

 대개 성인의 말씀을 기록한 글은 부동의 근본인 벼릿줄 역할을 하므로 '경(經)', 성인 문하에서 가르침을 받은 현인의 글은 조금도 훼손됨이 없이 오롯이 후세에 전해주는 역할을 하므로 '전(傳)'이라 이른다.

 복희씨의 괘와 문왕·주공이 지은 64괘사·384효사를 묶어『역경(易經)』, 여기에다 후세 사람들이 바르게 이해할 수 있도록 도움을 준 공자의 십익(十翼) 전문을 포함하여『주역(周易)』이라 일컫는다.

 『대학』도 '성경현전(聖經賢傳)'의 법도에 따라, 경문(經文)은 공자의 말씀을 제자인 증자가 정리한 글이고 전문(傳文)은 증자의 가르침을 그 문인들이 기술한 글로 보는 것이 통설이다.

 야산선생은 착간된 대학경문을 삼강령 1절에 선후(先后)의 팔조목 2절을 더한 총3절로써 간단명료하게 정리하여, 강목(綱目)을 기본중심으로 고정하였다. 글자의 수는 총 123자이다.

 주자가「고본대학」가운데 대학전문의 '격물장'과 '치지장'에 대한 죽간(竹簡)이 유실되었다고 보고「보궐장(補闕章)」을 붙인 것에 대해, 야산선생은 물유본말·수신위본(物有本末·修身爲本) 등 격물의 밑바탕인 '물본(物本)'에 대한 내용을 찾아내어「격물장」본연의 모습을 회복하는 한편, '지본(知本)'을 위주로 한「치지장」원문도 되살렸다.

 공자는 밝음을 회복하는 복(復)을 '덕의 근본(德之本)'이라고 하여, 복본(復本)의 중요함을『주역』에서 말씀하였다.『논어』학이(學而)편에도 '본립이도생(本立而道生)'이라는 대목이 나온다. 야산선생도 바른 데로 돌아가 근본을 보존하는 '반정

존본(反正存本)'의 중요함을 지적하는 한편, 「대학착간고정」이 다시 나오게 된 것은 복본(復本)과 정본(正本)을 위해 정성과 노력을 다한 선유덕분임을 밝혔다.
- 이에 대한 구체적인 내용은 부록편 「대학착간고정서기」에

경문 1장 3절과 전문 10장 64절

역의 경문(經文)은 체(1)가 되고 전문(傳文) '십익'은 용(10)이 되어, 체용합일을 이룬다. 경문 1장과 전문 10장의 체계를 갖춘 『대학』도 마찬가지이다. 공자의 전문(傳文) 십익(十翼)에 의해 주역경전이 집대성되자,[10] 학통(學統)을 이어받은 증자도 스승의 가르침을 그대로 본받아 경문에 대한 해설을 전문 10장으로 구성하였다고 추정된다.

공자가 산정(刪定)[11]한 원초 고본예기에 들어있던 옛 대학경전의 문장절구를 경문(經文) 1장과 전문(傳文) 10장으로 편제를 갈라놓은 것은 주자의 위대한 학문적 업적이다. 야산선생이 고정한 「대학착간고정」의 편제도 주자의 「대학장구(大學章句)」와 동일하다.

『대학』 경전의 설계도, 하도(河圖)

1~10에 이르는 자연의 10가지 수를 학문적 방편으로 하여, 천지만물의 형상을 세우고 우주자연의 이치를 설명한 『역경』은 복희씨 당시 출현하였다는 하도(河圖)라는 신비한 그림에서 출발한다. 동양인문학의 근원인 음양·오행의 생성변화도 10수에서 전개된다.

『역경』은 성인 복희씨가 하도를 본받아 창안하였다는 선천8괘를 본체로 삼는다. 3획으로 이루어진 소성 8괘를 거듭한 것이 대성 64괘인데, 이를 방편으

---

10. 주역경전은 복희(伏義)의 64괘와 문왕·주공(文王·周公)의 괘사·효사를 하나로 묶은 경문(經文), 공자가 해설한 열 가지의 해설 전문(傳文)으로 구성된다.
11. 불필요한 글의 자구(字句)를 깎아 정리(整理)함.

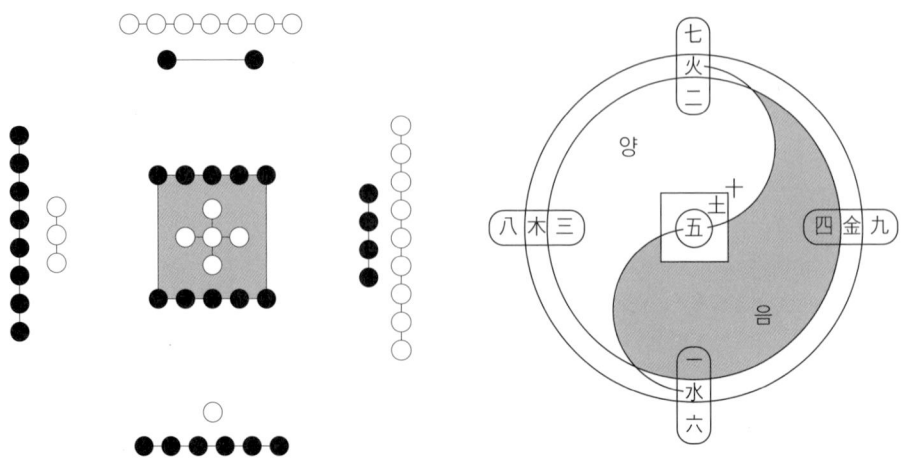

하도의 10수와 태극의 음양오행

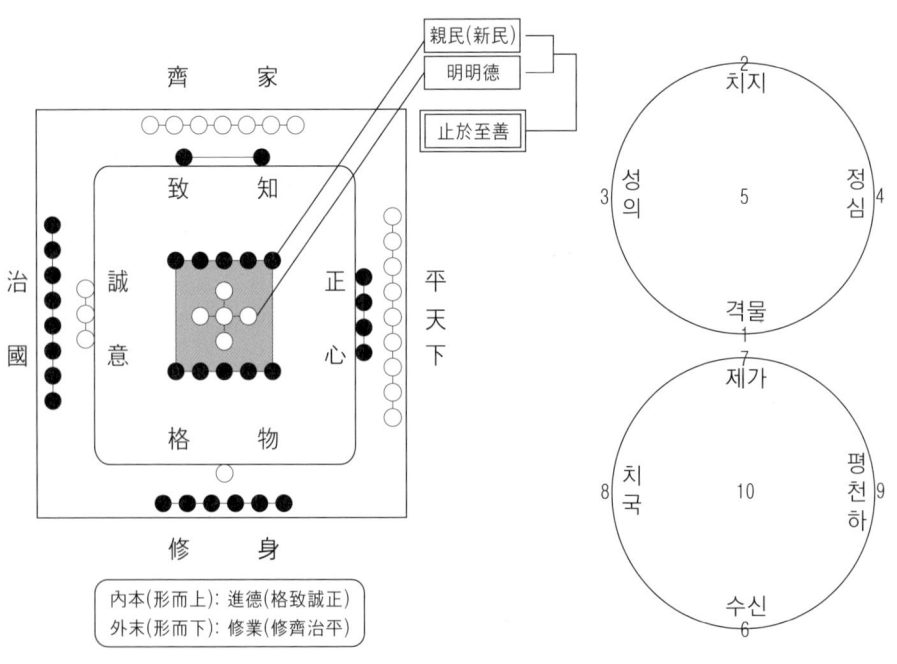

하도를 본받은 대학강목

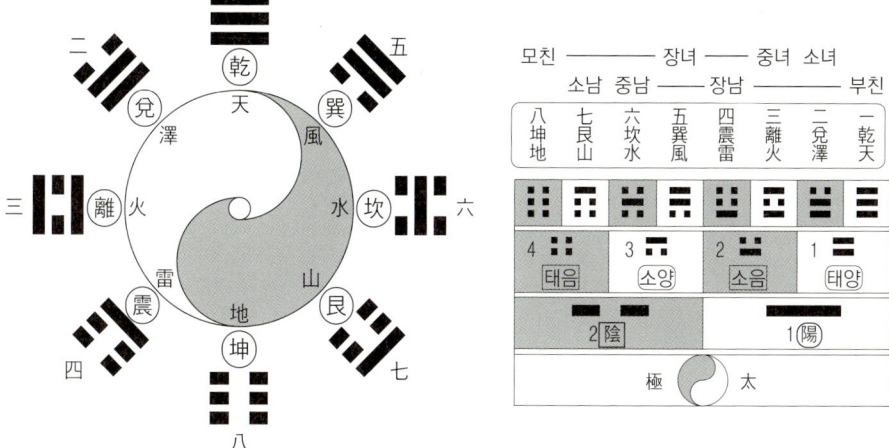

선천 8괘와 3강령 8조목 태극의 3변 8괘

로 하여 천하의 도를 설명한다. 이는 『대학』의 전문 10장 64절목에 있어서도 마찬가지이다.

　공자가 말씀한 '일관(一貫)'과 증자가 해설한 '충서(忠恕)'의 도가 체용합일로 조화되듯이,[12] 공자가 집대성한 주역경전과 증자에 의한 대학경전도 한 몸이다. 간단히 위와 같은 도해(圖解)로 정리 설명해 보았다.

　「대학착간고정」 원문도 경문 1장과 전문 10장의 체계를 그대로 따른다. 「대학장구(大學章句)」와 확연히 구분되는 부분은 먼저 경문 1장을 3강령 '1절'과 8조목 '2절'의 총 '3절'로 구성하였다는 점이다. 태극원리에 따라 천지인 삼재(天地人三才)가 1·2·3으로 열리는 자연스런 흐름을 쫓아 경문이 구성되었음을 밝혀낸 것이다.

　『대학』은 전체 전문의 흐름이 춘하추동 4시 운행변화에 따라, 4절목씩 기본

---

[12] 『논어(論語)』 이인(里仁)편: 子曰 參乎아 吾道는 一以貫之니라 曾子曰 唯라 子出커시늘 門人이 問曰 何謂也잇고 曾子曰 夫子之道는 忠恕而已矣니이다.

문단을 이루면서 기승전결(起承轉結)의 형식체계를 갖추고 있다.[13] 구체적으로 살피면 총 10장으로 된 대학전문이 모두 16문단 64절목이다.

제1~8장까지는 총 8문단으로 32절, 제9장의 2문단과 제10장의 6문단까지는 총 8문단으로 32절로 대비된다.

「대학착간고정」은 경문 123자(=41×3)에다 전문 1640(=41×40)자를 포함하여 모두 1763(=41×43)자이다. 그 중 경문의 삼강령 1절 16자는 4절목씩 전개되는 전문 16문단에, 경문의 팔조목 제1절 64자는 전문 64절목에 각기 상응한다.

경문의 팔조목 제2절 43자도 대학경전 전체 원문 1763자가 41자씩 총 43행을 이루는 것과 묘하게 합치한다. 천지자연인 역(易)의 조화가 흐른다고 하겠다.

<관련내용은 부록참조>

---

[13]. 「대학착간고정」은 「고본대학」의 본문 보다 10글자가 추가되었다. 격물장의 "(故) 自天子以至於庶人 壹是皆以修身爲本", 마지막 치국평천하장에 유실된 "此謂平天下 在治其國")이 그것이다.

학역지관(學易之關)인 『대학』

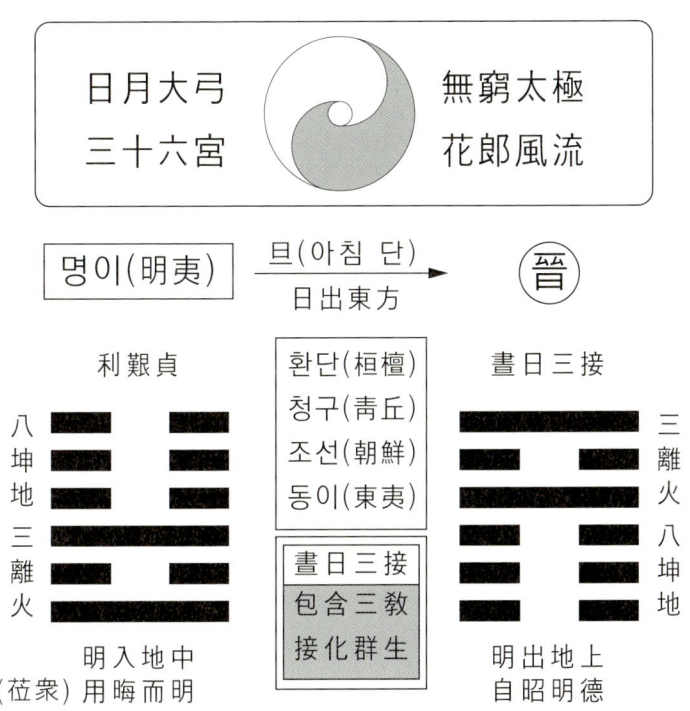

삼강팔목(三綱八目)의 태극지도(太極之道)

 야산선생은 역을 배우는 관문이 『대학』이라고 말씀하였다.

 『주역』건(乾)괘에 "건(乾)은 원(元)코 형(亨)코 이(利)코 정(貞)하니라." 하였다. 봄의 덕을 상징하는 원(元)으로써 건(乾)의 머리를 세우는 한편, 그 효(爻)들을 동방의 신령한 영물인 청룡으로 표현하였다. 봄은 목왕지절(木旺之節)로 춘하추동의 머리이고, 해 뜨는 동방은 동서남북의 으뜸이며, 인(仁)은 인의예지의 근본이다.

 나무는 본래 오행(五行)의 수·화·목·금·토 가운데 하나이다. 오행수리로는

3이란 양수와 8이란 음수가 배합하여 나무[木]를 생성함을 '삼팔목도'라 이른다.[14]

三八木道

8	7	6	5	4	3	2	1	괘서
坤	艮	坎	巽	震	離	兌	乾	팔괘
太陰		小陽		小陰		太陽		사상
陰儀				陽儀				양의
太極								

太는 천지인 三才의 열림
極은 3변(체)하여 8괘(용)로 시공세계를 펼치는 태극의 도
오행 수리로는 三과 八의 배합으로 생성된 '동방목'을 태극으로 표상
대학(大學)의 3강령(綱領) 8조목(條目)

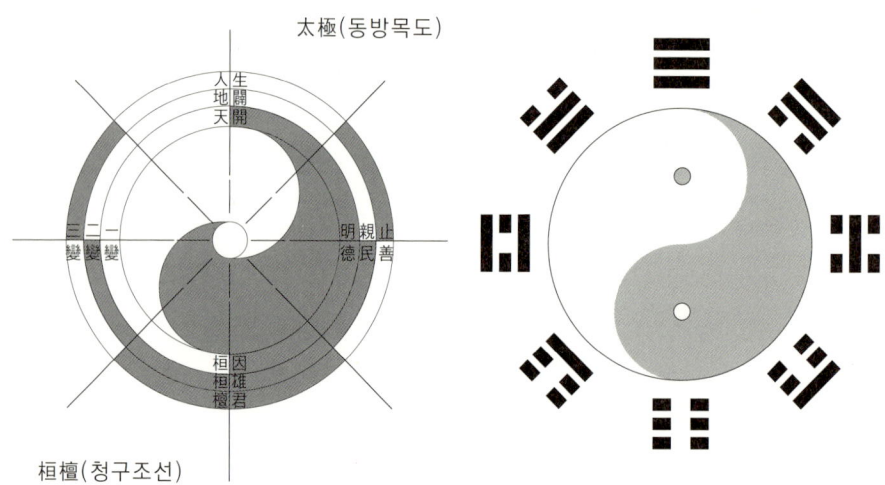

太極(동방목도)

桓檀(청구조선)

---

14. 3강령 8조목은 태극이 펼치는 '삼팔목도'에 상응한다. 『주역(周易)』 계사전(繫辭傳)에 "역(易)은 태극을 보유하며, 이것의 조화로 양의 · 사상 · 팔괘가 생생(生生)한다. 팔괘에서 길흉이 정해지며 대업(大業)을 낳는다[易有太極 是生兩儀 兩儀生四象 四象 生八卦 八卦定吉凶 吉凶 生大業]."는 글은 공자가 대학경문을 3강령 8조목으로 세운 구체적인 근거가 되는 대목이다.

하늘은 동방의 목도(木道)로써 머리인 원덕(元德)을 삼아 만물을 시생하고, 사람은 이 원덕(元德)에 의해 어진 인성(仁性)을 체득하여 만물의 영장이 된다.

나무가 뿌리로부터 줄기·가지·잎사귀(열매)로 분화하여 뻗어나가듯이, 태극(太極)은 3변하여 8괘를 전개한다. '천·지·뇌·풍·수·화·산·택'으로 표상되는 8괘는 천지의 개벽(開闢)을 거쳐 생성되는 만물이며, 3·8목도(木道)로 표상(表象)이 드러나므로, 동방의 목도(木道)가 태극을 대표하는 것이다. 양[─]과 음[--]의 부호도 나무의 줄기와 가지로 상징된다.

태극(太極)이란 용어도 이러한 뜻을 함축한다. '클 태, 열릴 태(太)'는 천지인·삼재의 열림, '다할 극, 끝 극, 용마루 극(極)'은 목(木)과 '빠를 극(亟)'으로 나무가 재빨리 뻗어나가 완성된다는 뜻이다.[15]

「착간고정본」의 전문 제4장 격물(格物)에 수신위본(修身爲本)을 중심으로 본말(本末)의 선후체용을 강조한 것도 태극의 목도(木道)를 밑바탕으로 한다. 본말(本末)과 격(格)이란 글자가 모두 목부(木部)에 속한 것에서도 이는 분명히 입증된다.

삼강팔목(三綱八目)의 본말선후(本末先後)

8조목은 명명덕(明明德)에 이르는 내적 과정인 '격물·치지·성의·정심'과 친민(親民)에 이르는 외적 과정인 '수신·제가·치국·평천하'로 나뉜다.

필자의 견해이지만 천지생성[남녀생성]의 선후이치로 살피면, '격치성정(格致誠正)'은 천도[남자]가 앞서 생(生)하는 과정, '수제치평(修齊治平)'은 지도[여자]가 뒤따라 성(成)하는 과정이다.

남녀인사의 내외본말로 볼 때, 내적인 '격치성정(格致誠正)'이 남자의 순차

---

15. 역(易)은 무위지연(無爲自然) 자체를 일컫기도 하고 대자연의 변화원리를 가리킨다. 공자는 우주자연과 삼라만상을 이끄는 중심주체가 태극임을 '역유태극(易有太極)'으로 표현하였다. 『대학』의 강목(綱目) 또한 태극의 도를 본체로 한다. 그물을 펼치는 벼릿줄과 그물눈에 빗대어 표명한 3강령·8조목이 태극이 3변하여 펼치는 8괘와도 같다.
구체적으로 설명하면 태극이 1차 분화하여 양의(兩儀), 2차 분화하여 사상(四象), 3차 분화하여 팔괘(八卦)가 생성된다. '삼세판'이라고 하듯이, 3변에 의한 8괘로써 만상(萬象)의 기틀이 마침내 갖춰진다.

인 부친·장남·중남·소남[乾·震·坎·艮, ☰·☳·☵·☶], 외적인 '수제치평(修齊治平)'
이 여자의 순차인 모친·장녀·중녀·소녀[坤·巽·離·兌, ☷·☴·☲·☱]의 흐름에 상

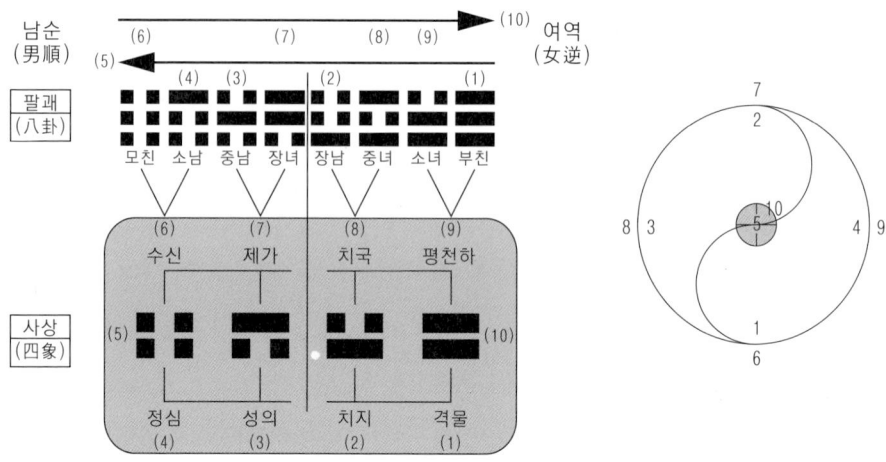

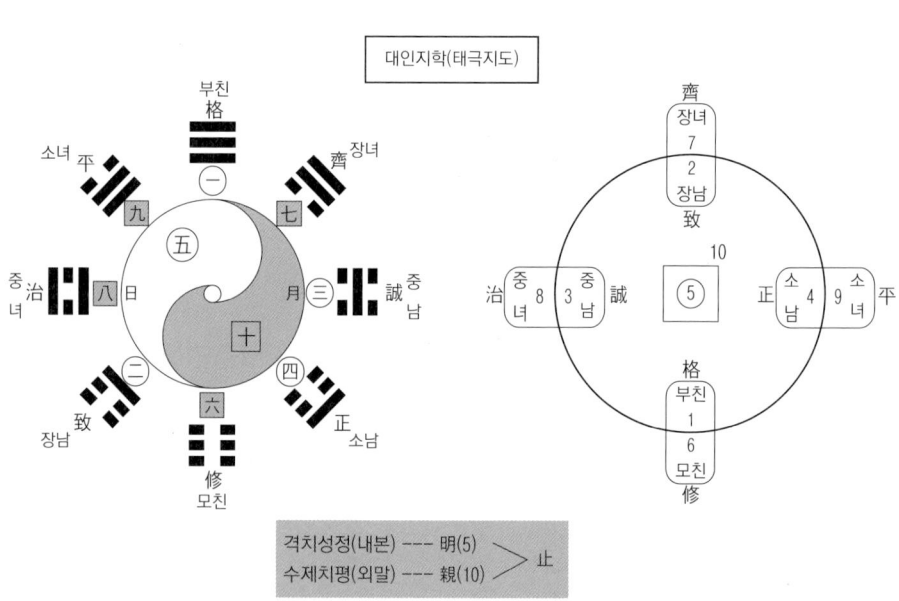

응한다.[16]

천도에 의한 음양의 기(氣)는 사상의 위(位: 1 2 3 4), 지도에 의한 강유의 질(質)은 사상의 수(數: 6 7 8 9)로 간주된다.[17]

결론적으로 격물·치지·성의·정심은 내본 양, 수신·제가·치국평천하는 외말 음의 전개과정과 같다. 팔조목을 내외본말의 선후과정에 따라 밟아 나아가다 보면, 내적 강령인 명명덕(明明德)과 외적 강령인 친민(親民)에 다다를 뿐만 아니라 마침내 지선(至善)의 인(仁)을 그 중심에 체득하는 대인이 된다.

대인지학(大人之學)과 대연오십(大衍五十)

「대학착간고정」에 있어서 전체 문장체계를 보면 1·2·3·4·5[태극·양의·삼재·사상·오행]의 다섯 단계를 거치는 '설시(揲蓍)' 전개를 따르고 있다. '설시'란 서죽(筮竹) 또는 시초(蓍草) 50개비를 순차적으로 헤아려 『주역』의 괘효(卦爻)를 구하는 방법이다.

1태극(삼강령 1절목) → 2음양(팔조목 2절목) → 3삼재(경문 총3절목): 경문 1장
4사상(전문 각 4절목) → 5오행(전문 64절목 16문단. 5歲 재윤): 전문 10장

공자는 태극이 펼치는 '대연오십(大衍五十)'에 대해, 시초 50개비를 셈하여 5년 주기로 2번의 윤달을 두는 '오세재윤(五歲再閏)'의 이치로 설명하였다.[18] 이

---

16. 필자의 학문적 견해이지만 역(易)의 사상위수(四象位數)에서 그 체가 되는 사상위 1·2·3·4는 남자, 그 용이 되는 사상수 6·7·8·9는 여자에 상응한다. 남녀순서 또한 선후본말의 흐름이 있다.
17. 천도는 생수 1·2·3·4·5, 지도는 성수 6·7·8·9·10이다. 역의 본원인 하도(河圖)의 수리로 설명하면 생수와 성수의 순차적인 내외배합을 통하여, 만물의 원소인 수·화·목·금·토 오행이 생성된다.
18. 『주역(周易)』 계사상전(繫辭上傳) 제9장: 大衍之數니 五十이니 其用은 四十有九라 分而爲二하야 以象兩하고 掛一하야 以象三하고 揲之以四하야 以象四時하고 歸奇於扐하야 以象閏하나니 五歲에 再閏이라 故로 再扐而後에 掛하나니라.

는 60갑자의 운행주기를 기본상수[기틀]로 하여 기영·삭허(氣盈·朔虛)가 하루씩 상대적으로 생성되는 달력법도이다.[19] <관련내용은 부록참조>

효천법지(效天法地)와 이간덕업(易簡德業)

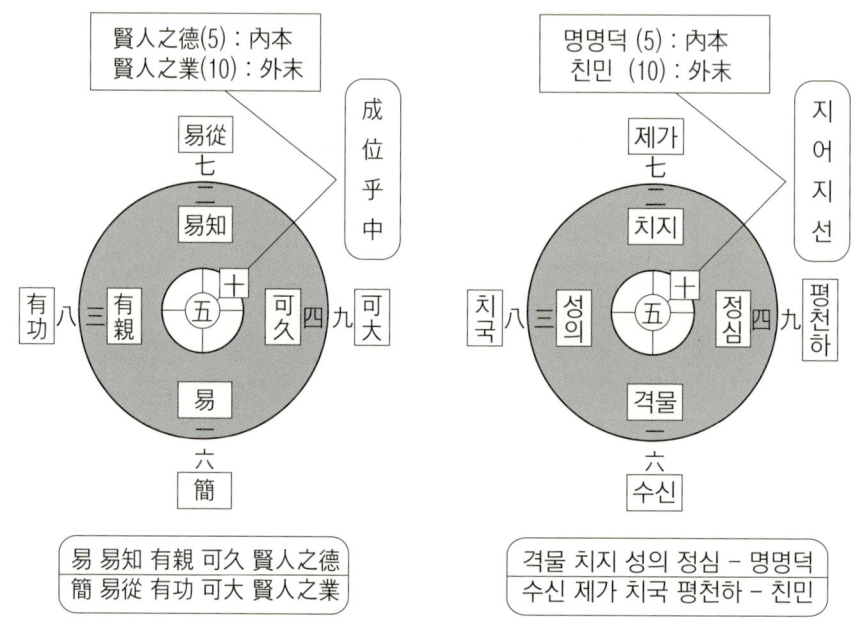

 공자가 말씀하신 『주역』 계사상전 머릿장을 살펴보면, 『대학』의 강령조목에 대한 학문적 사상토대를 찾을 수 있다.

 "건(乾)은 쉬움으로써 주장하고 곤(坤)은 간단함으로써 이룬다. 쉬우면 알기 쉽고 간단하면 쫓기 쉽다. 알기 쉬우면 친해지고 쫓기 쉬우면 공을 세운다. 친해지면 오래할 수 있고 공이 있으면 커질 수 있다. 오래할 수 있으면 현인의

---

19. 『대학』의 3강령·8조목과 경전 전체의 문장체계에 대해서는 3개월의 윤(閏)을 8년 주기로 보완하는 '팔세삼윤법(八歲三閏法)'도 지극히 중요하다. 천도의 주기변화를 담은 『주역』의 학문적 실체도 이로 말미암아 밝혀지는데, 대연50의 수리법도가 '팔세삼윤법(八歲三閏法)'에 밑바탕을 두기 때문이다.

덕이 되고 커질 수 있으면 현인의 사업이 되니, 쉽고 간단히 천하의 이치를 얻는다. 천하의 이치를 얻음에 그 중간에서 자리를 이룬다."[20]

천지건곤의 이간(易簡)한 이치를 본받아 덕업(德業)을 이루는 것은 인도(人道)의 구체적인 완성과정을 의미한다.[21]

건도에 바탕을 둔 이·이지·유친·가구·현인지덕(易·易知·有親·可久·賢人之德)의 내적과정은 격물·치지·성의·정심(1·2·3·4)을 통하여 명명덕(5)으로 나아감과 같다.

곤도에 바탕을 둔 간·이종·유공·가대·현인지업(簡·易從·有功·可大·賢人之業)의 외적과정은 수신·제가·치국·평천하(6·7·8·9)를 통하여 친민(10)으로 나아감과 같다.

또한 현인의 내외덕업을 이루고 천하의 이치를 체득하여 인위(人位)를 이루는 것은 명명덕·친민을 통하여 인의중정(仁義中正)한 지어지선에 도달함을 말한다.[22]

---

[20] 『주역(周易)』 계사상전 제1장: 乾以易知요 坤以簡能이니 易則易知요 簡則易從이요 易知則有親이요 易從則有功이요 有親則可久요 有功則可大요 可久則賢人之德이요 可大則賢人之業이니 易簡而天下之理 得矣니 天下之理 得而成位乎其中矣니라.
[21] 『주역(周易)』 계사상전 제5장에 "富有之謂大業이요 日新之謂盛德이라." 하였다. 인도(人道)는 진덕수업(進德修業)을 통하여 인의(仁義)를 행하니, 건문언전(乾文言傳)에도 사람자리에 해당하는 제 3·4효를 설명함에 각기 군자의 진덕수업(進德修業)을 언급하고 있다.
[22] 건곤(乾坤)의 이간(易簡)을 생수(1·2·3·4·5)와 성수(6·7·8·9·10)의 시작인 1과 6에 놓은 까닭은 천지부모인 건곤(乾坤)으로부터 자식인 만물이 생성되기 때문이다. 앞에 소개한 계사상전 제1장 글 앞에도 "하늘의 도가 남자를 내고 땅의 도가 여자를 내니 [乾道成男 坤道成女], 하늘은 주장하여 크게 비롯하고 땅은 일으켜 물건을 이룬다[乾知大始 坤作成物]."고 하였다. 오행생성은 1·6이 합한 수(水)로부터 시작된다. 천지가 교통하는 태(泰)괘의 명칭인 '열릴 태, 클 태(泰)'에도 건곤(乾坤)의 1·6 합수로 인하여 만물이 생성된다는 뜻을 담고 있다. 하도의 중심에 처한 5·10토(土)는 태극의 본원으로서 50대연수(大衍數)의 본바탕이므로, 체(體)인 삼강령에 합치한다. 1·6, 2·7, 3·8, 4·9는 태극의 작용이 사방으로 정립된 표상이며, 사상생성과 사시유행에 상응하므로 용(用)인 팔조목에 합치한다.

大學錯簡攷正
대학착간고정

經文
경 문

	주자 장구본 경문(經文)		야산 착간고정본 경문(經文)
1	大學之道 在明明德 在親民 在止於至善	1	大學之道 在明明德 在親民 在止於至善 (右 三綱領 一節)
2	知止而后 有定 定而后 能靜 靜而 后 能安 安而后 能慮 慮而后 能得	2	古之欲明明德於天下者 先治其國 欲治其國者 先齊其家 欲齊其家者 先修其身 欲修其身者 先正其心 欲正其心者 先誠其意 欲誠其意者 先致其知 致知 在格物
3	物有本末 事有終始 知所先後 則近道矣	3	物格而后 知至 知至而后 意誠 意誠而后 心正 心正而后 身修 身修而后 家齊 家齊而后 國治 國治而后 天下平 (右 八條目 二節) (右 經一章)
4	古之欲明明德於天下者 先治其國 欲治其國者 先齊其家 欲齊其家者 先修其身 欲修其身者 先正其心 欲正其心者 先誠其意 欲誠其意者 先致其知 致知 在格物		
5	物格而后 知至 知至而后 意誠 意誠而后 心正 心正而后 身修 身修而后 家齊 家齊而后 國治 國治而后 天下平		
6	自天子以至於庶人 壹是皆以修身爲本		
7	其本 亂而末治者 否矣 其所厚者 薄 而其所薄者 厚 未之有也		

三綱領
삼 강 령

1. 大學之道는
대 학 지 도

在明明德하며 在親民하며 在止於至善이니라.
재 명 명 덕   재 친 민   재 지 어 지 선

큰 배움의 길은 밝은 덕을 밝히며,
백성을 친애함에(새롭게 함에) 있으며, 지극한 선함에 그침에 있느니라.

右는 三綱領 一節이라
우   삼 강 령 일 절

우는 삼강령 1절이라

주자「대학장구」해설

　스승이신 정자께서 말씀하시기를 "『대학』은 공자가 남기신 글로 초학자(初學者)가 덕에 들어가는 문이다. 오늘날 가히 옛 사람이 배움을 한 차례를 보면, 홀로 이 책의 전함에 힘입어서 『논어』・『맹자』가 차례 하니, 배우는 자가 반드시 이로 말미암아 배우게 되면 곧 거의 그 어긋나지 않을 것이다."[23]

　삼강령 1절에는 먼저 완성된 인격체인 대인이 되기 위한 '대인지학(大人之學)'을 세 가지 강령으로 나누었다.

　첫 번째 명명덕(明明德)은 천부지성(天賦之性)에 의한 밝은 내면의 덕을 스스로 돌이켜 밝히라는 뜻이다. 명(明)은 밝힌다는 '명지(明之)'의 뜻이다. 명덕(明德)은 사람이 하늘로부터 얻은 것으로 허령불매(虛靈不昧)하여 모든 이치를 갖추고 있으며 만사에 응하는 것이다. 다만 기질과 품성에 구애되고 인욕에 가

---

[23]. 「대학장구(大學章句)」 주(註): 子程子曰 大學 孔氏之遺書而初學入德之門也 於今 可見古人爲學次第者 獨賴此篇之存而論孟 次之 學者 必由是而學焉 則庶乎其不差矣.

리게 되면 때로 혼미(昏迷)하나 그 본체의 밝음은 쉬지 않는다. 배우는 자는 마땅히 그 발휘하는 밝음을 밝혀서 그 처음을 회복해야 한다. [24]

두 번째 친민(親民)은 자신이 밝힌 밝은 덕성을 이웃과 세상에 사랑으로 베풀어 사람들로 하여금 밝은 덕을 되찾도록 도와줌을 말한다. 스스로 명덕을 밝히고 또 이를 미루어 남에게 미쳐서 그들로 하여금 그 옛날에 더럽혀진 더러움을 버리게 하는 것이다.[25]

세 번째 지어지선(止於至善)은 모두 제 위치분수에 따른 착한 도리를 지켜 벗어나지 않도록 함을 뜻한다. 지(止)는 반드시 이에 그쳐서 옮기지 않는다는 뜻이고, 지선(止善)은 사리당연한 지극함이다. 명명덕과 친민이 모두 지선의 경지에 머물러 옮기지 않는 것이니, 천리의 지극함을 다하여 털끝만한 인욕의 사사로움이 없는 것을 말한다.[26]

경전해설

삼강령은 전체적으로 '지행합일(知行合一)'에 대한 가르침이다. 제1강령 명명덕(明明德)은 밝은 본성의 덕을 밝히는 지(知), 제2강령 친민(親民)은 자신의 어진 덕성을 이웃과 사회에 실현해 나아가는 행(行), 제3강령 지어지선(止於至善)은 안팎으로 지행합일에 따른 최고지선을 언제나 유지하라는 내용이다.

『대학』과 짝을 이루는 『중용』에서는 천하에 통용되는 도로써 군신·부자·부부·형제·장유의 오달도(五達道)를 제시하였다. 또 이를 실행에 옮기는 천하에 통용되는 세 가지 덕으로써 지혜·어짊·날램의 지인용(智仁勇) 삼달덕(三

---

[24]. 「대학장구(大學章句)」 주(註): 程子曰 親 當作新 大學者 大人之學也 明 明之也 明德者 人之所得乎天 而虛靈不昧 以具衆理 而應萬事者也 但爲氣稟所拘 人欲所蔽則有時而昏 然 其本體之明則有未嘗息者 故 學者當因其所發而遂明之 以復其初也.
[25]. 「대학장구(大學章句)」 주(註): 新者 革其舊之謂也 言 旣自明其明德 又當推以及人 使之亦有以去其舊染之汚也.
[26]. 「대학장구(大學章句)」 주(註): 止者 必止於是 而不遷之意 至善則事理當然之極也 言 明明德 新民 皆當止於至善之地 而不遷 蓋必其有以盡夫天理之極 而無一豪人欲之私也 此三者 大學之綱領也.

達德)을 강조하였다.[27] 인륜도덕(人倫道德)을 익히는 배움의 측면에서는 『대학』의 도가 오달도, 삼강령이 삼달덕에 상응한다. 명명덕이 지(智), 친민이 인(仁), 지어지선이 용(勇)인 셈이다.

하늘의 밝음과 땅의 사랑을 받아서 태어난 사람의 본바탕은 지극히 선하다. 제1강령이 내본(內本), 제2강령이 외말(外末)에 해당한다면, 마지막 제3강령은 중간(中幹)에 각기 속한 표준(標準) 강령이다.

하늘과 땅이 열린 다음에 만물이 열려나오듯이, 강령의 순서가 부모와 자식의 관계인 상천·하지·중인(上天·下地·中人)의 과정으로 전개된다.

천지부모를 본받아 안으로 명덕을 밝히고 밖으로 백성을 사랑하는 가운데 본래의 착함을 늘 벗어나지 않고 굳게 지켜야함을 알 수 있다. 명명덕에 의해 '수기(修己)'의 근본이 세워지고, 친민에 의해 '치인(治人)'의 작용이 넓혀지며, 지어지선에 의해 어느 때 어느 곳이든 늘 중도를 지키고 내외합일을 이루는 것이다.

제1강령과 제2강령은 '천일지이(天一地二)'의 선후흐름에 따른 '효천법지(效天法地)'를 염두에 둔 내용이기도 하다. 천지부모의 지선한 보살핌으로 태어난 자식이 곧 '인삼(人三)'에 해당하는 제3강령이다.

세상의 최고 지선(至善)은 부모의 지극한 사랑이다. 그 은공으로 태어난 자식은 누구나 어버이를 닮는다. 곤충미물도 모두 제 부모를 배우고 본받는데, 닮지 못하면 착하지 못하다. 이를 '불초(不肖)'로 일컫는다.

셋째 강령인 지어지선은 『대학』의 길을 통해 도달해야 할 최후목표이다. 내외로 덕업(德業)을 효법(效法)하는 가운데, 사람으로서의 위치직분을 지켜 늘 지선의 도리에 머무름인데, 천지인 '삼재합일'을 이룸과도 같다.

---

27. 『중용(中庸)』 제20장: 天下之達道 五에 所以行之者는 三이니 曰君臣也父子也夫婦也昆弟也朋友之交也五者는 天下之達道也오 知仁勇三者는 天下之達德也니 所以行之者는 一也니이다.

『대학(大學)』과 『소학(小學)』

『대학』은 일반 성인(成人)이 배우고 익히는 '대인지학(大人之學)'의 줄임말이다. 『소학』이 나이어린 소인(小人)이 학습(學習)하는 '소인지학(小人之學)'의 줄임말인 것과는 상대적으로 비교된다.

이는 오늘날 초중등과 고등 이상의 학습과정을 가르치는 교육기관이면서, 여기에서 공부하는 대표적인 교과목이었다. 옛날 대학과정을 가르친 곳인 태학(太學)을 대학(大學)으로도 표기한다.[28]

'대인지학'에서의 대인은 성인(成人) 어른으로 보기보다는, 지도자의 그릇과 역량을 갖춘 남들을 이끌만한 큰 재목감으로 풀이함이 타당할 듯하다. '큰 배움의 길'을 구체적으로 제시한 삼강령이 태극(太極)의 도를 밑바탕으로 하기 때문이다.

『대학』은 사물의 이치를 연구하고 마음을 바로 하는 '궁리정심(窮理正心)'과 심신을 닦아 능히 일반사람들을 이끄는 '수기치인(修己治人)'의 도학서(道學書)이다. 경문의 처음도 '대학지도(大學之道)'에서 출발한다.

> 고대에는 어린 학동을 가르치는 교육기관인 소학(小學)에서 물을 뿌리고 청소하고 부름에 응하고 물음에 답하고 나아가고 물러나는 '쇄소응대진퇴(灑掃應對進退)'의 작은 절목(節目)을 배우고 나서, 육예(六藝)인 일반예절·음악·활쏘기·말타기·글쓰기·셈하기 등 '예악사어서수(禮樂射御書數)'에 대한 문장(文章)을 차례로 익혔다. 일반 백성들의 자제들까지 여덟 살이면 소학의 공부과정을 시작하고, 열다섯 살이면 여기에서 뽑힌 뛰어난 인재들과 사대부 이상 높은 신분자제들만 고등교육기관인 대학[태학]에 들어갔다.

---

[28]. 우리 역사에서 신라의 국학(國學), 고려의 국자감(國子監), 조선의 성균관(成均館) 등의 기관과 견줄 수 있다. 한(漢)나라 복승(伏勝)의 『상서대전(尙書大傳)』에는 공경(公卿)의 태자(太子)와 원사(元士)의 적자(適子)는 나이 13세에 소학, 20세에 태학, 반고(班固)의 『백호통(白虎通)』에는 8세에 소학, 15세에 태학에 들어간다고 하였다. 주자의 「대학장구서(大學章句序)」에서는 후자의 견해를 취하고 있다. - 「대산대학강의(한길사간 2000년)」 21p에서 인용

고정논지

　야산선생의「대학착간고정」은 삼강령 1절과 팔조목 2절을 포함한 총3절로 경문 1장의 중심푯대를 분명히 세웠다.

　삼강령 1절은 본체인 태극(太極) 1절에, 그 다음의 팔조목 2절이 태극이 생하는 양의(兩儀) 2절이다. 강령조목을 다 합친 3절로써 경문 1장을 이루므로, 삼재(三才)가 합일하는 구조이다.

　태극은 본체를 하나로 삼지만 셋으로 작용을 펼친다. 이를 '삼태극 · 삼극(三太極·三極)'이라고 표명한다.『대학』의 도를 삼강령으로 펼쳐놓은 까닭도 태극의 도가 삼태극의 작용으로 이루어지기 때문이다.

　경문과는 달리 전문에는 친(親)이 아닌 신(新)으로만 본문설명이 되어있으므로, 정자(程子)와 주자(朱子) 등 대다수 선유들은 경문의 친(親)을 마땅히 신(新)으로 고쳐야한다고 보았다.[29]

　야산선생은 친민 · 신민(親民·新民)의 두 입장에 대해, 선후체용의 흐름을 밝히고자 경문(經文)에는 본체위주로 친민을 밝히고, 전문(傳文)에는 작용위주로 신민을 설명한 것이라 여겼다. 신민(新民)의 효험을 거두려면 먼저 친민(親民)이 선행해야 함이 마땅하다는 뜻이다. 친함이 없이 감동적인 교화가 이루어지기는 어렵다. 그러므로『착간고정』에서는 경문의 친민을 그대로 인정하여, 전문 제2장을 '친민장'이라 일컫는다.

　명덕의 밝음이 없으면 백성에 대한 사랑이 펼쳐질 수 없다. 등불이 켜지면 자연 주위가 환해지므로, '명명덕(明明德)'이 '친민(親民)'에 앞서는 까닭이다. 자신의 밝은 덕을 밝혀 이웃백성을 어질게 교화하면, 남들도 스스로 밝은 덕을 자연스레 밝히게 되어 함께 새롭게 바뀐다.

29.　「대학장구(大學章句)」주(註): 程子曰 親은 當作新이라[정자께서 말씀하시길 親은 마땅히 新으로 지어야 한다].

참고

학(學)은 초가지붕[冖] 위에서 새끼줄[爻]을 두 손[臼]으로 꼬아 지붕을 올리는 모습을 어린 자식[子]이 보고 '배우다', 몽매한[冖] 자식[子]이 두 손에 책을 들고[臼] 스승에게서 가르침을 받아[爻] 이치를 '배우다', 절구질하여[臼] 곡식의 껍질을 벗겨내듯이, 몽매한[冖] 어린 자식[子]이 천지자연의 이치를 본받아[爻] '배우다', 兒(아이 아)와 冠(갓 관), 字(시집갈 자)와 爻(본받을 효)의 조합으로, 어린아이[兒]가 커서 성인의식인 관례(冠禮)를 치루고 시집장가를 가[字], 자식을 낳는 부모의 인생살이를 그대로 본받는다[爻]는 데서 '배우다'는 뜻이다.

도(道)는 머리의 모습을 본뜬 수(首)에다가 천천히 나아간다는 착(辶)을 더한 글자이다. 머릿속에서 생각하고 판단하는 대로 자연 몸뚱이와 팔다리가 서서히 움직여 나아간다는 뜻을 가진다. 다른 풀이로는 수(首)는 삼라만상의 근원인 '태극'을 말하고 부수인 辶(辵)은 '움직여 나아가는 과정'을 뜻하므로, 발[足]이 一二三[彡] 세 단계로 움직여 나아간다는 뜻이 있다.

재(在)는 흙[土] 속에서 새로운 싹[才]이 움 터 나와 생명이 존재하고 '있다'는 뜻이고, 재(才)에서 그 발음을 취한 것이다. 존재(存在)에서 '있을 존(存)'은 천지의 음양기운이 교통함으로써 모든 생명의 씨앗[子]이 생성된다는 뜻이다. 씨앗에서 싹이 생성되고 그 싹은 흙에서 움터 나오므로, 존(存)과 재(在) 둘다 '있다'라는 뜻으로 쓰인다.

주역산책

대효(大孝)와 소효(小孝)

천지는 만물을 낳는 부모로서 가르치고 배우는 '교학(敎學)'의 큰 근원바탕이다. 효(孝)는 백가지 행실의 근본이기에, 교학(敎學) 모두 어버이를 본받고 섬기는 '효도 효(孝)'자가 들어있다.

공자는 "앎은 높임이고 예는 낮춤이다. 높임은 하늘을 본받음이고, 낮춤은 땅을 법함이라."고 하였다.[30] '효천법지(效天法地)'가 대효(大孝)라면, 직접 낳아 준 부모를 본받고 섬김은 소효(小孝)이다.

학이각(學而覺)과 지(知)

학문(學問)이란 배워 묻는다는 뜻이며, 배움이란 가르침을 본받아 따른다는 의미다. 제대로 배울지라도 능숙하게 익히지 않으면 앎을 이루기 어렵다. 끊임없는 학습(學習)의 노력을 통하여 능숙한 경지에 이르다보면, 스스로 품은 의심의 문이 열려 깨달음의 지(知)를 체득하게 된다. 배워 능숙해지면 스스로 물어 알게 되므로 '선학후문(先學后問), 선능후지(先能后知)'이다.

『중용(中庸)』에서도 배우지 않으면 몰라도 이왕 배웠으면 능하도록 하며, 묻지 않았으면 몰라도 이왕 물었으면 알도록(깨닫도록) 하라는 말씀이 있다.[31]

선학후교(先學后敎) 즉 먼저 사물의 이치를 밝게 알아야, 후에 세상 사람들을 밝은 데로 이끄는 교(敎)가 가능해진다. 깨달음에 도달하기 위해서는 반드시 선학(先學)의 과정이 있어야 한다. 명명덕을 제1강령으로 앞세운 연유이다. 그 다음 얻어진 밝은 깨달음으로 세상 이웃들에게 가르침을 베푸는 후교(後敎)의 과정이 주어지므로, 친민을 제2강령으로 제시한 것이다.

본래 지(知)란 배움[學]을 통해 얻는 깨달음[覺], 즉 '학이각(學而覺)'을 뜻한다. 지(知)를 파자해보면 '화살 시(矢)'와 '입 구(口)'로 조합된 글자이다. 일정하게 나아갈 방향을 제시하는 화살표(⇔⇕)와 같은 기능을 하는 것이다. 다시 시(矢) 자를 파자해보면, 대인(大人=矢), 구(口)는 '말씀 언(言)'자의 줄임이다. 화살처럼 올곧은 대인의 말씀이다. 그러므로 대학(大學)은 대인의 말씀[大人之言]을 배우

---

30. 『주역(周易)』 계사상전 제7장: 夫易은 聖人이 所以崇德而廣業也니 知는 崇코 禮는 卑하니 崇은 效天하고 卑는 法地니라.
31. 『중용(中庸)』 제20장: 有弗學이언정 學之ㄴ댄 弗能을 弗措也하며 有弗問이언정 問之ㄴ댄 弗知를 弗措也하며....

고 익혀[學] 깨달음에 이르는 '대각(大覺)의 경전'이라고 풀이함직하다.

『대학』의 궁극적인 목적 또한 대자연과 합일하여 조화를 이룸에 있다. 그 도를 통하여 다다르는 지극한 깨달음의 경지를 '대지(大知)'라 일컫는데, 『중용』에 이와 같은 대인으로 순임금을 예시한 공자말씀이 있다.[32]

사람은 선천적으로 양지양능(良知良能)한 지능을 부여받았다. 공자는 사람의 지능이 본래 천지자연의 이간(易簡)한 법도에서 비롯되었다고 말씀하였다.[33] 명덕을 밝히라는 그 명(明)은 밝은 하늘이 부여한 앎[知]의 자질이 누구에게나 원천적으로 있고, 사람을 가까이 사랑하라는 그 친(親)은 땅이 두터이 만물을 품어주는 사랑[能]의 덕성이 누구에게나 근원적으로 있기 때문이다.

대학지도(大學之道)

삼강령(三綱領)은 태극이 펼치는 천·지·인 삼재(三才)의 지극한 작용원리에 바탕을 둔 것이기도 하다.

도(道)[34]란 나아가는 길을 뜻하며, 도달해야 할 목표이다. 따라서 대학의 도란 큰 학문의 길을 닦는 방법과 목적을 말한다. 삼강령의 도는 안으로 자신의 명덕을 밝히고 밖으로 나아가 인민의 교화를 통하여, 모두가 지선한 이상세계를 이루는데 있다. 상하의 중, 내외의 중, 선후의 중이 있듯이, 삼강령에는 내외본말(內外本末)과 선후중정(先后中正)의 법도가 있고 지향하는 길이 각기 나뉜다.

도(道)는 '머리 수(首)'에다 책받침으로 쓰이는 '쉬엄쉬엄 갈 착(辶)'을 합친 글자이다. 역(易)의 입장에서 보면, 수(首)는 하나[一]가 둘[八]을 낳는 '1생2법'의 자연(自然)이치를 펼치는 머리가 태극이라는 뜻이며, 착(辶)은 음양·사상·팔

---

32. 『중용(中庸)』 제6장: 子曰 舜은 其大知也與신저.
33. 『주역(周易)』 계사상전 제1장: 乾以易知요 坤以簡能이니.....
34. 『주역(周易)』 계사상전(繫辭上傳) 제5장: 一陰一陽之謂道니 繼之者 善也오 成之者 性也라. 즉 한번은 음, 한번은 양이 되어 동정 변화함이 도이다. 이를 잘 이어나가는 것이 선(善), 잘 이루는 것이 성(性)이라고 하였다. 음양의 바탕이 태극이므로 도는 다름 아닌 태극이다.

패로[彳] 3차례 분화해 나아가는 태극의 발걸음[足]을 의미한다.

공간의 집[宇], 시간의 집[宙]이 우주세계이다. 태극의 도는 시간적으로 3변하여 하늘·땅·사람(1·2·3)을 열며, 공간적으로 8괘를 펴서 우주를 주재한다.

강목(綱目)이 펼치는 그물도 도(道)라는 한 글자로 압축된다.[35] 대학의 도를 삼강령으로 차례를 정한 것이 '1생2법3변'의 도이며, 3강령을 통하여 전개되는 8조목이 3변을 통하여 생성되는 8괘의 이치와 같기 때문이다.

대학의 수(首)인 경문 1장의 절목도 3강령 1절과 8조목 2절을 합친 총3절이다.

삼재(三在)

삼강령에 세 차례 포함된 '있을 재(在)'는 흙[土]속에서 싹[才]이 움터 나온다는 뜻이며, '바탕 재(才)'에서 그 음의(音義)를 취한 글자이다. 이 세상을 구성하는 세 가지 바탕을 천재·지재·인재(天才·地才·人才)의 '삼재(三才)'라고 이른다.

공자는 삼재의 도를 둘씩 나누어, 음양은 하늘의 도, 강유는 땅의 도, 인의는 사람의 도에 속한다고 밝혔다.[36] 대학의 도를 천도에 의한 명명덕, 지도에 의한 친민, 인도에 의한 지어지선의 삼재에 상응하는 3강령으로 나눈 학문적 실마리도 여기에서 구체적으로 풀린다.[37]

---

35. 시간과 공간을 낳는 모태가 태극이다. '처음 태(太), 끝 극(極)' 태초로부터 궁극에 이르기까지, '클 태(太), 덩어리 극(極)' 삼라만상을 두루 감싸 안는 가장 큰 덩어리를 뜻하기 때문이다.
    태극에 대해서는 공자가 계사상전 제11장에 "역유태극(易有太極)하니 시생양의(是生兩儀)하고 양의생사상(兩儀生四象)하고 사상(四象)이 생팔괘(生八卦)하니 팔괘정길흉(八卦定吉凶)하고 길흉(吉凶)이 생대업(生大業)하나니라."고 하여 처음 언급하였다.
    주렴계(周濂溪) 선생은 "무극이태극(無極而太極)", 『천부경(天符經)』에서 '일시무시일(一始无始一), 일종무종일(一終无終一)'이라고 한 바대로 태극은 시작과 끝이 없는데다 그 대소(大小)에 안팎이 없으므로 무극(無極)이라고도 일컫는다.
    만물의 종시가 모두 이에 말미암으며 천·지·인 삼재의 이치에 따라 삼극(三極)의 도(道)를 갖추고 있으므로, 삼태극[천태극/지태극/인태극]이라고도 한다.
36. 『주역(周易)』 설괘전 제2장: 昔者 聖人之作易也는 將以順性命之理니 是以立天之道曰陰與陽이요 立地之道曰柔與剛이요 立人之道曰仁與義니 兼三才而兩之라.
37. 『중용(中庸)』 제26장의 글에는 "박후(博厚)는 배지(配地)하고 고명(高明)은 배천(配天)하고 유구(悠久)는 무강(无疆)이니라."고 하였다. 강령의 명명덕은 높고 밝은 하늘의 도를 본받고, 친민은 넓고 두터운 땅의 도에 법하며, 지어지선은 천지합일을 이룬 유구한 성인의 도에 합한다.

재명명덕의 명(明) 또한 하늘에 떠있는 일월(日月)의 밝음, 재친민의 친(親)은 땅에다 뿌리를 박는 나무의 길러짐, 재지어지선의 지(止)는 천지 중간에서 사람이 발을 딛고 서있음을 가리킨다.

주공(周公)은 공자가 영원한 정신적 스승으로 받든 성인이시다. 글 가운데, 『역경』의 첫머리인 건(乾)괘 효사에 삼재에 관련된 '있을 재(在)'가 세 차례 나온다. 위 하늘로 날아오른 5효 자리의 비룡재천(飛龍在天), 아래 밭에 머무르는 2효 자리의 현룡재전(見龍在田), 그 중간에서 때를 기다리는 4효 자리의 혹약재연(或躍在淵)이 그것인데, 『역경』이 『대학』의 근원이고 『대학』이 학역지관(學易之關)임을 보여주는 중요대목이다.

삼재흐름으로 서술하는 방식은 『중용』 머릿장 첫머리에 "천명지위성(天命之謂性), 솔성지위도(率性之謂道), 수도지위교(修道之謂敎)"라 한 대목에서도 발견된다.[38]

---

[38] 율곡(栗谷) 선생은 그의 「성학집요(聖學輯要)」에서 "천명에 의한 성품은 명덕으로 갖춘 바이고, 성품을 따르는 도는 명덕으로 행할 바이며, 길을 닦은 가르침은 신민의 법도라."고 하여, 『중용』과 『대학』 머릿장을 연계하여 말씀하였다.

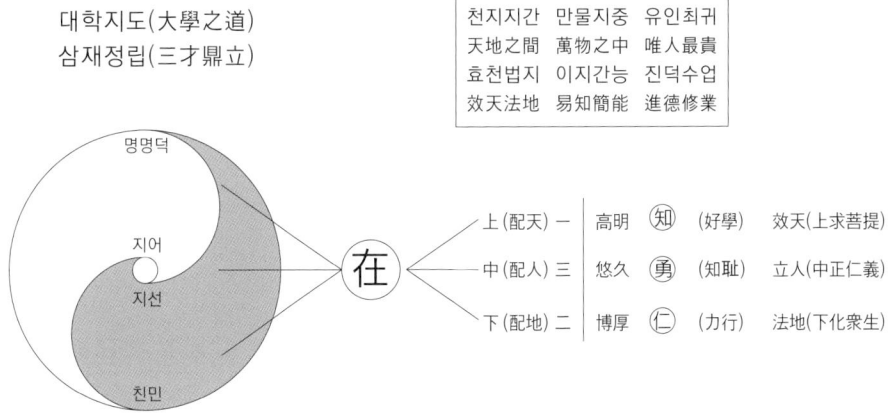

八條目
팔조목

2. 古之欲明明德於天下者는 先治其國하고
   고 지 욕 명 명 덕 어 천 하 자   선 치 기 국

   欲治其國者는 先齊其家하고 欲齊其家者는 先修其身하고
   욕 치 기 국 자   선 제 기 가   욕 제 기 가 자   선 수 기 신

   欲修其身者는 先正其心하고 欲正其心者는 先誠其意하고
   욕 수 기 신 자   선 정 기 심   욕 정 기 심 자   선 성 기 의

   欲誠其意者는 先致其知하니 致知는 在格物하니라
   욕 성 기 의 자   선 치 기 지   치 지   재 격 물

   옛날에 밝은 덕을 천하에 밝히고자 하였던 이는 먼저 그 나라를 다스렸고, 그 나라를 다스리고자 하였던 이는 먼저 그 집을 가지런히 하였고, 그 집을 가지런히 하고자 하였던 이는 먼저 그 몸을 닦았고, 그 몸을 닦고자 하였던 이는 먼저 그 마음을 바로 하였고, 그 마음을 바로 하고자 하였던 이는 먼저 그 뜻을 정성스럽게 두었고, 그 뜻을 정성스럽게 두고자 하였던 이는 먼저 그 앎을 다하였으니 (이르러 다다름), 앎을 다함은 사물을 감통(격)하는 데에 있느니라.

주자「대학장구」해설

　명명덕어천하(明明德於天下)는 천하 사람들에게 명덕(明德)을 밝혀줌을 말한다. 성(誠)은 성실, 의(意)는 마음이 발하는 바이니 성의(誠意)는 그 마음이 발하는 바를 성실히 하여 스스로 만족하고 속임이 없고자 하는 것이다. 치(致)는 끝까지 추급(推及)한다는 추극(推極), 지(知)는 '알 식(識)'과 같으니, 치지(致知)는 '나의 지식을 추극(推極)해서 그 앎을 끝까지 다해야 한다.'는 뜻이다. 격(格)은 '이를 지(至)', 물(物)은 '일 사(事)'와 같으니, 격물(格物)은 사물의 이치를 궁구하여 그 지극한 곳에 이르지 않음이 없고자 한다. 이 8가지는 『대학』의 조목(條目)이다.[39]

경전해설

　선후(先后) 2절로 구성된 8조목 가운데 앞에 오는 제1절로서, 경문 1장 총3절 중 제2절이다. 평천하로부터 격물에 이르기까지 형이하적인 외부로부터 형이상적인 내부로 진입해오는 '하학(下學)의 공부과정'에 대한 구체적인 설명이다.

　먼저 평천하에 앞서 치국, 치국에 앞서 제가, 제가에 앞서 수신, 수신에 앞서 정심, 정심에 앞서 성의, 성의에 앞서 치지, 치지에 앞서 격물이 있다, 공부의 목적인 3강령을 이루기 위한 구체적인 단계절차가 8조목인데, 명칭순서는 이와 정반대로 격물(1) 치지(2) 성의(3) 정심(4) 수신(5) 제가(6) 치국(7) 평천하(8) 여덟 가지로 일컫는다.

---

[39]. 「대학장구(大學章句)」 주(註): 明明德於天下者 使天下之人 皆有以明其明德也 心者 身之所主也 誠 實也 意者 心之所發也 實其心之所發 欲其必自慊 而無自欺也 致 推極也 知 猶識也 推極吾之知識 欲其所知 無不盡也 格 至也 物 猶事也 窮至事物之理 欲其極處 無不到也 此八者 大學之條目也.

고정논지

대학(大學)의 '큰 대(大)'로 보자면 '한 일(一)'은 3강령 1절, '사람 인(人)'은 8조목의 2가지 선후(先后)절목에 해당한다.

일체만유를 낳아 이끄는 본체 하나를 태극이라 일컫는다. 일동일정(一動一靜)하여, 양(陽)의 움직임과 음(陰)의 고요함을 낳는다. 양이 적극적이고 능동적인 반면, 음은 소극적이고 수동적이다. 대립적이면서도 상보(相補)적인 관계를 끊임없이 이어가면서 천지만물을 생성운행하며 변화작용을 일으킨다.

하나로 인해 둘이 나오며, 홀수 다음에 짝수가 오기 마련이다. 선후인과(先后因果)의 자연스런 흐름은 모든 사물의 밑바탕에 존재하므로, 진실로 배움의 출발처가 된다.

대학경문 1장은 삼강령 1절과 팔조목 2절로만 간이(簡易)하게 서술하여 놓았다. 태극으로부터 음양이 나오는 이치를 밝힘과 동시에, 초학자가 선행(先行)하여야할 '하학(下學)의 과정', 그 다음 깨달음에 의해 펼쳐지는 '상달(上達)의 효험과정'을 차례대로 밝힌 것이다.

알지 못하면 행하지 못하므로, 먼저 익히고 배워 알도록 힘써야 한다. 선지후행(先知后行)과 선본후말(先本后末)의 기본법도에 따라, 제1절에 선(先), 제2절에 후(后)를 넣어 조리를 분명히 하였다.

대학전문 전체도 선후체용의 흐름이다. 삼강령을 체로 하여 차례로 설명한 다음에 팔조목을 용으로 하여 순차적으로 전개하고 있다.

삼강령에 팔조목을 연계한 선유들의 관점은 주로 격물로부터 수신까지를 내본(內本)인 명명덕, 제가로부터 평천하까지를 외말(外末)인 친민(신민)에 속하는 것으로 보았다.[40]

필자가 보기에는 8조목을 선후 넷으로 갈라 내외덕업의 측면에서 명명덕과

---

[40] 「대학장구(大學章句)」 주(註): 修身以上 明明德之事也 齊家以下 新民之事也.

친민에 각기 배속함이 옳다. 내본에 속한 격물·치지·성의·정심은 명명덕에, 외말에 속한 수신·제가·치국·평천하는 친민에 이르는 과정으로 봄이 마땅하다는 것이다.

전문 제4장인 격물(格物)의 첫 절목에 "물건에는 근본과 끝이 있고 일에는 마침과 비롯함이 있다. 그 선과 후를 알아낸다면 곧 도에 가까워진다."고 하였다. 사물의 선후를 중시한 이 절목이야말로 대학경전 전체를 이끄는 핵심문장이 아닐 수 없다. 그 구체적인 사례를 찾으면 다음과 같다.

'성경현전'의 시대흐름에 따른 경문과 전문의 선후체계
'3강8목'의 본말체용에 따른 강령과 조목의 선후체계
'천1·지2·인3'의 삼재생성에 따른 3강령의 선후체계
'1·2·3·4·5·6·7·8'의 수리흐름에 따른 8조목의 선후체계,
전문에 각 4절목씩 전개되는 '기승전결'의 선후체계,
'1·2·3·4·5'의 수리흐름에 따른 경문 3절과 전문 64절목의 선후체계
→ 강령(1절)조목(2절)경문(3절) / 전문(4절×16문단=64절목)의 5세재윤 법도

8조목의 수가 소성 8괘와 같고, 제1절인 고지(古之)절목의 글자 수가 총 64자이다. 전문 10장의 64절목과 더불어 역(易)의 64괘와 그 수가 자연 합치된다. 문장전개도 각 조목에서 선행될 근본을 밝혀, 하학(下學)의 길을 제시하고 있다.

주역산책

하도(河圖)에서 내부에 속한 생수로 빗대면, 격물·치지·성의·정심(1·2·3·4)을 거쳐 명명덕(5), 외부에 속한 성수로 빗대면 수신·제가·치국·평천하(6·7·8·9)를 거쳐 친민(10)에 다다른다.

명명덕(5)과 친민(10)은 천극과 지극처럼 두 극단에 해당한다. 하도의 5와 10은 중심에 속하므로 8조목을 거느리는 중심 강령으로 쓰인다.

사물이 존재하는 근본바탕에는 반드시 대칭(對稱)·상합(相合)하는 원리작용이 있다. 내외배분을 가늠하지 못하고 선후본말을 헤아리지 못하면, 인과법칙의 흐름이 자연 가려져서 혼미해진다. 그러므로 관찰 분석할 적에는 양쪽 극단(極端)의 중심을 정확히 잡아야만 한다.

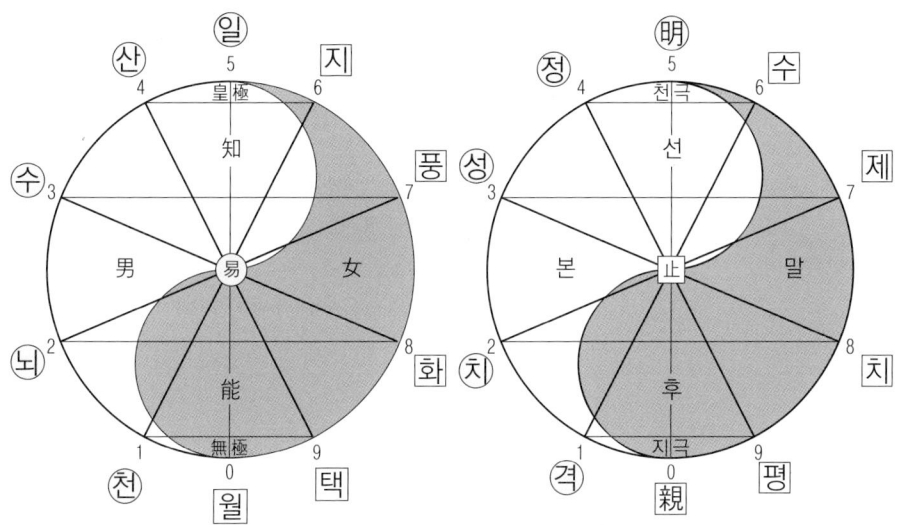

덕(德)과 정심수신

마음과 몸은 내면과 외부의 세계를 가르는 양단(兩端)이다. 정심(4)과 수신(6)의 사이를 안팎으로 이어주는 한복판의 중간통로가 명명덕(5)이다. 대개 덕(德)의 고자(古字)는 '큰 덕(悳)'으로 올곧은 마음(直心)을 뜻했다. 나중에 올곧은 마음으로 행해나아가라는 데서 '직심지행(直心之行)'의 의미로 바뀌었다. 내 몸에 실제 도를 체득하여 실행에 옮기는 바탕으로서[德 行道而得於心者也], 정심(正心)에서 한 단계 나아간 중심(中心)의 지극함을 의미한다.

덕행(德行)이라고 하듯이, 밝은 덕성을 내면에 갖추어야만 비로소 바른 행동도 밖으로 옮겨질 수 있다. 『서경』 홍범(洪範)에서는 5황극(皇極)을 상제로 간주하고, 황극의 도가 펼쳐짐으로 인해 얻은 바가 본성의 밝은 덕임을 밝혔다.

'양선음후(陽先陰後)'의 이치로 살피면, 격물·치지·성의·정심은 내본에 해당하는 양(陽)인 명명덕, 수신·제가·치국·평천하는 외말에 해당하는 음(陰)인 친민에 속한다. 지어지선은 팔조목을 두루 펼치는 가운데 자연 체득되는 천지씨앗인 '인(仁)'에 해당한다.

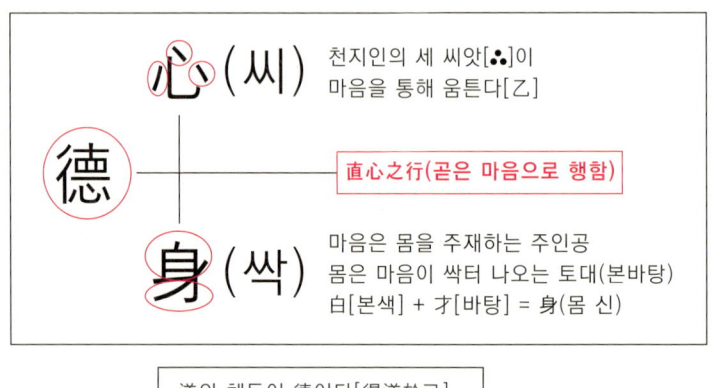

본래 이웃백성을 사랑하는 친민은 수신보다 한 단계 나아간 개념이지만, 그 원초적인 바탕토대가 수신이므로 8조목 가운데 친민 강령에 수신이 배속됨이 마땅하다고 본다. 전문 제2장 친민장에도 탕(湯)임금이 목욕하는 욕조에다 "진실로 날이 새롭거든 나날이 새롭게 하고 또 새롭게 하라[苟日新 日日新 又日新]."고 새긴 대목이 있다.

목욕이란 몸의 때를 벗기는 수신(修身)을 의미한다. 깨끗이 목욕을 하여 심신이 상쾌해지면 자연 새로워진다. 이렇게 새로운 날을 맞이하면 여기에 그치지 말고 더욱더 새로운 나날이 되도록 끊임없이 노력하라는 뜻이다. 주자의 「대학장구」에도 신민(新民)장에 놓여있다.

  이 뜻을 잘 음미해보면 백성을 사랑하기에 앞서 본바탕인 자기 자신의 묵은 때를 닦으라는 수신을 강조한 내용이다. 수신은 친민(신민)의 본바탕이다. 자신부터 새롭고 사랑스러울 때, 비로소 이웃과 세상을 밝히고 펼치고자하는 새로운 계기가 열리게 된다.

3. 物格而后(물격이후)에 知至(지지)하고 知至而后(지지이후)에 意誠(의성)하고
意誠而后(의성이후)에 心正(심정)하고 心正而后(심정이후)에 身修(신수)하고
身修而后(신수이후)에 家齊(가제)하고 家齊而后(가제이후)에 國治(국치)하고
國治而后(국치이후)에 天下平(천하평)이니라.

  사물이 감통(격)된 뒤에 앎이 이르게 되고, 앎이 이른 뒤에 뜻이 성실해지고, 뜻이 성실해진 뒤에 마음이 바루어지고, 마음이 바루어진 뒤에 몸이 닦이고, 몸이 닦인 뒤에 집이 가지런해지고, 집이 가지런해진 뒤에 나라가 다스려지고, 나라가 다스려진 뒤에 천하가 평안하게(평화롭게) 되느니라.

右(우)는 八條目(팔조목) 二節(이절)이라

우는 팔조목 2절이라

주자 「대학장구」 해설

  격물(格物)은 내 자신이 사물의 궁극본처까지 이르러 내재된 이치를 끝까지

연구해 내는 것이다. 물격(物格)은 이미 사물의 궁극적 이치를 통한 것으로, 모든 물건에 들어있는 극진한 이치가 내게 이르지 않음이 없음을 말한다. (예를 들자면, 물이 나무의 뿌리에서 가지 끝까지 오른 상태이다. 한 분야에 있어 지극한 경지에 달한 사람을 "물이 오를 대로 올랐다."고 말한 것과 같다. 나무의 뿌리는 나요, 가지는 매순간 부딪치는 사물에 견주어 볼만하다.) 궁극적인 사물의 이치가 내게 도달하여 물격(物格)이 이루어지면 완전히 깨달아 알게 되는데, 이는 곧 앎이 나에게 이르는 것이므로 '지지(知至)'이다. 앎이 다하면 뜻이 성실해지고 뜻이 이미 성실해지면 마음이 바르게 된다.[41]

경전해설

물격(物格)으로부터 천하평(天下平)에 이르기까지를 뒤집어 다시 설명하였다.

팔조목 제1절은 하학(下學)의 선행해야할 길을 밖으로부터 안으로의 복귀과정으로서 제시하였다. 제2절은 상달(上達)이 펼치는 길을 안으로부터 밖으로의 전개과정으로서 나타냈다.

학문에 처음 입문하는 하학의 학습과정으로는 외말로부터 내본으로 들어오는 단계절차를 밟아야 한다. 반면, 자질이 뛰어나고 배움에 숙성한 상달의 과정은 내본으로부터 외말로 나아가므로 이를 밝힌 것이다.

격치성정(格致誠正)은 내본에 속하므로 형이상(形而上)의 도(道)에, 수제치평(修齊治平)은 외말에 속하므로 형이하(形而下)의 기(器)에 해당한다.

고정논지

먼저 설명된 8조목 1절은 아래에서 위로 오르는 하학의 길, 8조목 2절은 위에서 아래로 내려오는 상달의 길을 이른다. 각기 문장 속에도 제1절에는 선

---

41. 「대학장구(大學章句)」 주(註): 物格者 物理之極處 無不到也 知至者 吾心之所知 無不盡也 知旣盡 則意可得而實矣 意旣實 則心可得而正矣.

(先), 제2절에는 후(后)를 넣어 절목의 선후(先后)법도를 분명히 밝혀놓았다.

주역산책

8조목 2절은『주역』서괘하전의 첫 글과 전개흐름이 똑같다.『주역』의 십익(十翼) 해설과『대학』의 경문이 다 공자의 말씀이기 때문이다. 야산선생이『대학』을 '역을 배우는 관문[學易之關]'이라 하였는데, 이를 구체적으로 보여주는 사례이다.

주역 서괘하전	대학경문 제3절(팔조목②)
有天地然後에 有萬物하고 有萬物然後에 有男女하고 有男女然後에 有夫婦하고 有夫婦然後에 有父子하고 有父子然後에 有君臣하고 有君臣然後에 有上下하고 有上下然後에 禮義有所錯니라	物格而后에 知至하고 知至而后에 意誠하고 意誠而后에 心正하고 心正而后에 身修하고 身修而后에 家齊하고 家齊而后에 國治하고 國治而后에 天下平이니라

경문 1장 총설

右는 經 一章이라
우 경 일 장

우는 경문 1장이라

    8조목은 하학의 방법과 상달의 도를 풀이한 두 선후(先后) 절목이다. 태극이 음양을 낳는 일생이법(一生二法)에 따라 2절목을 세운 것인데, 문장내용도 양선음후(陽先陰后)의 법도에 따라 선(先)과 후(后)를 넣었다.

    유학의 집대성은 공자가 십익(十翼)을 달아 주역경전을 완성함으로써 이루어진다. 『논어』 자한(子罕)편에 공자가 천시(天時)를 탄식하며 "봉황이 이르지 아니하며 하수에서 그림이 나오지 않으니 내가 그만두어야 하겠다[鳳鳥不至 河不出圖 吾已矣]."라고 탄식한 내용이 나온다.

    여기에서 언급한 하수에서 나온 그림은 하도(河圖)[42]를 말한다. 대자연의 도를 10수에 담았는데, 인류문명의 시원(始原)이 된다고 하여도 조금도 어긋남이 없다. 인류최초의 부호문자인 결승문자(8괘)가 창안되고, 원시유학을 비롯한 동양학의 출발이 모두 이 하도수리에 근원을 둔다. 『대학』의 3강령·8조목도 이에 바탕을 둔 것이라 여겨진다.

    하도의 이치로는 수·화·목·금을 거쳐 토(土)가 마지막으로 생성된다. 토(土)는 오행의 최종 완성을 의미하므로, 사방의 수·화·목·금을 거느리는

---

[42] 하도는 문헌상 고증할 길이 없는 선사(先史)시대의 그림으로, 상고(上古)시대 복희씨가 천하를 다스릴 때 황하유역에서 출현한 용마 등의 문양에서 전래되었다. 상수리학(象數理學)인 역의 음양오행 수리체계와 괘효의 원리가 여기에 바탕 한다. 간략히 살펴보면 1~10까지의 총 수합이 55이며, 홀수인 1·3·5·7·9는 천수(天數), 짝수인 2·4·6·8·10은 지수(地數)가 되어 천지의 수를 이룬다. 그리고 안의 생수(1·2·3·4·5)와 밖의 성수(6·7·8·9·10)가 1·6, 2·7, 3·8, 4·9, 5·10으로 차례로 교합하여 오행인 수·화·목·금·토(水·火·木·金·土)를 각기 생성한다.
이렇게 생성된 오행은 해가 운행하는 방향으로 수생목, 목생화, 화생토, 토생금, 금생수하여 좌선상생작용을 일으키며, 중앙토의 중재조화로 춘하추동 사시가 유행하게 된다. 중앙의 5·10토는 태극본체에 해당하며, 상호 교합하여 50대연수를 베푼다.

중심부에 자리하며, 본체태극을 대표한다. 토는 5·10의 배합으로 생성된다.

대개 천도에 속한 생수 1·2·3·4·5 가운데 맨 끝에 있으며 가장 큰 수가 5이므로 '천극, 천태극', 지도에 속한 성수 6·7·8·9·10 중에 맨 끝에 있으며 가장 큰 수가 10이므로 '지극, 지태극'이라 이른다. 생수·성수의 교역배합을 통해서 생성되는 오행 중에서 맨 끝에 있으며 가장 큰 토(土)는 '인극, 인태극'이라 한다. 천도·지도에 의해 인도가 생성됨을 뜻한다.

삼강령 1절의 문장 속에 세 차례 언급된 재(在)도 흙에서 싹이 나옴을 뜻한다. 3강령이 하도의 중앙 5·10토(土)에 상응함을 보여준다고 하겠다.

천지인삼재의 지극함을 가리키는 천극·지극·인극은 황극·무극·유극(皇極·無極·有極)이라고도 한다.『대학』은 학대(學大) 즉 완성된 인격체인 대인(大人)으로 나아가기 위한 도리를 배우는 큰 글이다. 일체만유의 표준법도가 삼극의 태극작용으로 펼쳐지기 때문에 마땅히『대학』의 도를 강령 셋으로 세운 것이다.

이를 통하여 강목 상호간의 연계도 자연히 조명된다. 강령조목은 벼릿줄과 그물눈과 같이 체용합일을 이루므로, 격물·치지·성의·정심을 통해 내적본체인 명명덕으로, 수신·제가·치국·평천하를 통해 외적본체인 친민으로 나아가며, 그 중심에 지어지선이 세워진다.

지어지선은 지선의 경지에 머무른다는 뜻이다. 천하는 평(平), 나라는 치(治), 가정은 제(齊), 자신은 수(修), 마음은 정(正), 뜻은 성(誠), 앎은 치(致), 물(物)은 격(格)에 연계된다. 아래는 필자가 하도의 수리에『대학』의 강목을 연계하여 정리해본 것이다.

경문 1장은 삼강령 1절과 팔조목 2절로서 총3절이다. 전문 10장은 1~8장까지 각 4절씩 32절이고, 9장은 8절 10장은 24절로 9~10장까지 32절이다. 전문 전체가 역의 64괘와 합하는 64절이다. 특히 경문의 8조목 제1절의 경우

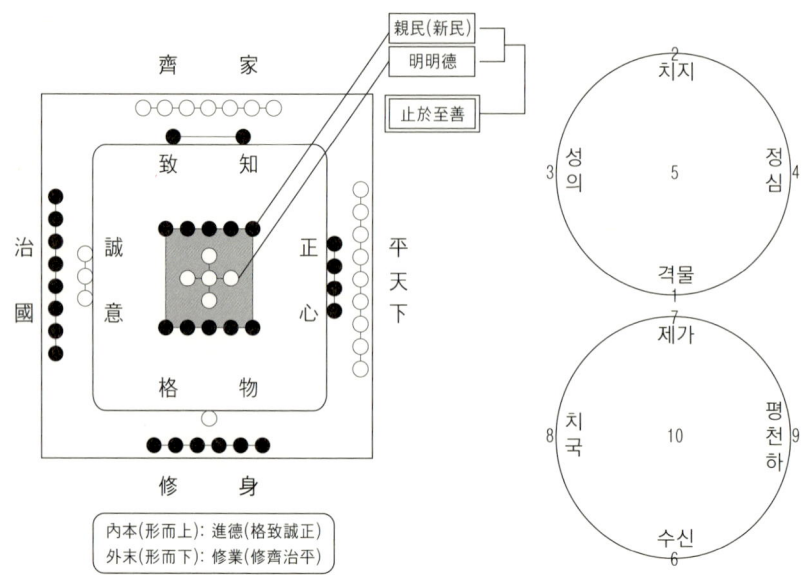

하도수리와 대학도설(大學圖說)

는 64자로 문장 격식을 갖추어놓았다.

입문에서 소개한 바와 같이 강목의 이러한 전개는 태극·양의·삼재의 기본단계를 거쳐 사시변화와 오세재윤(五歲再閏)으로 나아가는 설시(揲蓍. 작괘법)의 전개순서에 바탕을 둔 것이다.[43]

주역산책

삼강령과 지산겸(地山謙)

천간 생성에 있어서, 하도의 생수 5는 양토인 무토(戊土)를 낳고 성수 10은 음토인 기토(己土)를 이룬다. 이 무기(戊己) 토(土)를 상징하는 괘가 『주역』

---

43. 『주역(周易)』 계사상전 제9장: 大衍之數 五十이니 其用은 四十有九라. 分而爲二하야 以象兩하고 掛一하야 以象三하고 揲之以四하야 以象四時하고 歸奇於扐하야 以象閏하나니 五歲에 再閏이라 故로 再扐而後에 掛하나니라.→ 입문편 대인지학(大人之學)과 대연오십(大衍五十) 참조

15번째의 겸(謙)이다.

겸괘는 보름의 만월(滿月)처럼 만삭(滿朔)의 어미를 보여주는 형상이다. 또한 높은 산[☶]이 평평한 땅[☷] 아래로 내려와, 음토(기토) 아래 양토(무토)가 있는 모습이다. 괘순서도 15야(夜) 밝은 달에 해당하는 15번째다. 5와 10을 합친 15는 중심태극을 집약한 소연수(小衍數)이다.

아래 도표는 장남 · 중남 · 소남[☳·☵·☶] 순서로 잉태하는 겸괘에 붙여 살핀 것이다. 어미는 『대학』의 도, 장남은 명명덕(1), 중남은 친민(2), 소남은 지어지선(3)에 상응한다.

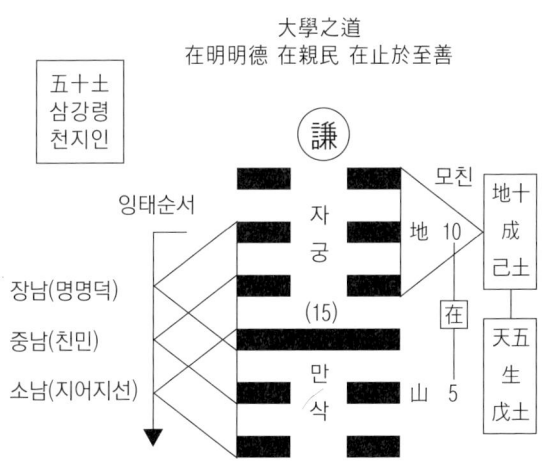

삼강령과 뇌지예(雷地豫)

겸(謙)에 뒤이은 16번째 괘인 예(豫)는 '나 여(予)'에 '모양 상(象)'을 합친 '나 스스로의 모습'이다. 현재 내 모습을 미루어 보면, 미리 앞일을 예견 · 예측 · 예정 · 예비 · 예방(豫見·豫測·豫定·豫備·豫防)할 수 있으므로 '미리 예, 앞설 예'다.

강령이란 본디 나아갈 방향을 예시(豫示)하는 것이다. 삼강령인 '대학지도 재명명덕 재친민 재지어지선(大學之道 在明明德 在親民 在止於至善)'의 글자 수도 묘하게 16자이다. 선각(先覺)자가 나아갈 길과 목적지를 하늘·땅·사람 3갈래로 예시(豫示)해 놓았는데, 대(大)가 3획, 학(學)은 16획으로 획수까지도 신묘하게 부합한다.

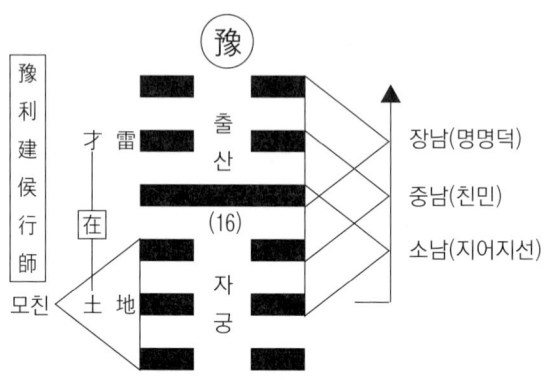

삼강령 문장가운데 3번 나오는 '있을 재(在)'와 예(豫)를 관련지어 보자. 재(在)는 '싹 재(才)'와 '흙 토(土)'의 조합이다. 예(豫) 또한 새싹[==, 才]이 땅[==, 土]을 뚫고 나오는 즉 싹수가 드러나는 형상으로, 남보다 미리 앞서 나아간다는 뜻이다. 그 괘사에도 "제후를 앞세워 무리를 움직임이 이롭다[利建候行師]."고 하였다. 또 생명이 울음을 터트리며 탄생하는 소리를 들으면 즐겁기 때문에 '즐거울 예'라고 한다.

형상을 자세히 살피면, 어미[==]가 세 아들인 장남·중남·소남[==·==·==]을 차례로 출산하는 과정이 담겨있다. 이는 하늘·땅이 열린 다음, 사람이 나오는 삼재(三才)의 생성순서와 통한다. 이처럼 예정(豫定)된 수순에 따라서, 『대학』의 강령도 명명덕·친민·지어지선의 세 가지 길을 순차적으로 예시(豫示)하였다.

야산선생의「대학착간고정」을 살피면, 경문에 예시(豫示)된 삼강령 글이 모두 16자이고, 64절목의 전문도 4절목씩 총 16문단의 체계를 갖추었다.『주역』의 16번째 예(豫)괘와 두루 상통하는 것이 매우 의미심장하다.

삼강령과 자강불식(自彊不息)

　「이수합해(理數合解)」에서는 "대학(大學)은 학대(學大)인데, 대(大)는 하늘을 가리킨다. 따라서 학천(學天) 즉 하늘의 도를 배우는 천서(天書)가『대학』이다."고 주장했다. 공자는 하늘을 본받아 '자강불식(自彊不息)'해야 한다고 말씀하였는데, 이 하늘의 강건함을 가장 잘 나타내는 글자가 '굳셀 강(彊)'이다. 대궁(大弓)의 상이 태극(太極)이므로 궁(弓)은『대학』의 도, 하늘[☰] 괘의 형상인 삼(三)은 삼강령, 전전(田田)은 팔조목에 각기 상응한다. 아래는 필자가 강(彊)자에『대학』삼강령을 연계해본 도표이다.

하늘의 자강(自彊)과 대학의 강목(綱目)

彊(굳셀 강): 대궁태극(大弓太極)의 三八목도 / 三矢八口의 知

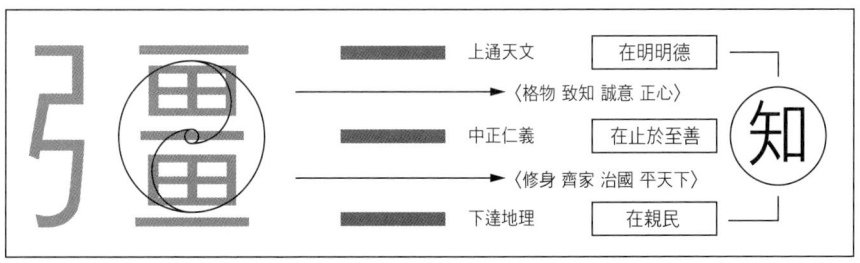

乾〈自彊不息〉/ 坤〈德合무강 行地무강 應地무강〉3無彊

知와 革 --- 과녁(貫革)의 적중(的中)

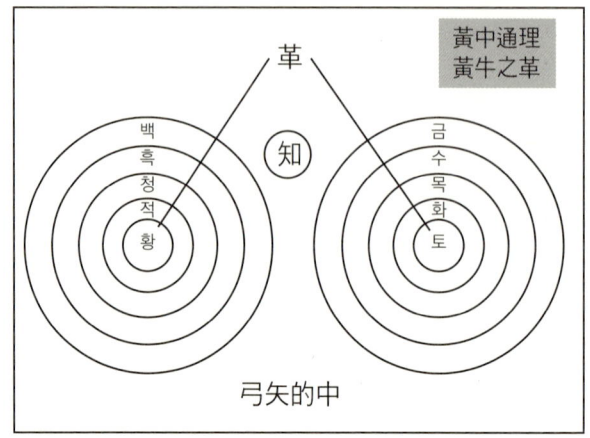

傳文
전 문

제1장 明明德
명 명 덕

주자 장구본 전문(傳文)		야산 착간고정본 전문(傳文)	
명명덕(明明德)		명명덕(明明德)	
1	康誥 曰克明德	1	康誥 曰克明德
2	太甲 曰顧諟天之明命	2	太甲 曰顧諟天之明命
3	帝典 曰克明峻德	3	帝典 曰克明峻德
4	皆自明也	4	皆自明也

1. 康誥에 曰克明德이라 하며
   강 고   왈 극 명 덕

강고에 가로대 "능히 덕을 밝히라."하며
康: 편안할 강 誥: 고할 고, 알릴 고 克: 능히 극, 이길 극

경전해설

『서경(書經)』 주서(周書)에 들어있는 강고편의 글을 인용하여, 옛적 성인 문왕처럼 먼저 자신의 덕을 밝히는데 힘쓰라고 말하였다.[44]

---

44. 「대학장구(大學章句)」 주(註): 康誥 周書 克 能也 周; 나라이름 주
    이 글은 무왕(武王)이 아우인 강숙(康叔)에게 아버지 문왕(文王)의 밝은 덕을 말씀한 글이기도 하고, 어린 임금인 조카 성왕(成王)에게 주공(周公)이 훈계하기 위해서 강숙에게 말하는 형식을 빌렸다고 보는 두 가지 견해가 있다. 전설이 옳을 듯하다. 그 글에 "오직 이에 크게 나타나신 아버지 문왕이 능히 덕을 밝히셨으며 형벌 줌을 삼가셨다(惟乃丕顯考文王 克明德愼罰 조: 클 비)"고 하였다. → 「대산대학강의(한길사간 2000년도)」 103p에서 인용

자신의 덕을 밝히지 않으면 남도 밝게 인도할 수 없다. 『논어』 헌문편에 "옛적에 배우는 이는 자기를 위한 학문을 하더니, 오늘날 배우는 이는 남을 위하는구나."[45]라고 공자가 탄식한 말씀이 있다. 수기치인(修己治人)이 유학의 밑바탕임을 잘 보여주는 대목이다. 대개 소인은 남에게 잘 보이려는 '위인지학(爲人之學)'을 하는데 반해, 군자는 먼저 자신의 근본부터 바로세우는 '위기지학(爲己之學)'을 한다.

'이길 극, 능할 극(克)'은 삿된 마음을 주체적인 의지로 능(能)히 이겨냄을 말한다. 공자가 안연(顔淵)에게 답한, 나라고 하는 사사로움을 이겨내 예로 회복하는 '극기복례(克己復禮)'의 의미이다.

고정논지

전문 1장의 경우, 유일하게 주자의 「장구본」과 문장·순서가 모두 같다.

주역산책

대인(大人)의 명덕(明德)

덕(德)은 '득야(得也)라' 즉 하늘이 주신 성품의 덕은 선천적으로 타고난 것이다. 후천적인 덕은 자연의 진리인 도(道)를 내 몸에 체득(體得)하여 행동으로 옮기는 실천적인 힘을 가리킨다. 글자에도 올곧은 마음으로 실행해나가라는 '직심지행(直心之行)'을 담고 있다.

『중용』에서 "천명지위성이요, 솔성지위도요, 수도지위교니라(天命之謂性 率性之謂道 修道之謂敎)."고 하였다. 사람이 사물을 판단하고 인식하는 슬기로운 덕성이 하늘의 밝은 명으로부터 비롯되었고, 본래의 천부지성(天賦之性)을 그대로 따르는 것이 길이며, 그 길을 닦아놓은 것이 성현의 가르침이라는 뜻이다.

---

45. 『논어(論語)』 헌문(憲問)편: 古之學者는 爲己러니 今之學者는 爲人이로다.

성현들이 닦아놓은 큰 배움의 길[대학의 도]로 나아가다 보면, 천성을 회복하여 마침내 천명과 합일하는 경지에까지 이르게 된다는 내용이다.

『주역』에서는 음양교합에 의해 오행이 생성되는 자연법도에 따라. 선천의 음양원리와 후천의 오행작용을 대별한다. 선후체용의 인과(因果)관계를 보이는 음양오행의 원리작용이 선천팔괘와 후천팔괘의 방위도에 나타난다.

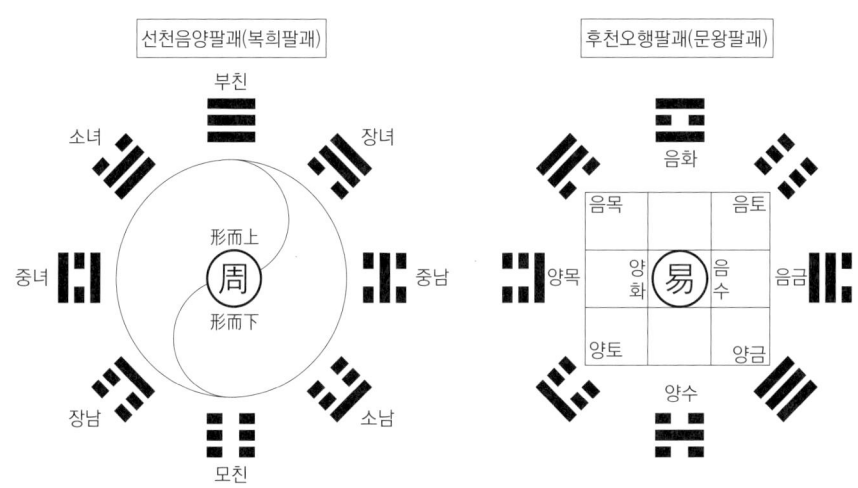

선천팔괘 방위에서 위 남방에 처한 건(☰)괘 자리에는 후천팔괘로 이(☲)괘가 찾아온다. 일월이 떠올라 세상을 밝히듯이, '화취조(火就燥)'하여 하늘위로 불이 타올라 나아가는 이치이다.

건(乾)괘의 내외중심을 얻은 2효와 5효에 거듭 대인을 만나야 이롭다는 '이견대인(利見大人)'을 말하였다. 대인은 하늘과 짝하는 큰 덕을 갖춘 이로서, 세상의 등불인 일월처럼 밝은 눈의 역할을 한다. 이러한 사람을 만나면 바라보는 안목이 밝아지고 넓어져서 자연히 이롭게 된다. 대인 중심으로 풀이하면, 아래의 대인은 자신을 이끌어줄 위의 대인을 만나고, 위의 대인은 자신을 보필해줄 아래의 대인을 만나야만 이롭다는 뜻이다.

위 5효가 변하면 대유(大有), 아래 2효가 변하면 동인(同人)이란 괘로 바뀐다. 대유(大有)와 동인(同人)의 괘명 속에 대인(大人)과 대동(大同)이란 용어도 나온다.

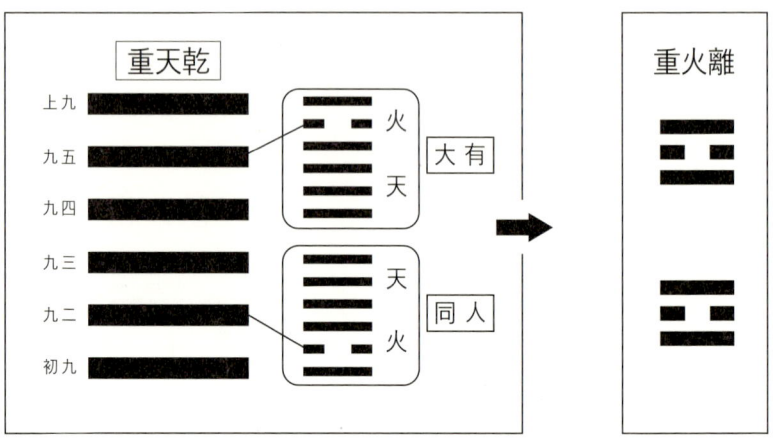

한편 두 효가 다 변하면 상하가 밝은 이(離)괘로 자연스레 바뀐다. 이(離)는 걸림을 뜻하는 리(麗)와 통한다. 공자는 "밝은 일월 둘이 하늘에 리(麗)를 지으니, 이를 본받아 대인이 밝음을 이어나 가서 두루 사방을 밝힌다."고 하여 특별히 '대인의 명덕(明德)'을 강조하였다.

이 외에 "밝은 불이 천상에 있음을 본받아 군자가 악을 막고 선을 드날려 천리를 좇고 천명을 아름답게 한다.", "지상으로 떠오르는 밝은 일월을 본받아 군자가 스스로 밝은 덕을 밝힌다."고 하여, 명덕을 밝히는 것이 중요함을 여러 곳에서 강조하였다.[46]

---

46. 『주역(周易)』 리(離)괘: 象曰 明兩이 作離하니 大人이 以하야 繼明하야 照于四方하나니라.
　　『주역(周易)』 대유(大有)괘: 象曰 火在天上이 大有니 君子 以하야 遏惡揚善하야 順天休命하나니라.
　　『주역(周易)』 진(晉)괘: 象曰 明出地上이 晉이니 君子 以하야 自昭明德하나니라.

2. 太甲에 曰顧諟天之明命이라 하며
　　태갑　　왈고시천지명명

태갑에 가로되 "이 하늘의 밝은 명을 돌아보라." 하며

顧: 돌아볼 고 諟(是): 이 시, 진실로 식, 참으로 식

주자「대학장구」해설

태갑(太甲)은 『서경』 상서(商書)에 나오는 편명이다.[47] '돌아볼 고(顧)'는 항상 눈에 두어 잊지 않고 밝은 덕을 돌아본다는 뜻이다. 시(諟)는 '이 차(此)'와 같으니 혹자는 '살필 심(審)'으로 봐야 한다고 말한다. 즉 하늘의 명덕(明德)을 늘 돌아보고 살펴야 한다는 의미이다. 하늘의 명명(明命)은 하늘이 나에게 준 것이고, 내가 덕(德)으로 삼은 것이다. 항상 주시하고 있으면 때마다 밝지 않음이 없다.[48]

경전해설

『서경(書經)』은 이제삼왕(二帝三王)의 치천하지대경대법(治天下之大經大法)을 기록한 역사서다. 즉 요순(堯舜)과 하·은·주 삼대의 군신들이 천하를 잘 다스린 큰 벼리와 대법의 역사기록이다.

요임금은 순, 순임금은 우에게 제위를 물려주었다. 태평시대의 성군으로 지극히 존숭하여 두 임금을 요제·순제(堯帝·舜帝)라 부르고, 이제(二帝)로 표현한

---

[47]. 『서경(書經)』 「상서(商書)」 태갑(太甲)편: 先王 顧諟天之明命 以承上下神祇 社稷宗廟 罔不祇肅(선왕 탕왕께서 이 하늘의 밝은 명을 돌아보시어 천지상하의 신명을 계승하시며 종묘사직을 공경하고 엄숙히 하지 않음이 없으셨다). 이윤(伊尹)이 태갑에게 이른 말씀이다. 이윤은 탕왕이 하나라의 폭군 걸(桀)을 몰아내고 은나라를 건국하는데 큰 공을 세워 재상이 되었다. 탕왕이 세상을 떠나고, 태정(太丁)·외병(外丙)·중임(仲壬) 세 아들이 차례로 재위에 올랐으나, 일찍 세상을 등져 장손인 태갑(太甲)이 천자 자리에 올랐다. 이윤은 태갑에게 할아버지 탕왕의 밝은 덕을 본받아야 한다고 하였으나, 쾌락에 빠져 정사를 돌보지 않았다. 이윤은 그를 쫓아내 탕왕의 능 부근에 기거하도록 하고, 잘못을 뉘우치게 하였다. 3년이 지나 사람이 달라졌음을 안 이윤은 몹시 기뻐하며 그를 궁궐로 다시 불러 제위에 앉혔다. 태갑은 이전과는 달리 훌륭한 천자가 되었다고 전한다.

[48]. 「대학장구(大學章句)」주(註): 太甲 商書 顧 謂常目在之也 諟 猶此也 或曰審也 天之明命 卽天之所以與我而我之所以爲德者也 常目在之 則無時不明矣. 審: 살필 심

다. 요·순을 당요(唐堯)·우순(虞舜)이라고도 부르는데, 당(唐)은 요임금, 우(虞)는 순임금이 다스린 곳의 명칭이다. 우(禹) 임금이후부터는 하·은·주 삼왕조시대가 열리므로, 하나라 우왕·은나라 탕왕·주나라 무왕을 삼왕(三王)이라 부른다.

『서경』은 4대(代)의 역사기록으로 편제는 '우서·하서·상서·주서(虞書·夏書·商書·周書)'로 구분되어있다. 요순 때의 역사는 우순(虞舜)이 다스리던 때에 썼으므로「우서(虞書)」, 하(夏)나라 때의 역사는「하서(夏書)」, 은(殷)나라가 세워지기 이전의 국호는 상(商)이였으므로 그 때의 역사는「상서(商書)」, 주(周)나라 때의 역사는「주서(周書)」에 기록되어있다.

앞의「주서(周書)」강고편 보다 앞 시대인「상서(商書)」태갑편에 나오는 글이다. 가까운 시대로부터 점차 더 멀리 아래로부터 위로 거슬러 올라가는 흐름이다. 사람의 명덕이 광명한 하늘의 명(命)에서 비롯되었음을 자각하고, 자신에게 주어진 밝은 명을 항시 돌이켜 보라는 내용이다. 명(命)은 주재자인 하늘이 베풀고 사람이 부여받은 바는 성(性)이라 이른다.[49]

---

49. 『주역(周易)』무망(无妄)괘: 无妄은 剛이 自外來而爲主於內하니 動而健하고 剛中而應하야 大亨以正하니 天之命也라. 其匪正有眚不利有攸往은 无妄之往이 何之矣리오. 天命不祐를 行矣哉아.
　　주자는 "하늘이 인물(人物)에게 부여한 것을 명(命), 인(人)과 물(物)이 하늘로부터 받은 것을 성(性), 한 몸을 주재하는 것을 심(心), 사람이 하늘로부터 받은 이치로 광명정대한 것을 명덕(明德)이라한다. 마음의 본체는 허명(虛明)하기에 명덕이다. 때로 혼미해지므로 다시 밝힘을 명명덕(明明德)이라고 한다."고 말하였다.

3. 帝典에 曰克明峻德이라 하니
제 전   왈 극 명 준 덕

제전에 가로되 "능히 큰 덕을 밝히라." 하니
帝: 임금 제 典: 법 전 峻: 높을 준, 클 준

경전해설

제1절의 극명덕(克明德)절과 제2절의 고시천지명명(顧諟天之明命)절에 뒤이어 「우서(禹書)」 요전(堯典)편에 나오는 문구를 인용하여 재삼 덕을 크게 밝혀야 함을 말씀하였다. 극명덕(克明德)에서 극명준덕(克明峻德)으로 더욱 강조된 모습이다.

『서경』의 세 편 글들을 인용하여 옛적 성인들이 큰 덕을 밝혔던 역사적 실례를 밝히고, 자신의 덕 또한 크게 밝혀야함을 설명한 것이다. 명명덕을 풀이한 인용문구들이 주나라 강고(康誥)로부터 은나라 태갑(太甲), 우(虞)나라 제전(帝典)으로 점점 더 먼 시대로 올라감을 눈여겨보아야 한다.

제전(帝典)은 『서경』의 앞머리에 나오는 요전(堯典)과 순전(舜典)을 이른다. 극명준덕(克明峻德)은 「우서(虞書)」 요전(堯典)편에 "요임금이 능히 큰 덕을 밝혀[克明峻德] 구족을 화목하게 하니, 이에 따라 모든 백성이 평화롭고 빛나게 되었으며 온 천하가 고루 화합하게 다스려졌다."[50]고 하는 문구에 나오는 말인데, 제전(帝典)이라 표명하였다. 요전(堯典)은 요임금의 정치대법, 「우서(虞書)」는 요임금의 정치대법을 우순이 다스리던 때에 기록했다는 말이다.

요임금은 능히 하늘을 공경하고 광명함과 문덕을 두루 갖추었으며 사려가 매우 깊어, 명호를 '방훈(放勳)'이라고 할 정도로 큰 덕이 있었다.[51]

---

[50]. 『서경(書經)』요전(堯典)편: 克明峻德하사 以親九族하신대 九族이 旣睦이어늘 平章百姓하신대 百姓이 昭明하며 協和萬邦하신대 黎民이 於變時雍하니라. 雍(옹): 온화해지다.

[51]. 『서경(書經)』요전(堯典)편: 曰若稽古帝堯한대 曰放勳이시니 欽明文思 安安하시며 允恭克讓하샤 光被四表하시며 格于上下하시니라 (옛적 요임금을 상고하건대, 공이 크시니 공경하고 밝고 문채가 나고 생각하심이 편안하고 편안하시며, 진실로 공손하고 능히 겸양하시어 광채가 사방에 미치시며 천지상하에 이르셨다).

팔조목 1절에 언급된 '고지욕명명덕어천하자(古之欲明明德於天下者)'도 수신제가치국평천하의 표본인 요임금을 두고 한 말이다.

준(峻)이 '크다[大也]'는 의미이므로, 준덕(峻德)은 큰 덕을 일컫는다.『중용』에 "작은 덕은 시내가 끝없이 흘러가는 것과 같고, 큰 덕은 화함을 돈독히 함이라."고 하였다. 덕에도 대소고하가 있음을 알 수 있다.[52]

4. 皆自明也ㅣ니라.
개 자 명 야

(이『서경』에서 인용한 말들은) 모두 스스로 밝힘이라.

경전해설

치우친 기질과 사사로운 욕심 그리고 잘못된 습성으로 인해 가려진 덕성의 밝음을 다시 회복하라는 뜻이다. 『맹자』가 말한 인욕(人慾)의 사사로움을 막고 본연의 천리(天理)를 보존한다는 '알인욕 존천리(遏人慾 存天理)'와도 같은 내용이다.

앞서 인용한 세 절목의 문장은 모두 '밝을 명(明)'이 들어있다. 명명덕장을 끝맺는 마지막 문구 역시 '스스로 자(自)'를 붙여 '자명(自明)'이다. 즉 글 내용 전체가 모두 자신의 밝은 덕을 스스로 밝히라는 내용임을 강조하며 끝맺고 있다.[53]

자(自)는 '코 비(鼻)'의 옛 글자이다. 코는 얼굴 한가운데에 있어 자신(自身)을 대표하는 부위이므로 '자기(自己)', 코로 호흡함으로 말미암아 생명활동이 비롯되므로 전치사로 쓰일 때에는 '~로부터'의 뜻을 가진다. 호흡은 태어날 때

---

52. 『중용(中庸)』제30장: 小德은 川流요 大德은 敦化라.
53. 「대학장구(大學章句)」주(註): 結所引書 皆言自明己德之意.

부터 자연(自然)하게 이루어지므로 '스스로, 절로'라는 의미로도 쓰인다.

이렇듯, 자(自)에 자기 자신으로부터 비롯된다는 뜻이 담겨있으므로, 자명(自明)은 밝힘으로부터 시작된다는 뜻과 스스로 밝힌다는 두 가지 의미를 아울러 지닌다.

하늘은 저절로 밝고 스스로 밝히고 있다. 사람 또한 하늘로부터 부여받은 자신의 밝음을 스스로 밝혀야 한다. 그러므로 자명(自明)은 자연(自然)·자강(自彊)·자소(自昭)의 뜻과 통한다.

『주역』에서 하늘을 상징하는 건(乾)괘에 대해 공자는 "쉼 없이 움직이는 하늘의 운행이 자연(自然) 그대로의 이치이듯이, 사람은 이를 본받아 스스로를 굳세게 해서 쉬지 않고 밝혀야한다."[54]는 '자강불식(自彊不息)'을 말씀하였다. '숨 쉴 식(息)'에도 '스스로 자(自)'가 들어있다. 진(晉)괘에서도 "스스로 명덕을 밝힌다."는 '자소명덕(自昭明德)'을 언급하였다.

자명(自明)을 수행의 근본으로 삼아서 성인의 도에 나아가고, 하늘의 명에 이르고자 함이 인도(人道)의 목표이다. 『중용』에 "정성[誠]으로 말미암아 밝아짐을 성품[性]이라 이르고 밝음[明]으로 말미암아 정성스러워짐을 가르침[敎]이라 하니, 정성스러우면 밝아지고 밝히면 정성스러워지느니라."고 하였다.[55] 이는 하늘의 정성스런 도에 의해 밝아진 것이 사람의 성품이고, 부여받은 밝은 성품을 스스로 밝혀 하늘의 도로 돌아가는 것이 성인의 가르침이라는 뜻이다.

자성(自誠)하여 밝음은 천도(天道)이자 성인의 도이고 자명(自明)하여 정성을 다함은 수행하는 인도(人道)이므로, 명덕을 밝히어 천도에 합하면 성인의 경지에 도달하게 된다.

---

54. 『주역(周易)』 건(乾)괘: 天行이 健하니 君子 以하야 自彊不息하나니라.
55. 『중용(中庸)』 제21장: 自誠明을 謂之性이오 自明誠을 謂之敎니 誠則明矣오 明則誠矣니라.

전문 1장 명명덕 총설

右는 傳之首章이니 釋明明德 四節이라
우   전 지 수 장   석 명 명 덕 사 절

우는 전문의 머릿장이니 명명덕(明明德)을 해석한 4절이다

전문(傳文)의 머릿장은 삼강령의 머리인 명명덕(明明德)에 대한 해설이다.

옛 사람들이 명덕을 밝혔던 실례를 역사서인 『서경』의 글들을 인용하여 구체적으로 밝히고 있다.

문장의 기술방식이 가까운 주나라 강고(康誥)편으로부터 전 시대인 은나라 태갑(太甲)편과 그 이전의 요순당시 제전(帝典)편으로 순차적으로 거슬러 올라간 것은 '행원등고(行遠登高)'[56]의 단계절차에 따른 것이다.

『논어』 위정편[57]에 공자께서 "은나라는 하나라의 예(禮)에 기인했으니 손익(損益)한 바를 가히 알 수 있으며, 주나라는 은나라의 예에 기인하였으니 손익한 바를 가히 알 수 있다. 이렇게 미루어 살피면 주나라 이후의 십세(十世) 뿐만이 아니라 백세(百世) 이후의 일도 알 수 있다."고 한 바도 가까운 데로부터 미루어 멀리를 살피는 방법의 예이다.

전문 1장의 4절에 모두 '밝을 명(明)'이 들어있는 까닭은 명명덕에 대한 해설이기도 하지만, 삼강령의 수령(首領)격인 명명덕이 양명(陽明)한 천도(天道)에 근본을 두었기 때문이다. 사람이 명덕을 밝히지 못하는 까닭에 대해, 공자는 "지적인 자는 앎에 지나치고 어리석은 자는 앎이 미치지 못하므로 도를 행하지 못하며, 어진 자는 행실에 치우치고 불초한 이는 행실에 미치지 못하므로

---

56. 『중용(中庸)』 제15장: 君子之道는 辟如行遠必自邇하며 辟如登高必自卑니라.
57. 『논어(論語)』 위정(爲政)편: 子張이 問十世可知也잇가. 子曰 殷因於夏禮하니 所損益을 可知也며 周因於殷禮하니 所損益을 可知니니 其或繼周者면 雖百世라도 可知也니라.

도가 밝지 못하니 내가 이를 안다."고 말씀하였다.⁵⁸

　대학전문은 10장에 이르기까지 전체 절목이 각기 4절씩 기본문단을 이룬다. 사시(四時)의 흐름에 따라 각 문단을 기승전결(起承轉結)로 구성하여, 제1절로써 글머리를 삼아 흥기시키고[起], 제2절로써 이어나가 모으고[承], 제3절로써 글을 전환하여 수렴하고[轉], 제4절로써 말하려는 긴요한 뜻을 결론짓는[結] 서술방식이다.⁵⁹

　『주역』 계사전에 "변통함이 사시만한 것이 없다[變通이 莫大乎四時]."고 하였다. 64괘의 머리인 건(乾)괘에서도 춘하추동 사시의 덕인 원형이정(元亨利貞)으로 하늘의 도를 정의하였다.

명덕(明德)과 자명(自明)

　전문 제1장인 명명덕장은 성품의 밝은 덕이 고대광명(高大光明)한 하늘로 말미암았음을 보이고, 사람이 효천(效天)하여 본성의 덕을 밝혀야 함을 말한 것이다.

　머리인 제1절목에 힘써 자신의 덕을 밝혀야 함을 흥기하고, 제2절목에서는 내재된 밝은 덕이 하늘의 밝은 명[明命]에 연유한 것이므로 마땅히 이를 돌아보아야 함을 강조하였다. 이어 제3절목에 소인의 작은 덕이 아닌 대인의 큰 덕을 밝히라고 하였고, 마지막 제4절목에서는 앞의 절목들이 모두 스스로 덕을 밝히는 내용임을 말하며 끝을 맺었다. 절목에 모두 명(明)을 언급하고 끝 절목에 자명(自明)이라고 한 바는 밝은 하늘의 운행을 본받아 굳건히 자신(自身)의 수양에 힘써야 함을 강조한 것이다.⁶⁰

---

58. 『중용(中庸)』 제4장: 子曰道之不行也를 我知之矣로라 知者는 過之하고 愚者는 不及也니라. 道之不明也를 我知之矣로라 賢者는 過之하고 不肖者는 不及也니라.
성호(星湖) 이익(李瀷)은 대학질서(大學疾書)에서 명명덕은 진(晉)괘의 자소명덕(自昭明德)에서 유래하였다고 하였다.
59. 『주역(周易)』 건(乾)괘 문언전(文言傳): 元者는 善之長也오 亨者는 嘉之會也오 利者는 義之和也오 貞者는 事之幹也니ㅡ
60. 『주역(周易)』 건(乾)괘: 象曰 天行이 健하니 君子 以하야 自彊不息하나니라.

자명(自明)은 하늘에 이르는 길을 닦는 것으로, 『중용』의 "길을 닦아놓은 것을 가르침이라 이른다."고 한 '수도지위교(修道之謂敎)'와 통한다.

구오(九五)의 덕과 덕의 소대(小大)

덕(德)은 도(道)를 체득함을 말한다.

대개 1덕은 덕의 한결같음을, 3덕은 『서경』 홍범(洪範)에서 이른 왕으로서 갖추어야할 세 가지 덕목인 정직(正直), 강건하게 다스리는 강극(剛克), 부드럽게 다스리는 유극(柔克)을 말한다. 5덕은 '수화목금토' 5행에 기초를 둔 모언시청사(貌言視聽思) 또는 인의예지신(仁義禮智信) 등을 이른다.

이 외에도 비룡(飛龍)으로서 하늘의 조화를 부리는 주체를 건괘 구오대인(九五大人)으로 표명하듯이, 대인의 덕을 9덕과 5덕으로 일컫기도 한다. 9덕은 건실한 태양수 9에 바탕을 둔 덕, 5덕은 중정한 인군 자리 5위(位)에 상응하는 덕을 이른다. 『서경』 홍범구주(洪範九疇)에 나와있는 9가지 범주(範疇)와 그 중심인 5번째에 해당하는 황극(皇極)에 비견된다.[61]

덕에는 크고 작음이 있다. 소덕은 진실하게 꾸미는 소박하고 아름다운 문덕, 대덕은 전대성현의 언행을 많이 알아 쌓은 후중한 덕을 이른다. 『소학』이 소덕을 쌓는 과정이라면, 『대학』은 대덕을 쌓는 공부과정이다.[62] 『주역』괘로는 소축·대축(小畜·大畜)에 해당한다.

대덕은 『중용』에 "진실로 지극한 덕이 아니면 지극한 도가 엉기지 않는다[苟不至德 至道不凝焉]."고 한 지덕(至德)에 짝한다. 둘째 절목에서의 준덕(峻德)도 같은 뜻이다.

---

61. 오덕(五德)은 수·화·목·금·토(水·火·木·金·土)의 다섯 가지 덕을 말한다. 인사적으로는 오덕의 극진한 작용인 인의예지신(仁義禮智信) 오극(五極)을 낳는다. 한편 『서경』 홍범(洪範)에서는 임금이 갖추어야할 기본덕목으로 정직·강극·유극(正直·剛克·柔克)을 삼덕(三德)이라고 하였다.
62. 『주역(周易)』 소축(小畜)괘: 象曰 風行天上이 小畜이니 君子 以하야 懿文德하나니라. / 대축(大畜)괘: 象曰 天在山中이 大畜이니 君子 以하야 多識前言往行하야 以畜其德하나니라.

『서경(書經)』고요모(皐陶謨)편에 고요(皐陶)가 우(禹) 임금에게 인재를 등용함에 있어서 필요한 9덕을 강조한 구절이 있다. 아래는 필자가 고요의 9덕을 낙서 구궁에 따라 선천남녀의 배열순서와 천지자연의 사상오행으로 연계해본 것이다.

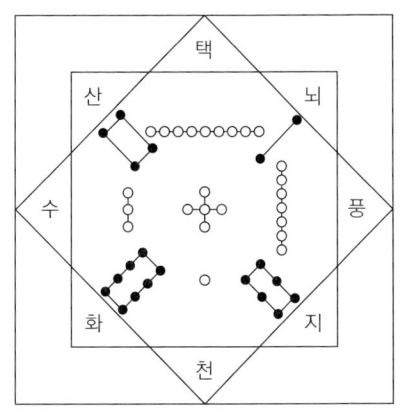 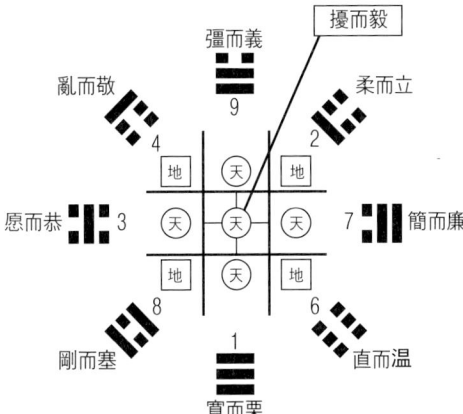

(1) 관이율(寬而栗): 너그러우면서도 씩씩함 ⇒ 건☰(1 태양천금 天 부친)

(2) 유이립(柔而立): 부드러우면서도 세움 ⇒ 진☳(2 소음천목 雷 장남)

(3) 원이공(愿而恭): 삼가면서도 공순함 ⇒ 감☵(3 소양천수 水 중남)

(4) 난이경(亂而敬): 다스리면서도 공경함 ⇒ 간☶(4 태음천토 山 소남)

(5) 요이의(擾而毅): 길들이면서도 굳셈 ⇒ ○ (5 황극천화 帝 조부)

(6) 직이온(直而溫): 올곧으면서도 따뜻함 ⇒ 곤☷(6 태유지토 地 모친)

(7) 간이렴(簡而廉): 간결하면서도 청렴함 ⇒ 손☴(7 소강지목 風 장녀)

(8) 강이색(剛而塞): 단단하면서도 독실함 ⇒ 리☲(8 소유지화 火 중녀)

(9) 강이의(彊而義): 군세면서도 의로움 ⇒ 태☱(9 태강지금 澤 소녀)

```
   九德卦(一陳)

  ④        ⑨        ②
 固恒     巽 制     謙 柄

  ③        ⑤        ⑦
 本復     損 修     困 辨

  ⑧        ①        ⑥
 地井     履 基     益 裕
```

履는 덕의 터전[德之基]
謙은 덕의 자루[德之柄]
復은 덕의 근본[德之本]
恒은 덕의 견고함[德之固]
損은 덕의 닦음[德之修]
益은 덕의 넉넉함[德之裕]
困은 덕의 분별[德之辨]
井은 덕의 땅[德之地]
巽은 덕의 지음[德之制]

　또한 공자는 사람이 꼭 갖추어야 할 덕을 9가지로 보고, 『주역』의 64괘 가운데 9괘를 뽑아 설명하였다.
　예를 굳건히 밟아 화하되 지극하고 밟음으로써 화하게 행하는 '밟을 리(履)'는 덕의 터전, 높은 산이 땅 밑에 있어 스스로 높되 겸손해서 더욱 빛이 나고 이로써 모든 예가 나오는 '겸손할 겸(謙)'은 덕의 자루, 내 몸의 모든 사사로움을 이기고 회복하여 처음은 작지만[小] 물건을 차츰 분별해 가면서 스스로 알아 회복하므로 '돌아올 복(復)'은 덕의 근본, 섞여 있는 어지러운 세상이지만 천지일월이 부부로 짝하듯이 싫어하지 않으며 항구히 이겨내서 한결같은 마음으로 지켜가는 '항상 항(恒)'은 덕의 견고함, 나의 몸과 마음에 묶어있는 욕심과 허물을 덜어내는 것이 처음에는 닦기 어려우나 천천히 닦아나가면 쉬워져 해로움을 멀리하므로 '덜 손(損)'은 덕의 닦음, 내 주위와 나라 그리고 내가 사는 이 세계를 모두 유익하게 하기 위해서는 덕을 체득한 연후에야 덕이 펼쳐 나가 이로움을 일으키므로 '더할 익(益)'은 덕의 넉넉함, 곤궁할수록 남을 원망하지 않으며 목마른 사람이 샘을 파듯이 정성을 다하여 궁하다가 결국 통하는 '곤할 곤(困)'은 덕의 분별, 우물은 땅을 근본으로 하여 샘물이 고여 사방 팔방으로 흘러들어 뭇 생명을 기르니 '우물 정(井)'은 덕의 땅, 공손하고 아름다운 풍속은 속으로 부드럽게 파고 들어가 이치에 딱딱 맞되 드러나지 않으며 저울질을 잘해서 권도를 행하는 '공손할 손(巽)'은 덕의 지음이 된다.[63]

참고

원래 덕(德)의 옛글자는 직심(直心)을 나타내는 '덕 덕(悳)'이다. '마음이 올곧다'는 뜻인데, 올곧은 마음[直心]을 체득하여 이를 행동[彳]으로 옮긴다는 '직심지행(直心之行)'의 뜻으로 발전되었다. 즉 선심(善心)과 선행(善行)의 뜻이다.

직(悳)을 '남녘 남(南)'과 '한 일(一)' 그리고 '마음 심(心)'으로 보아 남중(南中)한 해가 세상을 두루 두루 비추는 한결같은 마음을 나타내기도 한다. 직(悳) 속의 '그물 망(罒)'을 '넉 사(四)'로 간주하면 '十四一心'이 된다. 즉 보름에 해당하는 '15의 마음'을 가리키는데, 어두운 밤중을 밝혀주는 보름달과 같이 무지한 중생에게 밝은 덕을 고루 베풀라는 뜻이 된다. 덕(德)의 획수도 총 15획이다.

---

63. 『주역(周易)』 계사하전 제7장: 履는 德之基也오 謙은 德之柄也오 復은 德之本也오 恒은 德之固也오 損은 德之修也오 益은 德之裕也오 困은 德之辨也오 井은 德之地也오 巽은 德之制也라. 履는 和而至하고 謙은 尊而光하고 復은 小而辨於物하고 恒은 雜而不厭하고 損은 先難而後易하고 益은 長裕而不設하고 困은 窮而通하고 井은 居其所而遷하고 巽은 稱而隱하니라. 履以和行코 謙以制禮코 復以自知코 恒以一德코 損以遠害코 益以興利코 困以寡怨코 井以辨義코 巽以行權하나니라.

제2장 親民
친 민

	주자 장구본 전문(傳文)		야산 착간고정본 전문(傳文)
	신민(新民)		친민(親民)
1	湯之盤銘 曰苟日新 日日新 又日新	1	湯之盤銘 曰苟日新 日日新 又日新
2	康誥 曰作新民	2	詩曰 周誰舊邦 其命維新
3	詩曰 周誰舊邦 其命維新	3	康誥 曰作新民
4	是故 君子 無所不用其極	4	是故 君子 無所不用其極

5. 湯之盤銘에 曰苟日新이어든 日日新하고 又日新이라 하며
    탕 지 반 명   왈 구 일 신   일 일 신   우 일 신

　탕임금의 소반(욕조)에 새긴 데에 가로되 "진실로 날이 새롭거든 나날이 새롭고 또 날로 새로워라." 하며
　湯: 사람이름 탕, 넘어질 탕 盤: 소반 반 銘: 새길 명 苟: 진실로 구

주자 「대학장구」 해설

　반(盤)은 '소반, 대야'의 뜻으로 여기서는 목욕하는 욕조를 일컫는다. 명(銘)이 '새기다, 명심(銘心)하다'는 뜻이므로, 반명(盤銘)은 욕조에 스스로를 경계하기 위하여 자경문(自警文)을 새겨놓았다는 의미이다. 구(苟)는 '진실로, 참으로[誠]'라는 뜻이다. 탕왕은 사람이 그 마음을 깨끗이 세탁(洗濯)하여 악함을 버리는 것이 마치 그 몸의 때를 벗기는 것과 같다고 여겼기 때문에 욕조에 새긴 것이다.

진실로 하루라도 그 옛날의 허물, 과오를 때 벗기듯 씻어내면, 스스로 새로워지는 '자신(自新)'이 일어난다. 심신이 모두 상쾌해짐으로 인하여 나날이 새롭게 하는 '일일신지(日日新之)'를 하고, 더욱더 날마다 새롭게 하는 '우일신지(又日新之)'를 하여, 잠깐이라도 끊어짐이 없도록 노력하라는 의미이다.[64]

'새 신(新)'이 세 번이나 언급되는 것은 정신도 새롭게, 육체도 새롭게, 행동도 새롭게 하라는 의미도 담겨있다.

경전해설

전문 2장의 친민에 대한 머리글이다. 은나라를 건국한 탕왕은 욕조에 '자경문(自警文)'을 새겨놓고, 목욕할 때마다 몸의 때를 벗겨내듯이 마음의 때를 깨끗이 씻고자 하였다. 탕왕이 백성을 새롭게 교화하기에 앞서 이와 같이 지극한 마음으로 수신(修身)하였기에, 천명을 받아 나라를 건국하는데 까지 이르렀다.

사람의 본바탕은 착하지 않음이 없지만, 삿된 욕심과 편벽된 기질, 잘못된 습성으로 인해 밝은 덕성이 어둠에 가려지게 된다. 본성을 되찾으려면 욕심을 비우고 기질을 순화시켜야 한다. 욕조의 글은 그 어느 날 찌든 심신을 깨끗이 하여 스스로 새로운 상태에 이르렀으면, 이를 계기로 나날이 더욱 새롭게 하여 밝은 덕을 항구히 하라는 뜻이다. 지속적으로 일신(日新)해나가야 덕이 성대해지고 백성을 밝게 혁신시킬 수 있으므로,[65] 명명덕 1장 다음 친민 2장의 앞머리에 이 구절을 둔 것이다.

---

64. 「대학장구(大學章句)」 주(註): 盤 沐浴之盤也 銘 名其器 以自警之辭也 苟 誠也 湯 以人之洗濯其心 以去惡 如沐浴其身 以去垢 故銘其盤 言誠能一日 有以滌其舊染之汚而自新 則當因其已新者而日日新之 又日新之 不可略有間斷也. 警: 경계할 경 洗: 씻을 세 灌: 씻을 탁 垢: 때 구 滌: 씻을 척
65. 『주역(周易)』 계사상전(繫辭上傳) 제5장에 "천하백성을 부유하게 함이 대업이고, 날로 새롭게 정진해 나아감이 성덕이라[富有之謂 大業이오 日新之謂 盛德이라]."고 하였다. 대축(大畜)괘에서도 "날로 그 덕을 새롭게 하라."는 일신기덕(日新其德)을 말하였다.

6. 詩曰 周雖舊邦이나 其命維新이라 하며
<small>시 왈 주 수 구 방 기 명 유 신</small>

『시경』에 이르길 "주나라가 비록 옛 나라이나 그 명은 오직 새롭다." 하며

<small>雖: 비록 수 舊: 예 구 邦: 나라 방 維: 오직 유, 맬 유, 밧줄 유, 벼리 유</small>

경전해설

『시경』「대아(大雅)」의 문왕(文王)편에 "문왕께서 천상에 계시어 하늘에서 빛나시니, 주나라가 비록 오래된 나라이나 그 명이 오직 새롭도다. 그러니 주나라에 나타나지 아니하랴. 상제의 명이 이 때에 내림이 아니랴. 문왕께서 하늘에 오르고 땅에 내려오심이 상제의 좌우에 계신 까닭이니라."고 읊고 있다.[66]

이는 상제 곁에 계시면서 인간세계와 천상을 오르내리며 밝은 덕을 지극히 베푼 문왕을 기린 시이다. 주나라가 시조인 후직(后稷) 이래 천여 년이 넘도록 오랫동안 덕을 두터이 쌓아왔다. 문왕에 이르러서는 그 덕이 자신뿐만 아니라 백성을 새롭게 하는데에 까지 미쳐 '자신·신민(自新·新民)'이 모두 이뤄졌으므로, 새로운 천명을 받게 되었음을 예찬한 문장이다.[67]

고정논지

제1절에 나날이 덕을 새롭게 한 탕왕의 사례를 들어 개인의 수신이 근본임을 밝혔다. 제2절에는 문왕편의 '주수구방 기명유신(周雖舊邦 其命維新)'의 구절만 인용하여 나라의 혁신을 설명하였다.

전체적으로 이 장은 옛[舊]것을 버리고 새로움[新]을 취하는 뜻이기는 하나, 이 절의 내용만은 계속 쌓여 내려온 옛 덕으로 인해 혁신을 이루는 내용이다.

---

66. 『시경(詩經)』 문왕(文王)편: 文王在上하사 於昭于天하시니 周雖舊邦이나 其命維新이로다. 有周不顯가 帝命不時가 文王陟降이 在帝左右시니라.
67. 「대학장구(大學章句)」 주(註): 詩 大雅文王之篇 言周國 雖舊 至於文王 能新其德 以及於民而始受天命也.

유(維)는 새[隹]가 날아가지 못하도록 끈[糸]으로 붙들어 '매다', 또는 '벼리, 밧줄'을 뜻한다. 유신(維新)은 벼릿줄이 이어지듯이, 쌓여 내려온 성덕(盛德)으로 인해 드디어 개혁 · 혁신되어 새롭게 변혁함을 이른다.

『논어』위정(爲政)편에 공자께서 "옛 것을 익히고 새로운 것을 알면 가히 스승이 될 수 있다[溫故而知新 可以爲師矣]."라고 하였고, 야산선생도 "도는 오직 옛 것을 구하고 물건은 오직 새 것을 구하라[道維求舊物維新]."고 말씀하였다.

7. 康誥에 曰作新民이라 하니
     강 고   왈 작 신 민

강고에 이르길 "새로운 백성을 일으키라." 하니
作: 지을 작, 일어날 작, 일으킬 작

경전해설

주공이 은나라 유민(遺民)이 사는 곳에 동생인 강숙을 보내면서 당부한 말이다.

작(作)은 「대학장구」에 이른 대로 고무진작(鼓舞振作)하여 흥기시키는 뜻이다.[68] 유민(遺民)은 문왕의 덕치에 교화되지 않고, 폭군 주(紂)의 밑에서 오염되어 아예 타성에 젖어버린 백성들을 말한다. 이러한 유민을 다스려 스스로 새로운 백성이 되도록 흥기진작 · 고무진작(興起振作·鼓舞振作)시키라는 내용이다.[69]

제3절의 강고편에 이르러 비로소 신민(新民)에 대한 구체적 내용이 언급되고 있다. 제1절과 제2절에 탕임금과 주나라의 사례를 들어 개인과 나라가 새롭게 됨을 말한 후, 마지막으로 모든 백성을 흥기시켜 새로이 변화하는 단계

---

68. 「대학장구(大學章句)」 주(註): 鼓之舞之之謂作 言振起自新之民也. 鼓: 두드릴 고 舞: 춤출 무 振: 떨칠 진 起: 일어날 기
69. 『서경(書經)』 주서(周書) 강고편: 乃服 惟弘王 應保殷民 亦惟助王 宅天命 作新民.

로 설명한 것이다.

고정논지

「대학장구」는 이 절과 앞 절[周雖舊邦 其命維新]의 순서가 뒤바뀌어 있다. 본래 강고(康誥)는 문왕의 아들인 주공이 그 아우인 강숙(康叔)에게 이른 글이라고 하며, 문왕보다는 이후인 때이다. 전체 내용과 문맥의 흐름을 볼 때,「착간고정」의 순서에 의함이 타당하다 할 것이다. 시대 순을 고려해 보더라도 1절에 은(殷)나라 탕왕, 2절에 주(周)나라 문왕, 3절에 문왕의 아들인 강숙에 대한 내용을 두어야 자연하다. 앞의 명명덕장과는 정반대 흐름이다.

주자는 작신민(作新民)의 뜻을 "스스로 새롭게 하여 백성을 새롭게 한다[自新新民]."라고 하여 은연중 '친할 친, 사랑할 친(親)'의 의미를 두었다. 왕양명 선생은 "공자가 몸을 닦아서 백성을 편안하게 한다[修己以安百姓]고 하셨으니, 수기(修己)는 곧 명명덕이고 안백성(安百姓)은 곧 친민이다."고 하였다. 친민은 교(敎)와 양(養)의 뜻을 겸하지만, 신민은 그 뜻이 한정된다.

8. 是故로 君子는 無所不用其極이니라.
시 고   군 자   무 소 불 용 기 극

이런 까닭에 군자는 그 극(표준법도)을 쓰지 않는 바가 없느니라.

경전해설

명명덕 1장의 전문에 이어 '군자무소불용기극(君子无所不用其極)'으로써 친민 2장의 끝을 맺은 것은, 아마도 군자가 자신의 명덕을 극진히 밝힘으로써 그 덕이 두루 미침을 말한 듯하다. '그 기(其)'에 이미 앞의 1장의 명덕을 지시하는 뜻이 있고, 본성인 명덕이 허령불매(虛靈不昧)한 까닭에 모든 이치를 갖추어 만사에 응하므로 본문의 기극(其極)은 내적인 명덕본체를 이른다고 하겠다.

그러나 외적인 지극한 작용으로 보면 친민이 그 극(極)이 되고, 내외의 명명덕과 친민이 모두 선(善)임을 생각해보면 지선 또한 그 극(極)이 된다.[70] 천지인 삼재의 지극함을 삼극(三極)이라고 하듯이, 삼강령의 극진함을 의미한다고도 볼 수 있다. 사람이 제대로 인격을 완성하지 못하는 까닭은 극(極)을 알지 못한 연유임을 『주역』 미제(未濟)괘에서도 말하고 있다.[71]

---

70. 「대학장구(大學章句)」 주(註): 自新新民 皆欲止於至善也.
71. 『주역(周易)』 미제(未濟)괘 초육(初六) 상전: 濡其尾 亦不知極也라.

전문 2장 친민 총설

右는 傳之二章이니 釋親民 四節이라
<small>우   전 지 이 장   석 친 민 사 절</small>

우는 전문의 2장이니 친민(親民)을 해석한 4절이다

  전문 1·2장 명명덕·친민(明明德·親民)은 광대한 천지의 도를 효천법지(效天法地)하여 인사의 덕업(德業)을 이루라는 내용이다. 전문 2장에서는 대학의 도를 정의한 삼강령의 친민(親民)과 달리, 네 절목이 모두 신(新)에 대한 설명이다. 정자는 이를 근거로 경문 1장의 친민(親民)을 마땅히 신민(新民)으로 고쳐야 한다고 본 듯하다. 그러나 야산선생께서는 자신의 밝은 덕이 가장 가깝고, 그 다음 친한 이를 친애함으로부터 멀리 백성에까지 미치어 어질고 새롭게 바뀌므로, 경문의 친민과 전문의 신민이 모두 틀리지 않는다고 말씀하였다.

  앞의 경문에 신민의 근본바탕인 친민을 두고, 뒤의 전문에다 친민의 효험작용인 신민을 놓은 까닭은 친(親)과 신(新)의 본말선후를 밝히고자 한 것이다. 친(親)은 어린 나무[木]인 자식이 자립(自立)할 때까지 곁에서 한결같은 사랑으로 지켜봐[見] 준다하여 '어버이, 사랑, 친하다'는 뜻이다. 반면, 신(新)은 다 자라 우뚝 선[立] 나무[木]를 도끼[斤]로 베어 물건을 새롭게 만든다하여 '새, 새로운, 새롭게'라는 의미이다. 부친·모친(父親·母親)과 신랑·신부(新郞·新婦) 등의 용어도 부모의 지극한 사랑으로 자란 자식이 마침내 독립하여 새로운 가정을 꾸린다는 뜻이다. 참된 사랑이야말로 상대방을 감화시켜 새롭게 바꾼다. '친할 친(親)'으로 말미암아 '새 신(新)'이 펼쳐지기에, '학이각(學而覺)'처럼 '친이신(親而新)인 것이다. 백성을 친애(親愛)해야만 교화되어 혁신(革新)되므로, 신민은 친민의 외적작용이고 친민은 신민의 내적바탕이 된다.

제1절에는 은나라 탕왕이 자신의 명덕을 밝혀서 나날이 새롭게 하였듯이, 먼저 스스로를 새롭게 하여야 함을 말하였다.

　제2절은 개인적인 혁신의 차원을 넓히어 국가적으로 혁명을 이룬 경우를 예시하였다. 즉 주나라가 비록 오래된 제후국이었지만, 선조인 후직(后稷) 이래 대대로 밝은 덕을 쌓은 결과 마침내 문왕(文王)에 이르러서는 천명을 받아 새로운 천자국이 되었다는 설명이다.

　제3절에는 개인과 나라의 혁신에서 더 나아가 온 백성을 새롭게 일으킴을 구체적으로 언급하여, 개인→국가→인민의 혁신(革新)으로 완결되는 과정을 밝혔다.

　제4절에는 이렇기 때문에 군자의 극진한 도가 쓰이지 않는 바가 없다는 결론을 내리고 있다.

　「주자장구」에서는 제3절과 제2절이 서로 순서가 바뀌어 있으므로, 시대적 순서에 따라서 이를 고정하였다.

　"대저 역은 성인이 덕(德)을 숭상하고 업(業)을 넓힌 바이니, 지(知)는 높이고 예(禮)는 낮추는 것이다. 높임은 하늘을 본받고 낮춤은 땅을 본받음이다."고 말씀한 계사전[72] 글과 같이 명명덕과 친민은 본래 천지를 효법(效法)한 것이다.

　전문 제2장인 친민은 안으로 명덕을 밝혀 밖으로 백성을 바르게 교화하는 내용이다. 앞 장의 절목들에서 모두 명(明)을 말하였듯이, 이 장에는 세 절목에 모두 신(新)을 언급하고 있다. 경문의 삼강령에는 친민이라 하고, 전문에서는 이와 달리 친(親)에 바탕한 신(新)의 작용을 강조한 데에서 그 선후본말이 드러난다.

湯之盤銘에 曰苟日新이어든 日日新하고 又日新이라 하며
탕 지 반 명　　왈 구 일 신　　　　일 일 신　　　우 일 신

---

72. 『주역(周易)』 계사상전 제7장: 夫易은 聖人이 所以崇德而廣業也니 知는 崇코 禮는 卑하니 崇은 效天하고 卑는 法地하니라.

친민장의 앞머리에다 이 절목을 두어, 일신(日新)을 강조함은 근본이 자신의 덕을 성대히 함에 있으나 친민(신민)이 명명덕에 기인함을 설명한 것이다.『주역』계사전에도 "나날이 새롭게 함을 성덕(盛德)이라고 이른다[日新之謂盛德]."고 하였다. 새롭다 함은 옛 물들은 더러움을 씻고 그릇된 폐습을 고쳐서 새로운 그릇을 이룬다는 의미이므로,『주역』에서는 혁·정(革·鼎)괘에 해당한다.[73]

또 혁(革)괘에 "날이 무르익어야 이에 미덥다."는 '이일내부(已日乃孚)'를 말씀하고, 제1,2,3효에 '황우지혁(黃牛之革), 이일내혁(已日乃革), 혁언삼취 유부(革言三就 有孚)'를 언급하였다. 총 3차례나 혁(革)을 언급함이 탕지(湯之)절목에서 일신(日新)을 3차례나 강조한 것과 자연히 부합된다.

詩曰 周雖舊邦이나 其命維新이라 하며
시 왈 주 수 구 방 기 명 유 신

제1~2절목은 모두 혁명(革命)에 성공하였던 은나라의 탕왕과 주나라의 문왕·무왕 때의 글이다.『주역』혁괘에도 "천지가 혁(革)을 함에 사시가 이루어지며, 탕·무가 혁명(革命)하여 천명과 인심을 순응하였다."고 하였으므로[74], 이 친민장을 혁괘와 관련지어 볼 수 있다. 두 절목의 내용으로는 제1절이 주로 개인의 혁신, 제2절이 나라의 혁명에 대한 설명이다.

康誥에 曰作新民이라 하니
강 고   왈 작 신 민

작신민(作新民)에서의 작(作)은 고무진작(鼓舞振作)함을 이르며, 계사전(繫辭傳)에 나오는 "고무시켜 신명을 다한다."는 "고지무지이진신(鼓之舞之以盡神)"과 같다.

---

73. 『주역(周易)』잡괘전(雜卦傳): 革은 去故也오 鼎은 取新也라[革은 옛 것을 버림이고 鼎은 새로움을 취하는 것이다].
74. 『주역(周易)』혁(革)괘: 天地 革而四時成하며 湯武革命하야 順乎天而應乎人하니 革之時 大矣哉라

是故로 君子는 無所不用其極이니라.
시 고　군 자　무 소 불 용 기 극

　앞의 명명덕장이 천도를 본받은 글인 반면, 이 친민장이 지도를 법한 글임을, 계사전의 땅이 만물을 짓고 이룬다는 '곤작성물(坤作成物)'과 땅[坤]괘의 두터운 덕으로 만물을 실어준다는 '후덕재물(厚德載物)'에서 볼 수 있다.

　마지막 제4절에 군자의 '무소불용기극(无所不用其極)'은 명덕을 밝힘으로써, 백성을 친애하고 교화함이 마치 태극(太極)과 같이 무한히 작용(作用)함을 말한 것이다. 이렇게 표현한 까닭은 명명덕에 의한 친민의 도가 태극에서 양의·사상·팔괘로 진화하듯이, 제가·치국·평천하로 광대무변하게 펼쳐지기 때문이다.

　이 3·4절에서 언급된 작신민(作新民)의 작(作)과 무소불용기극(无所不用其極)의 극(極)은 『서경』 홍범에 "음탕한 무리가 없으며, 사람들이 사사롭게 모이지 않음은 오직 황극이 작극(作極)하기 때문이다."[75]고 한 바와 일맥상통한다. 작극(作極)은 극진한 도를 일으킨다는 뜻이며, 이는 황극이 중정한 도를 극진히 펼치는 데에서 기인한다.[76] 야산선생은 5황극을 중심으로 10무극의 극진한 작용이 펼쳐진다는 '오용십작(五用十作)'으로 표현하였다.

---

[75]. 『서경(書經)』 홍범: 凡厥庶民이 無有淫朋하며 人無有比德은 惟皇이 作極일새니라.
[76]. 일반적으로 끝이 없음을 무극(无極), 만유(萬有)의 근원을 태극(太極), 태극의 중심인 이른바 50대연의 불용지체(不用之體)를 황극(皇極)이라 일컫는다. 그리고 황극(皇極)에 의해 세워진 유극(有極)은 총명예지하여 인의예지의 성품을 다하는 성인이다. 『서경』 홍범구주(洪範九疇) 오황극조(五皇極條)에서는 '황건기유극(皇建其有極)'이라고 하였다.

제3장 止於至善
지 어 지 선

	주자 장구본 전문(傳文)		야산 착간고정본 전문(傳文)
	지어지선(止於至善)		지어지선(止於至善)
1	詩云 邦畿千里 惟民所止	1	詩云 緡蠻黃鳥 止于丘隅 子曰於止 知其所止 可以人而不如鳥乎
2	詩云 緡蠻黃鳥 止于丘隅 子曰於止 知其所止 可以人而不如鳥乎	2	詩云 邦畿千里 惟民所止
3	詩云 穆穆文王 於緝熙敬止 爲人君 止於仁 爲人臣 止於敬 爲人子 止於孝 爲人父 止於慈 與國人交 止於信	3	詩云 穆穆文王 於緝熙敬止 爲人君 止於仁 爲人臣 止於敬 爲人子 止於孝 爲人父 止於慈 與國人交 止於信
4	詩云 瞻彼淇澳 菉竹猗猗 有斐君子 如切如磋 如琢如磨 瑟兮僩兮 赫兮喧兮 有斐君子 終不可諼兮 如切如磋者 道學也 如琢如磨者 自修也 瑟兮僩兮者 恂慄也 赫兮喧兮者 威儀也 有斐君子終不可諼兮者 道盛德至善 民之不能忘也	4	詩云 於戲 前王不忘 君子 賢其賢而親其親 小人 樂其樂而利其利 此以沒世不忘也
5	詩云 於戲 前王不忘 君子 賢其賢而親其親 小人 樂其樂而利其利 此以沒世不忘也		

9. 詩云 緡蠻黃鳥여 止于丘隅라 하야늘
시 운 면 만 황 조 지 우 구 우

子ㅣ 曰 於止에 知其所止로소니 可以人而不如鳥乎아
자 왈 어 지 지 기 소 지 가 이 인 이 블 여 조 호

『시경』에 이르길 "지저귀는 꾀꼬리여! 언덕에 그친다." 하니 공자께서 말씀하시기를 "그침에 그 그칠 곳을 앎이니 가히 사람으로서 새만 같지 못하랴."

緡: 새소리 만, 낚싯줄 민. 원문에는 '이어질 면(綿)'으로 되어있다.
蠻: 오랑캐 만, 새소리 만 丘: 언덕 구 隅: 모퉁이 우

주자「대학장구」해설

시(詩)는 『시경』「소아(小雅)」면만(緡蠻)편이다. 면만(緡蠻)은 지저귀는 새소리이다. 구우(丘隅)는 멧부리 울창한 곳이다. 자왈(子曰) 이하는 공자가 시를 풀이한 말씀이다. 사람이 마땅히 그쳐야할 바를 알아야 함을 말한 것이다.[77]

경전해설

제1절에 꾀꼬리의 노니는 모습이 일정한 처소에서 벗어나지 않음을 빗대어 모든 사물에는 마땅히 그치는 이치가 있음을 밝히고, 나아가 '사람이 그쳐야 할 바'가 있음을 흥기하고 있다. 위의 시는 사신으로 떠나는 신하가 꾀꼬리에 빗대어 신하로서 책임소명을 다하고 돌아오겠다는 심지를 읊은 것이다. 지(止)는 발아래부위를 본뜬 글자이다. 발이 '머무르다'는 뜻이니, 단순히 그친다기보다는 일정한 곳의 범주를 벗어나지 않음을 말한다.

『논어』양화(良貨)편에 "성상근야(性相近也)나 습상원야(習相遠也)니라."고 공자는 말씀하였다. 사람 본연의 성질은 서로 가까우나 인습으로 인해 멀어지게

---

[77] 「대학장구(大學章句)」주(註): 詩 小雅緡蠻之篇 緡蠻 鳥聲 丘隅 岑蔚之處 子曰以下 孔子說詩之辭 言人當知所當止之處也.
岑: 봉우리 잠, 멧부리 잠 蔚: 성할 울

된다. 그릇된 인습에 빠지다 보면 한낱 날짐승만도 못하게 되고, 성품의 밝음을 회복하면 요순과 같은 성인이 되니, 안자(顏子)가 "순임금은 누구이며 나는 누구인가[舜何人也 予何人也]."라고 하였다.

고정논지

주자의 「대학장구」에는 이 절과 다음 방기(邦畿)절이 서로 순서가 뒤바뀌어 있으나, 문장의 전개방법에 있어 먼저 꾀꼬리에 비기어 '사람이 그칠 바'를 흥기하고, 다음 본론으로 넘어가 '백성이 그치는 바'를 설명함이 자연스럽다.

10. 詩云 邦畿千里여 惟民所止라 하니라
시 운 방 기 천 리   유 민 소 지

『시경』에 이르길 "나라 안 서울 천리여! 오직 백성이 그칠 바라." 하니라.
邦: 나라 방, 서울 방, 수도 방 畿: 경기(京畿) 기, 기내(畿內) 기

주자「대학장구」해설

시(詩)는 『시경』「상송(商頌)」의 현조(玄鳥)편이다. 방기천리(邦畿千里)는 (수도 서울의 인근지역을 경기도(京畿道)라 하듯이) 왕이 직접 다스리는 기내(畿內) 사방천리를 가리킨다. 지(止)는 '거주할 거(居)'이다. 모든 물건이 각각 마땅히 그쳐야 할 곳이 있음을 말한 것이다.[78]

경전해설

앞의 황조(黃鳥) 1절에 꾀꼬리가 언덕모퉁이를 벗어나지 않음을 비유한 데 이어서, 백성 또한 왕의 덕화가 직접 미치는 기내(畿內)에 거처함을 설명하였다. 유민

---

78. 「대학장구(大學章句)」주(註): 詩 商頌玄鳥之篇 邦畿 王者之都也 止 居也 言物各有所當止之處也.

소지(惟民所止)는 왕이 명덕을 밝혀 백성을 친애함에 따라 순박한 민심과 미풍양속이 일어나 격양가를 부르는 지선(至善)세계를 이루므로, 백성 모두가 그 곳을 떠나지 않고 거처한다는 의미이다. 위의 시는 부열(傅說)을 재상에 등용함으로써 쇠퇴해진 은나라를 일으켜 세운 고종(武丁)의 덕화를 칭송한 시구를 인용한 문구다.

　주(周)나라의 고공단보(古公亶父)가 빈(邠)땅을 다스릴 당시, 비옥한 땅을 넘보고 잦은 침략을 하던 북의 이민족이 비단과 가축을 바치고 회유하였음에도 약탈을 그치지 않았다. 그 이유가 비옥한 땅 때문임을 알고 백성이 더 이상 고초를 겪지 않도록 남몰래 빈땅을 떠나 서쪽 기산(岐山)에 숨었다. 모든 백성이 어진 인군을 잃을 수 없다하여 함께 따라가 주니 주의 왕업이 일어나게 된 것도 이러한 예이다.

11. 詩云 穆穆文王이여 於緝熙敬止라 하니
　　　시운 목목문왕　　　 오집희경지

爲人君엔 止於仁하시고 爲人臣엔 止於敬하시고
　위인군　　지어인　　　위인신　　지어경

爲人子엔 止於孝하시고 爲人父엔 止於慈하시고
　위인자　　지어효　　　위인부　　지어자

與國人交엔 止於信이러시다
　여국인교　　지어신

『시경』에 이르길 "심원한 덕을 갖춘 문왕이시여! 아! 계속해서 밝히고 공경해서 그친다(벗어나지 않고 늘 머무른다)." 하니, 인군이 되어서는 어짊[仁]에 그치시고, 신하가 되어서는 공경함[敬]에 그치시고, 남의 자식이 되어서는 효성[孝]에 그치시고, 남의 아비가 되어서는 자비로움[慈]에 그치시고, 나라 사람과 더불어 사귀는 데는 믿음[信]에 그치셨도다.

穆: 깊을 목, 화목할 목 於: 감탄할 오 緝: 이을 즙, 이을 집 熙: 빛날 희

주자「대학장구」해설

시(詩)는 문왕(文王)편이다. 목목(穆穆)은 심원(深遠)하다는 뜻이다. 오(於)는 감탄사다. 즙(緝)은 계속(繼續) 이어간다는 의미다. 희(熙)는 빛나고 밝은 것이다. 경지(敬止)는 공경하고 그치는 바에 편안함을 말한다. 성인의 그침은 지선(至善) 아님이 없지만, 다섯 가지는 그 조목이 커서 『시경』의 문구를 인용하여 말하였다. 배우는 자가 이에 그 정미한 쌓임을 궁구하고 또 부류에 미루어 나아가 그 여력을 다한다면, 천하의 일에 모두 그 그치는 바를 알아 의심이 없을 것이다.[79]

경전해설

제3절은 '공경 경(敬)'으로 오지(五止)하였던 문왕의 덕이 끝없이 빛나고 공경에 그침을 칭송하는 한편, 사람이 지선(至善)에 그침이 무엇인지를 다섯 가지 덕목으로 나누어 구체적으로 설명하였다.

즉 군신부자간의 도리와 사람 간에 지켜야 할 신의로서, 인군이 되어서는 어짊, 신하가 되어서는 공경, 자식이 되어서는 효도, 아비가 되어서는 사랑, 백성과 사귐에는 믿음에 그침을 이른다. 문왕의 도는 공자가 『주역』 간(艮)괘에 대해 '사불출기위(思不出其位)' 즉 "그 위치를 벗어나지 않음을 생각한다."고 말씀한 바와 같다.

『주역』에 "한번은 음, 한번은 양이 되는 것이 도(道)니, 잘 이어나아가면 선(善), 잘 이루면 성(性)을 체득한다."고 하였다 천지음양의 동정변화를 좇아 인의(仁義)를 행하는 것이 선(善)이며, 항시 선하여 사람 된 도리를 다하면 본성을 온전히 회복하고 도(道)를 깨우친다는 말씀이다.[80]

또한 이르길 "아비는 아비답고 아들은 아들다우며, 형은 형답고 아우는 아

---

79. 「대학장구(大學章句)」 주(註): 詩 文王之篇 穆穆 深遠之意 於 歎美辭 緝 繼續也 熙 光明也 敬止 言其無不敬而安所止也 引此而言聖人之止無非至善 五者 乃其目之大者也 學者於此 究其精微之蘊而 又推類以盡其餘 則於天下之事 皆有以其知所止而無疑矣. 歎: 읊을 탄. 蘊: 쌓을 온
80. 『주역(周易)』 계사상전(繫辭上傳) 제5장: 一陰一陽之謂道니 繼之者 善也오 成之者 性也라.

우다우며, 남편은 남편답고 아내는 아내다워야 집안의 도가 바르게 되니 집안을 바르게 함에 천하가 안정된다."고 하였다.[81]

『중용』에도 천하의 통용되는 도가 다섯 가지임을 말하여, 군신·부자·부부·곤제·붕우의 사귐에 대해 언급하고 있으며, 『맹자』 역시 부자유친·군신유의·부부유별·장유유서·붕우유신(父子有親·君臣有義·夫婦有別·長幼有序·朋友有信)의 5가지를 오륜(五倫)이라 하였다.[82] 모두 지어지선에 관계된다. 불교의 가르침에 견주어 보면 명명덕은 상구보리(上求菩提), 친민은 하화중생(下化衆生), 지어지선은 동시성불(同時成佛)에 해당한다고 할 수 있다.

12. 詩云 於戱라 前王不忘이라 하니
시 운 오 희 전 왕 불 망

君子는 賢其賢而親其親하고 小人은 樂其樂而利其利하나니
군 자 현 기 현 이 친 기 친 소 인 낙 기 락 이 이 기 리

此以沒世不忘也ㅣ니라.
차 이 몰 세 불 망 야

『시경』에 이르길 "아아! 앞서 가신 임금을 잊을 수가 없구나."하니 군자는 그 어진 바를[尊賢, 즉 전왕이 어진 이를 높였던 바를] 어질게 여기고, 그 친한 바를[親親, 즉 전왕이 친족을 친애하였던 바를] 친하게 여기며, 소인은 그 즐거운 바를[與民同樂, 즉 전왕이 백성과 더불어 즐거움을 같이함을] 즐겁게 여기며, 그 이로운 바를[전왕이 백성을 이롭게 해줌을] 이롭게 여기니, 이 때문에 세상을 떠났어도 잊을 수 없느니라.
戱: 놀 희, 탄식할 희 賢: 어질 현 親: 친할 친 樂: 즐길 락 利: 이로울 리 沒: 없어질 몰

주자「대학장구」해설

시(詩)는 「주송(周頌)」 열문(烈文)편이다. 오희(於戱)는 감탄사다. 전왕(前王)은

---
81. 『주역(周易)』 가인(家人)괘: 父父子子兄兄弟弟夫夫婦婦而家道正하리니 正家而天下定矣리라.
82. 『중용(中庸)』 제20장: 天下之達道 五에 所以行之者는 三이니 曰君臣也父子也夫婦也昆弟也朋友之交也五者는 天下之達道也오 知仁勇三者는 天下之達德也니 所以行之者는 一也니이다.

문왕·무왕을 일컫는다. 군자(君子)는 후세의 현인과 왕, 소인(小人)은 후세의 백성을 이른다. 이는 전왕의 신민(新民)이 지선(至善)에 그쳐서 천하와 후세로 하여금 한 물건도 그곳을 얻지 않음이 없게 하니, 이미 세상에 없어도 사람들이 더욱 더 사모하여 잊지 못함을 말한다.[83]

경전해설

 제4절은 앞의 문왕(文王)절을 이은 내용이다. 즉 이렇게 지선한 바에 그쳤기 때문에 선정을 베풀었던 문왕·무왕을 후세의 모든 이가 잊지 못함을 말하고 있다. 그 연유로 군자는 군자대로 선왕의 어질고 친애했던 바를 어질게 여기고 친애하는 바가 있었으므로 현친(賢親), 소인은 소인대로 선왕의 즐거워하고 이롭게 했던 바를 즐거워하고 이롭게 여겼으므로 낙리(樂利)를 말하였다. 다시 말하면 선왕이 어진 이를 높이고 친한 이를 친애하는 존현·친친(尊賢·親親)의 성덕을 후대군자는 사모하고, 덕화를 널리 베풀어 백성들이 화락하고 풍요한 생활을 누렸던 낙락·이리(樂樂·利利)를 후대백성은 추모하기에, 세상을 떠난 지 오래되었지만 이를 잊을 수 없다고 한 것이다.

 『논어』 이인(里仁)편에 "군자는 덕을 생각하고 소인은 땅을 생각하며, 군자는 본받음을 생각하고 소인은 은혜를 생각한다."[84]고 하였으니, 군자와 소인이 추구하고 생각하는 바가 다르다. 그러므로 군자의 현친(賢親)과 소인의 락리(樂利)로 나누어 설명한 것이다.

 지어지선의 지(止)에 대한 뜻이 "현기현(賢其賢)과 친기친(親其親), 락기락(樂其樂)과 이기리(利其利)"에 담겨 있다.

---

83. 「대학장구(大學章句)」 주(註): 詩 周頌烈文篇 於戱 歎辭 前王 謂文武也 君子 謂其後賢後王 小人 謂後民也 此 言前王所以新民者止於至善 能使天下後世 無一物不得其所 所以旣沒世而人思慕之 愈久而不忘也. 愈: 나을 유, 더욱 유
84. 『논어(論語)』 이인(里仁)편: 子曰 君子는 懷德하고 小人은 懷土하며 君子는 懷刑하며 小人은 懷惠니라.

전문 3장 지어지선 총설

右는 傳之三章이니 釋止於至善 四節이라
우   전지삼장   석지어지선   사절

우는 전문의 3장이니 지어지선(止於至善)을 해석한 4절이다

    지어지선은 지극한 착함에 그쳐 떠나지 않는 것이다.『주역』간(艮)괘에 "등에 그친다함은 그 바에 그치는 것이다[艮其背 止其所也].", 라고 하였고, "후중하게 그치는 산을 본받아 군자가 생각함에 그 위치를 벗어나지 않는다."는 '사불출기위(思不出其位)'를 말씀하였다.[85] 모든 이가 사람인 바에 그칠 때, 비로소 인도(人道)가 완성되는 것은 대인군자가 명명덕 · 친민의 덕업을 행하여 다 같이 지선한 대동사회(大同社會)를 이룬 결과이다.

    팔조목과 마찬가지로 삼강령에 있어서도 본말선후의 분명한 차례가 정해진다. 천지인(天地人)이 열리는 순서대로, 먼저 자신부터 본바탕인 밝은 덕성을 밝힌 후에 인민을 두터운 덕으로 인도 교화하고, 마침내 인류사회의 지선세계를 건설하여 덕업(德業)을 완수하는 것이다. 『주역』에 "도덕에 화순하고 의리를 다스리며, 이치를 깊이 궁구하고 성품을 다하여, 드디어 천명에 이른다."고 한 공자말씀과도 같다.[86]

    명명덕 1장과 친민 2장에 이어 지어지선 3장까지가 '삼강령', 4~10장까지는 '팔조목'에 대한 전문내용이다. 명명덕 · 친민이 내본 · 외말에 속한다면 지어지선은 중립(中立)에 해당한다고 볼 수 있다.

    전문 3장의 지어지선 4절을 살피면 모두 사람이 그쳐야 할 바를 깊이 감동

---

85. 『주역(周易)』 간(艮)괘: 象曰 兼山이 艮이니 君子 以하야 思不出其位하나니라.
86. 『주역(周易)』 설괘전: 和順於道德而理於義하며 窮理盡性하야 以至於命하니라.

시키는 『시경』의 시구를 인용하여 흥기하고 있다. 앞의 1~2장에서 주로 『서경』의 편명을 인용하여 덕업을 이루었던 옛 사람들의 역사적 실례를 소개한 것과는 대조적이다. 『논어』 위정(爲政)편에 "『시경』의 삼백 편의 시가 한마디 말로 표현한다면, 생각함에 간사함이 없다."[87] 하시고, 또 태백(泰伯)편에 "시에서 일으키며 예에서 세우며 음악에서 이룬다[興於詩 立於禮 成於樂]."고 하신 공자의 말씀은 시의 중요함을 강조한 것이다.

제1절에는 "꾀꼬리와 같은 날짐승조차도 제 처소에 그칠 바를 아는데, 사람이 어찌 새만 같지 못하겠는가?"하여 만물의 영장인 사람으로서 마땅히 그쳐야 할 바가 있음을 밝히고, 제2절에는 천자의 빛나는 덕이 미치는 경내에 백성이 그쳐서 머무름을 말하였다.

제3절에는 이러한 지선에 그쳤던 일례로 성인 문왕의 덕화를 찬양하고, 뒤이어 제4절에는 앞 시대의 성군(聖君)이 돌아가신 후에도 모든 이가 그 지선한 덕을 잊지 못하고 사모한다는 시구로써 귀결을 지었다. 3절이 명명덕에 의한 지어지선이라면, 4절은 친민에 의한 지어지선을 설명한 듯하다. 전체 4절이 기승전결(起承轉結)의 흐름이다.

주자의 「대학장구」에는 제1절인 황조(黃鳥)절이 제2절에, 제2절인 방기(邦畿)절이 제1절로 되어있던 것을 순서를 바꾸어 고정하여 놓았다.

고정논지

지어지선(止於至善)은 안으로 명덕을 밝히고 밖으로 친민을 통한 신민의 사

---

[87] 책명. 서주(西周) 때부터 춘추시대에 이르는 가요 305편을 각 제후국에서 채집한 민요인 '풍(風)', 궁궐의 음악인 '아(雅)', 종묘에서 제사지낼 때 쓰던 시인 '송(頌)'의 세 부분으로 나누어 수록한 유가의 사서삼경 가운데 하나로 공자(孔子)가 불필요한 부분을 편찬하였다고 전해지고 있다[刪詩書]. 공자는 『논어』 위정(爲政)편에서 "시 300편을 한마디 말로 표현한다면 생각함에 있어 조금도 간사함이 없다[詩三百篇 一言以蔽之 曰思無邪]."하였다. 즉 생각이라는 것이 참으로 삿되게 흐르기 쉽고 생각 그 자체가 문제를 일으키기 쉬우므로, 인간의 감성을 진솔하게 표현해 놓은 시들이야말로 조금도 간사함이 없다는 뜻이다.

업에 성공함으로써 마침내 내외의 덕업(德業)이 완성됨을 이른다. 『중용』에서 말한 지극한 정성으로 천지의 화육을 도와 드디어 천지와 더불어 셋이 되는 최고경지이다.[88]

『주역』에 "현인의 덕업이 이간(易簡)한데서 천하의 이치를 얻으니 자리[位]가 그 가운데[中]에서 이루어진다."고 하였다.[89] 또한 이간(易簡)의 선(善)은 지극한 덕에 짝한다고 하였으므로, 지어지선이 곧 명명덕의 지극한 공효(功效)임을 알 수 있다. 앞의 친민장 말미에 '무소불용기극(无所不用其極)'이 실제로 완전히 이루어진 바이다.

머리인 면만(緡蠻)절에 한낱 미물조차 머무를 바를 알아 그침을 말하여 사람이 그쳐야 할 도리가 있음을 흥기하고, 2번째 방기(邦畿)절에서는 이를 나라로 좁혀서 백성이 어진 덕을 베푸는 인군에게 모여들어 떠나지 않음을 말하였다.

3번째 목목(穆穆)절에 이러한 역사적 실례로 성인인 문왕을 들어 군신부자의 지선한 도리를 밝히고, 마지막 오희(於戲)절에서는 이전의 성군(聖君)을 잊지 못하는 까닭을 군자의 현친(賢親)과 소인의 락리(樂利)에 그치는 것으로써 글을 맺고 있다.

참고

지(止)는 발바닥과 발목·정강이를 본떠 발이 '멎다, 머무르다, 그치다'는 뜻이다. '발' 자체를 뜻하기도 한다. 글자 오른쪽은 위로 올라간다는 '위 상(上)'인데, 그 왼편에 ㅣ을 두어서 앞으로 나아가지 못하게끔 말뚝을 박은 형태이다. 지(止) 위에 무릎을 뜻하는 '입 구(口)'를 붙인 부수가 '발 족(足)'이다.

선(善)의 옛 글자는 두 개의 '말씀 언(言)'자 사이에 양(羊)자가 앞서 끼여 있는

---

88. 『중용(中庸)』 제22장: 唯天下至誠이아 爲能盡其性이니 能盡其性則能盡人之性이요 能盡人之性則能盡物之性이요 能盡物之性則可以贊天地之化育이요 可以贊天地之化育則可以與天地參矣니라.
89. 『주역(周易)』 계사상전 제1장: 可久則賢人之德이요 可大則賢人之業이니 易簡而天下之理 得矣니 天下之理 得而成位乎其中矣니라.

모양이다. 양은 순백하고 온순하며 무리지어 앞장서는 기질이 있다. 말다툼할 것 없이 양처럼 앞장서나가는 것이 '착하다'는 뜻이다. 또한 착한 일은 양보하지 않고 양처럼 앞을 다툰다는 뜻으로도 풀이한다. 양처럼 희생할 줄 아는 사람은 두 말[語] 할 것 없이 '착하다'는 의미이다. '의로울 의(義), 아름다울 미(美)' 등에 양(羊)이 들어있는데, 앞장서는 기질이 강한 속성대로 착하고, 의롭고, 아름다운 일은 남에게 양보하지 말고 솔선(率先)하라는 뜻을 품고 있다.

주역산책
사문(斯文)의 도(道)

전문의 삼강령을 살피면 1장의 강고(康誥), 2장의 주수(周雖), 3장의 목목(穆穆)이 모두 문왕과 관계된 내용이다. 삼강령의 도를 다한 성인임을 알 수 있다. 이를 상기해 볼 때, 공자께서 문왕의 도를 지극히 존숭(尊崇)하여 유학을 '사문(斯文)의 도'로 삼은 까닭을 알 수 있다.

공자가 제자들과 함께 광(匡)땅에 갔다가 위난을 당할 뻔했던 당시의 일이다. 그 땅 백성들이 정권을 뒤흔들고 그들을 괴롭힌 양호(陽虎)로 착각한 나머지 죽이려 하자 "문왕(文王)이 이미 돌아가셨으니 그 문왕(文王)의 도가 내게 있지 아니한가. 하늘이 장차 이 '글월 문(文)'을 없애려고 한다면 물려받을 내가 여기서 죽겠으나, 하늘이 이 문(文)을 없애지 않을진대 광땅 사람들이 나를 어찌하겠느냐."[90] 라고 "나는 죽지 않고 산다."고 절실히 말씀하신 데에서도 잘 나타난다.

그친다 함은 제 자리에 머물러 벗어나지 않음을 말하니, 한결같게[一] 그침[止]이 '바를 정(正)'이다. 문왕의 도에 바탕을 두어, 앞에 언급한 대로 사람이

---

90. 『논어(論語)』 자한(子罕)편: 子 畏於匡이러시니 曰 文王이 旣沒하시니 文不在玆乎아 天之將喪斯文也신댄 後死者 不得與於斯文也어니와 天之未喪斯文也시니 匡人이 其如予에 何리오.

그쳐야 할 인륜도리에 대해 공자는 부부자자형형제제부부부부(父父子子兄兄弟弟夫夫婦婦)로, 『맹자』는 오륜(五倫)으로 이를 보다 구체화 하였다.

간기배(艮其背)와 지어지선(止於至善)

그침을 대표하는 『주역』의 괘는 간(艮)이다. 문왕의 괘사에 "그 등에 그치면 그 몸을 얻지 못하며, 그 뜰을 거닐어도 사람을 보지 못하여 허물이 없다."고 하였다. 이는 사념과 망상이 그친 무아지경으로 청정무구(淸靜无咎)한 상태를 이른다. 공자는 "간(艮)은 그침이다. 그칠 때 그치고 행할 때 행하여 고요하고 움직임에 그 때를 잃지 않으니, 그 등에 그침은 그 꼭 그쳐야 할 곳에 그치는 것이다."고 말씀하였다. 어느 때든 중도(中道)에 맞게 바름을 잃지 않는 지어지선을 강조한 말씀이다.[91]

설괘전에 "만물을 마치고 비롯함이 간(艮)방보다 성한 것이 없다[終萬物始萬物者 莫盛乎艮]."고 하였고, 『중용』에 "정성은 물건의 마침과 비롯함이다[誠者 物之終始]."고 이른 데서, 그침이 곧 하늘의 도인 정성 자체이고 성인의 경지임을 알 수 있다.

---

91. 『주역(周易)』 간(艮)괘: 艮其背면 不獲其身하며 行其庭하야도 不見其人하야 无咎리라. / 象曰 艮은 止也니 時止則止하고 時行則行하야 動靜不失其時 其道光明이니 艮其背는 止其所也ㄹ새라.

제4장 格物
격 물

주자 장구본 전문(傳文)		야산 착간고정본 전문(傳文)	
본말(本末)		격물(格物)	
1	子曰 聽訟 吾猶人也 必也使無訟乎 無情者 不得盡其辭 大畏民志 此謂知本	1	物有本末 事有終始 知所先後 則近道矣
		2	其本 亂而末治者 否矣 其所厚者 薄 而其所薄者 厚 未之有也
		3	故 自天子以至於庶人 壹是皆以修身爲本
		4	此謂物格

13. 物有本末하고 事有終始하니 知所先後면 則近道矣리라
    물유본말   사유종시   지소선후   즉근도의

물건에는 밑뿌리(근본)와 끝가지(결말)가 있고, 일에는 마침(종결)과 처음(시작)이 있으니, 먼저 하고 뒤에 함을 알면 곧 도에 가까워지니라.

경전해설

　제4장 머리절목으로 '격물의 요체'를 설명한 것이다. 먼저 사물에는 본말종시가 있음을 밝힌 후, 그에 따른 선후(先後)를 바로 알아야만 도(道)에 가까이 나아갈 수 있다고 하였다. 『주역』에서 말한 시작의 근원을 밝히고 끝을 돌이킨다는 '원시반종(原始反終)', 사물의 이치를 끝까지 궁구하여 본성을 다한다는 '궁리진성(窮理盡性)'과 통하는 내용이다.

　본래 격물장의 전체 문장에는 격(格)이라는 글자가 없고, 본(本)이 격(格)을 대

신하고 있다. 격(格)은 본래 나무뿌리인 본(本)에서 각기[各] 분리되어 나온 나뭇가지[木]이다. 근본에서 출발하여 궁극에 도달하면, 사물의 근본이치를 '감통(感通)'할 수 있는데 이를 나타낸다.

본격(本格)이란 단어가 있듯이, 격(格)의 본바탕은 본(本)이다. 처음부터 편벽된 시각으로 사물을 바라보면 그 이치를 똑바로 살필 수 없듯이, 근본이 바로 서지 않으면 가지가 제대로 뻗을 수 없는 법이다. 이를 강조하기 위해 격물장 전체는 본(本)을 위주로 구성한 것이라 생각된다.

나무[木] 본체로부터 각각(各各)의 나뭇가지가 뻗어나간 격(格)이다. 본체인 태극에서 3·8목도로 가지를 쳐 나오는 8괘가 큰 나뭇가지라면, 64괘는 작은 나뭇가지이다. 8조목(條目)의 '가지 조(條)'에도 이러한 격(格)에 대한 뜻이 담겨있다. 8괘에 의해 비로소 하늘·땅·우레·바람·물·불·산·못[☰☷☳☴☵☲☶☱]의 기본 물상(物象)이 구체화되므로, 격(格)을 '이를 격, 지극할 격, 자격 격, 품격 격'이라고 한다. 이로부터 본격(本格)·인격(人格)·성격(性格)·품격(品格)·격국(格局)·격식(格式)·자격(資格)·합격(合格)·엄격(嚴格) 등 용어가 나왔다. 나무 수액이 밑뿌리에서 가지 끝까지 올라 통하는 면에선 '감통(感通)하다'는 뜻이다. 나아가 기본을 바로 세운다는 측면에선 '바로잡을 격', 가지를 뻗듯이 만나 맞부딪치는 면에선 '부딪칠 격. 때릴 격' 등의 뜻으로 쓰인다.[92]

8괘에 빗대어 설명하면 건(☰)은 하늘격[天格]·아비격[父格], 곤(☷)은 땅격[地格]·어미격[母格]에 해당한다. 이러한 기본형식을 내외로 갖추면, 모든 사물을 64괘 체계로 분류하여 설명할 수 있는데 이를 『역경』이라 한다.

여기서 언급한 물(物)의 근본은 몸이며, 사(事)의 시작 또한 몸 닦음으로부터 비롯되므로 제3절에서 수신(修身)을 근본으로 삼는다고 언급하였다. 야산선생

---

[92] 격(格)은 부딪칠 격(擊), 지극할 격(假), 고칠 혁(革), 놀랠 혁(鬲) 등과 음의가 상통한다.

은 「착간고정」의 서문에서 '신외무물(身外无物)'임을 강조하였다. 사물은 밖으로부터 나에게 온 것이고 내 몸에 근본해서 알게 되는 끝이므로, 나를 떠나서 만사(萬事)와 외물(外物)을 논할 수 없다. 따라서 격물은 자신을 근본으로 삼지 않으면 안 된다. 그리고 이를 바탕으로 내적인 치지·성의·정심의 과정이 따르고, 나아가 외적인 수신이 확립되어 제가·치국·평천하의 친민이 펼쳐질 수 있다. 사물은 시종(始終)의 조리(條理)가 엄격(嚴格)하다. 수신·제가에서 시(始)하여 평천하로 종(終)하는 것이 도(道)에 나아가는 길이다.

공자가 사람이 도에서 멀어짐을 탄식하며 "누가 능히 나가는데 문으로 말미암지 않을까마는 어찌 이 도로 말미암지 아니하는가?"하셨으니, 대개 사람이 선후(先後)할 바를 알지 못하는 까닭에 길을 잃거나 헤매는 것이다.[93]

고정논지

포괄적으로 팔조목의 사물(事物)을 나누어 보면, '격·치·성·정·수·제·치·평(格·致·誠·正·修·齊·治·平)'은 사(事)이며 '물·지·의·심·신·가·국·천하(物·知·意·心·身·家·國·天下)'는 물(物)이다. 즉 '격·치·성·정(格·致·誠·正)'은 사(事)의 시작이고 '수·제·치·평(修·齊·治·平)'은 마침이며, '물·지·의·심(物·知·意·心)'은 내 몸 안에서 느끼는 주관적인 내물(內物)이고 '신·가·국·천하(身·家·國·天下)'는 내 몸 밖으로 인식하는 객관적인 외물(外物)인 것이다. 삼강령에 있어서는 '명·친·지(明·親·止)'가 사(事), '덕·민·선(德·民·善)'이 물(物)에 해당한다고 할 수 있다.

「주자장구」에는 물유(物有)절을 경문의 제3절에 두었다. 야산선생은 본래부터 격물장이 있었다고 보아 격물장 제1절로 고정하여, 선본(先本)이 자신[物本]을 닦아 명덕을 밝히는 일[事始]임을 밝히셨다.

---

93. 『논어(論語)』 옹야(雍也)편: 子曰 誰能出不由戶리오마는 何莫由斯道也오.

주역산책

역(易)에서는 사물의 본말선후에 대해서 음양원리를 설명한 선천팔괘와 오행작용을 설명한 후천팔괘로 대별한다. 선천은 본(本)인 부모이고, 후천은 말(末)인 자녀이다. 공자는 하늘의 건도(乾道)에서 남괘, 땅의 곤도(坤道)에서 여괘가 나온다고 하였다.

하도의 이치를 필자의 학문적 관점으로 살피면, 건도는 천태극(5)이고 곤도는 지태극(10)이다. 천지자연의 선후본말은 남괘·여괘에 있어서도 그대로 적용된다. 남녀의 생성순서도 부친(1)·장남(2)·중남(3)·소남(4)이 앞서고, 모친(6)·장녀(7)·중녀(8)·소녀(9)가 뒤따른다.

천지자연의 만물생성은 음양조화에 의한 오행생성이다. 팔괘의 선후로 이를 설명하면, 선천팔괘의 남녀가 제각기 부부로 교합하여, 후천팔괘의 자식을 낳는 이치이다. 남녀가 부부가 되어 자식을 낳으려면 만나 부딪쳐야 하듯이, 직접 부딪치고 만나는 것이 격물의 '감통할 격(格)'이다.

음양이 오행을 낳듯이, 태극에 의해 건순오상(健順五常)으로 일컫는 사람의 덕성도 말미암는다. 격물치지는 유학의 핵심인 성리학(性理學)의 밑바탕

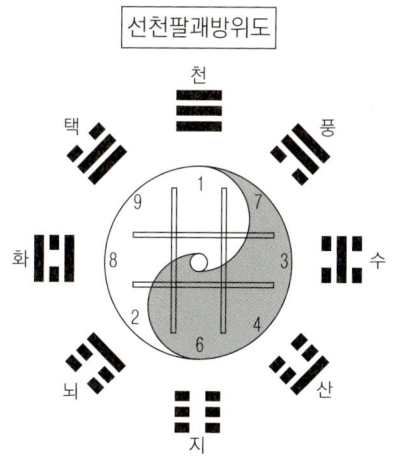

필자 견해를 담은 선후팔괘도

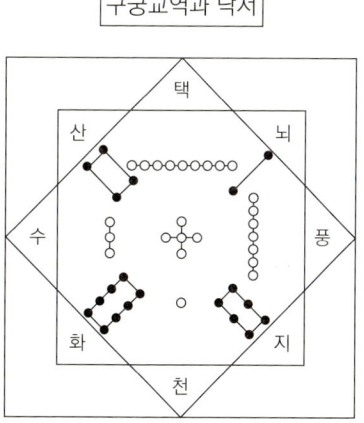

이 된다.

격물장 첫 절목의 '지소선후 즉근도의(知所先後 則近道矣)'를 깊이 음미해보면, 신비한 역의 관문도 간이(簡易)하게 열린다. 대자연의 선후인과를 알아내는 것이 『대학』의 격물치지인 동시에 역에서 일컫는 점(占)이라 할 수 있다.

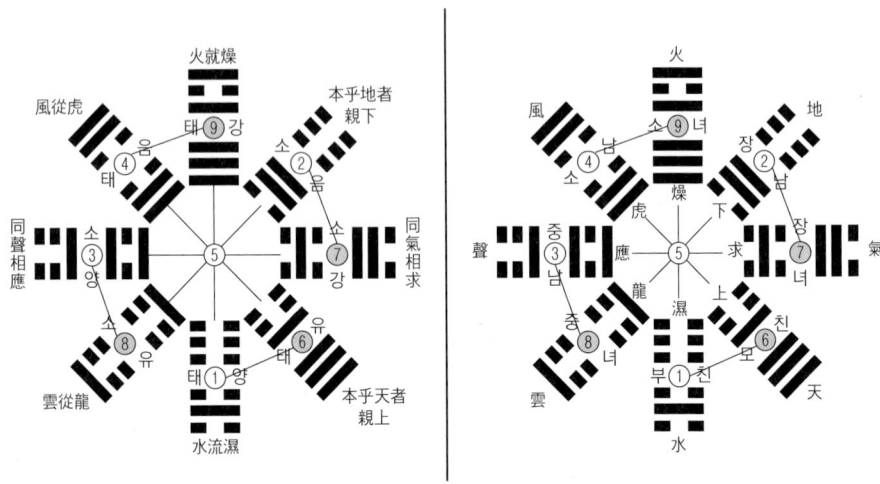

내본(선천 음양팔괘 /남녀) ⇒ 중간(중천 구궁교역 /부부) ⇒ 외말(후천 오행팔괘 /자녀)

14. 其本이 亂而末治者ㅣ 否矣며
　　　기 본　　난 이 말 치 자　　부 의

其所厚者에 薄이오 而其所薄者에 厚하리
기 소 후 자　　박　　이 기 소 박 자　　후

未之有也ㅣ니라.
미 지 유 야

그 근본이 어지럽고 끝이 다스려지는 것은 없으며, 그 후해야 할 바에 박하게 하고서 박하게 할 바에 후하게 할 이는 있지 않느니라.

亂: 어지러울 란 治: 다스릴 치 厚: 두터울 후 薄: 엷을 박

경전해설

본(本)은 몸, 소후(所厚)는 집을 이른다.[94]

후(厚)는 후덕(厚德)·돈후(敦厚)·온후(溫厚)·인후(仁厚), 박(薄)은 박덕(薄德)·박정(薄情)·박대(薄待)·각박(刻薄)·야박(野薄)함을 이른다. 정작 후(厚)하게 대해야 할 사람에게 박(薄)한 이가 박하게 대해야 할 사람에게 후할 이는 전혀 없다는 말이다. 자신의 근본은 부모요, 부모다음 가까운 이는 형제·처자식이다. 집안 식구에게 박정한 사람이 남한테 후덕하게 대하겠는가? 수신이 안 된 사람이 제가·치국·평천하를 하겠는가? 근본도 서지 못한 채 사람을 다스릴 수가 있겠는가? 여러 가지로 풀어볼 수 있다.

물유(物有) 1절에 이어 그 근본과 끝이 상응하고 선후와 후박이 분명함을 강조하여 먼저 근본을 두터이 한 후에 끝을 다스려야 함을 설명하였다. 두터이 할 바는 내본(內本), 얇아야 할 바는 외말(外末)의 일이다. 뿌리가 튼튼하여야 가지와 잎사귀가 무성해지고 샘이 깊어야 물이 마르지 않듯이, 먼저 안으로 자신의 명덕을 밝히는 데에 두터이 힘쓴 다음 밖으로 친민을 해야 함을 이른 것이다.

고정논지

「고정본」에는 이 절목다음에 고자(故自)절이 있으나, 「장구본」에는 경문의 제8절에 있고 그 앞의 제7절에 자천(自天)절이 놓여 있다.[95]

---

94. 「대학장구(大學章句)」 주(註): 本 謂身也 所厚 謂家也.
95. 「착간고정」은 고(故) 한 글자를 덧붙인 까닭에 고자(故自)절목이라 했다. 「장구본」에는 '자천자이지어서인 일시개이수신위본 [自天子以至於庶人 壹是皆以修身爲本]'으로 되어있으므로, 자천(自天)절목이라고 표현하였다.

15. 故로 自天子以至於庶人히 壹是皆以修身爲本이니라.
_{고   자천자이지어서인   일시개이수신위본}

그러므로 천자로부터 서인에 이르기까지 하나같이 이 모두 수신을 근본으로 삼느니라.

_{庶: 여러 서 壹: 한 일, 한결같이 일, 모두 일 皆: 다 개, 모두 개}

경전해설

일시(壹是)는 일체(一切)로 '하나같이'란 의미이다.[96] 앞의 글에 이어 위로 나라의 천자뿐만 아니라 아래로 모든 사람에 이르기까지, 누구나 자신의 몸을 닦은 연후에 남을 다스릴 수 있음을 밝혔다. 즉 수신이 근본임을 강조하였다. 『소학』에서 물 뿌리고 청소하고 응대하고 대답하고 나아가고 물러나는 '쇄소응대진퇴(灑掃應對進退)'의 절차와 예절과 음악과 활쏘기와 말 타기와 글쓰기와 셈하기인 '예악사어서수(禮樂射御書數)'의 글을 익혔다. 이 또한 다름 아닌 몸을 닦기 위한 기초 공부였다.

고정논지

본래 고(故)는 「고본」에 없던 글자이나, 야산선생은 전후문맥의 내용흐름상 여기에 첨가함이 마땅하다고 말씀하였다. 「장구본」에는 이 절목이 경문 제6절에 놓여있다.

16. 此謂物格이니라.
_{차 위 물 격}

이를 이르러 "물격(물건이 이름)이라" 하니라.

---

[96] 「대학장구(大學章句)」 주(註): 壹是 一切也.

경전해설

격(格)은 '이를 지(至)'이고, 물(物)은 '일 사(事)'와 같다. 격물(格物)은 내 자신으로부터 사물에 나아가 이치를 궁구하여 지극한 곳에 이르지 않음이 없고자 하는 것이다. 물격(物格)은 이미 사물에 감통(感通)하여 이치의 극처(極處)에 이르지 않음이 없음을 뜻한다.[97]

고정논지

본(本)을 위주로 설명한 앞의 격물장 세 절의 문장을 미루어보면, 말미에 '차위지본(此謂知本)'을 두어야 전후문맥상 의미가 통한다. 그러나 엄밀히 따지자면 차위지본(此謂知本)은 단지 사물의 근본바탕을 안다는 풀이에만 그치므로, 야산선생은 이곳이 격물장을 마치는 절임을 고려하여 '차위물격(此謂物格)'으로 고쳐야한다고 말씀하였다.

경문의 팔조목 제2절에 "물격이후(物格而后)에 지지(知至)",「착간고정」의 치지장 마지막 제4절이 "차위지지지야(此謂知之至也)니라."라고 한데에서도, 이 격물장 제4절이 마땅히 '차위물격(此謂物格)'이 되어야 함을 알 수 있다.

주자는「착간고정」의 치지장 제3절에 있는 청송(聽訟)절[98]을「본말장」이라고 하여 별도로 두었으며, 이 차위지본(此謂知本)을 제5장의 격물치지에 놓았다. 정자는 차위지본(此謂知本)이 겹치는 것으로 보아 이 4절을 쓸데없는 연문(衍文)이라고 하였다.

---

97. 「대학장구(大學章句)」 주(註): 格 至也 物 猶事也 窮至事物之理 欲其極處 無不到也. / 物格者 物理之極處 無不到也.
98. 子曰 聽訟이 吾猶人也나 必也使無訟乎,」저 無情者 不得盡其辭는 大畏民志니 此謂知本이니라.

전문 4장 격물 총설

右는 傳之四章이니 釋格物 四節이라
우   전지사장   석격물 사절

우는 전문의 4장이니 격물을 해석한 4절이라.

    제4장부터는 팔조목을 해설한 글이다. 4~6장까지의 격물 · 치지 · 성의는 각기 독립된 장(章)이고, 7~10장까지의 정심수신 · 수신제가 · 제가치국 · 치국평천하는 서로 선후로 연계된 조목으로써 장(章)을 이루고 있다. 삼강령을 해설한 전문 3장과 제4~8장까지는 각기 4절로서 총 32절이며, 이후 제9장의 8절과 제10장의 24절이 또한 총 32절을 이루어 전후배합관계를 보이고 있다.

    주자는 제4장에 격물장 대신 '본말장(本末章)'을 두고, 제5장에 격물치지(格物致知)의 뜻을 풀이한 원문이 분명히 있었으나 없어졌다고 보아 보충한다는 의미에서 '보궐장(補闕章)'[99]을 달아 그 내용을 풀이하였다. 「고본(古本)」의 경문 끝에 '차위지본(此謂知本), 차위지지지야(此謂知之至也)'라는 두 문구가 놓여있었기 때문인데, 착간이라고 간주하여 전문에다 옮겨놓았다.

    정자는 '차위지본(此謂知本)'이 불필요한 연문(衍文)이라 하였고, 주자는 '차위지지지야(此謂知之至也)'가 위에 있던 글이 빠져 그에 대한 맺음말일 뿐이라고 하였다.[100] 반면, 야산선생은 순서가 섞인 부분이 있으면 본래의 원문 가운데서 격물과 치지에 대한 글을 찾아내야 한다고 생각하고, 격물장 4절과 치지장

---

99. 주자의 보궐장(補闕章): 間嘗竊取程子之意하야 以補之曰所謂致知在格物者는 言欲致吾之知인댄 在卽物而窮其理라 蓋人心之靈이 莫不有知오 而天下之物이 莫不有理언마는 惟於理에 有未窮故로 其知有不盡也니 是以로 大學始敎에 必使學者로 卽凡天下之物하야 莫不因其已知之理而益窮之하야 以求至乎其極하나니 至於用力之久而一旦에 豁然貫通焉 則衆物之表裏精粗無不到而吾心之全體大用이 無不明矣니리 此謂物格이며 此謂知之至也니라.
    嘗: 일찍 상 竊: 도둑 절, 그윽할 절 旦: 아침 단, 성인 주공의 이름 단 豁: 뚫린 골 활, 열린 활 粗: 거칠 조
100. 「대학장구(大學章句)」 주(註): 程子曰衍文也. / 此句之上 別有闕文 此特其結語耳.

4절을 되찾아 이를 고정하였다.

사물에 나아가 지극히 이르는 격물(格物)은 앎에 이르는 치지(致知)의 앞 단계로서 팔조목의 근본머리가 된다. 격물장의 절목이 모두 본(本)을 위주로 한 글로 고정한 까닭은 이러한 연유이며, 『논어』학이(學而)편에도 "군자는 근본에 힘쓰니, 근본이 서야 길이 생긴다[君子務本, 本立而道生]."고 하였다.

제1절에는 사물의 본말종시(本末終始)가 있음을 밝히고 그 선후를 앎이 도에 나아가는 첩경임을 말하여, 조목의 근본토대로서 선본(先本)이 되는 격물을 설명하였다. 경문1장의 팔조목 제1~2절에 각기 공부의 선후를 논하였음을 상기해보면, 격물장의 머리글로 이 절목을 둔 뜻을 알 수 있다. 즉 본말종시를 밝혀 선후할 바를 알아야 도에 가깝다고 한 이 절과 팔조목의 본문내용이 서로 연계되기 때문이다.

이어 제2절에 그 후(厚)해야 할 근본이 어지럽고 박(薄)하게 할 끝이 다스려질 수 없음을 말하여 격물의 중요성을 다시 강조하고, 이에 따라 제3절에는 위의 천자로부터 아래 서민에 이르기까지 모든 이가 수신(修身)을 본체로 삼는다고 하였다.

제3절의 수신위본(修身爲本)을 격물장에 놓은 것은 어떠한 이유인가? 야산 선생은 '착간고정서문'에서 "물(物)은 내 몸 밖으로부터 온 것이고, 격(格)하여 앎에 이르는 것은 내 자신의 마음과 뜻이 정성하고 바른가의 여부에 달려있을 뿐이다. 그러므로 몸은 만사의 근본이고, 외물은 이 몸에 근본을 두므로 신외무물(身外无物)인 것이다."고 밝혔다. 몸을 닦은 뒤에야 비로소 근본이 세워지고 길이 열림을 지적한 말씀이다. 팔조목 또한 근본인 격물부터 바로 세워야 조목의 길[道]이 열린다. 다시 말하면 내적인 격치성정(格致誠正)과 외적인 수제치평(修齊治平)이 모두 이 한 몸에서 말미암으니, 선행하여야 할 격물(格物)이 내 몸이라는 의미다. 『주역』에 "복희씨가 가까이로는 내 몸, 멀리로는 물건의 형

상에서 이치를 취하여 처음 팔괘를 그었다."고 말씀하였듯이, 작괘(作卦)를 함에 있어서도 선후본말이 있음을 보인 것이다.[101] 또한 표목을 섭제격(攝提格)이라고 일컫듯이, 격(格)자에 근본푯대[標木]에 대한 뜻도 있다.[102]

마지막 4절에는 앞의 절목들이 바로 근본을 안다는 지본(知本)임을 풀이하여 격물장의 끝을 맺고 있다. 특히 이 4절에 대해서 정자와 주자는 연문(衍文)으로 보았으나, 「착간고정」에서는 격물장의 끝에 놓아야 순서가 마땅하다고 보았다. 다만 '차위지본(此謂知本)'이 격물장의 제4절에 있는데다, 다음 치지장(致知章) 제3절의 청송(聽訟)절에 또 이를 거듭 언급하고 있으므로, 마땅히 이를 '차위물격(此謂物格)'으로 고쳐야 타당하다.

「착간고정」에서도 차위지본(此謂知本) 대신 차위물격(此謂物格)으로 원문을 게재하였다. 주자는 보궐장(補闕章) 끝에 "차위물격(此謂物格)이며 차위지지지야(此謂知之至也)니라."를 언급하여 격물치지에 대한 설명을 보충하였다.

주자의 「장구본」에는 제1절, 제2절, 제3절이 모두 경문 1장에 들어있다

본말종시(本末終始)와 지소선후(知所先後)

제1절목에 사물의 본말종시가 있음을 밝히고, 그 선후(先後)를 알아야만 도에 이를 수 있음을 말한 것은 앎에 이르기 위한 격물의 방법을 말씀한 것이다. 조목 간의 선후(先後)를 말하여 하학(下學)과 상달(上達)의 길을 구체적으로 제시하고 있는 까닭도 본말종시를 밝혀야만 『대학』의 도인 삼강령에 나아갈 수 있기 때문이다.

『주역』에도 "역의 글됨이 처음을 근원으로 하여 마침을 요구해서 바탕을 삼

---

101. 『주역(周易)』 계사하전 제2장: 古者包犧氏之王天下也애 仰則觀象於天하고 俯則觀法於地하며 觀鳥獸之文과 與地之宜하며 近取諸身하고 遠取諸物하야 於是애 始作八卦하야 以通神命之德하며 以類萬物之情하니 作結繩而爲網罟하야 以佃以漁하니 蓋取諸離하고...
102. 이아(爾雅)에 "太歲在寅曰 攝提格"이라고 하였으니, 격(格)에 '일어나다'는 뜻이 있다.

고, 6효가 서로 섞이는 것은 오로지 그 때와 물건이다. 초효는 알기 어렵고 그 상효는 알기 쉬우니 본(本)과 말(末)이다."고 하여 물질(物質)의 본말(本末)과 때의 종시(終始)를 설명하고 있다.[103]

뒤이어 제2절목에서는 치란(治亂)과 후박(厚薄)의 비교를 통해서 근본을 두터이 하여야 끝을 다스릴 수 있음을 강조하였다. 이는 선본후말(先本後末)의 법도를 알아 시종(始終)을 조리(條理)하여야 함을 밝힌 것이다.

삼강령은 명명덕·친민·지어지선, 팔조목은 격물·치지·성의·정심·수신·제가·치국평천하로 선후의 도가 있다. 강목을 묶어 말한다면, 격치성정(格致誠正)하여 명덕을 밝히고 수제치평(修齊治平)하여 친민(신민)의 공업(功業)을 이룬 다음 대동중정(大同中正)한 지선세계를 구현할 수 있다.

복본(復本)과 수신(修身)

공자는 『주역』에 구덕괘(九德卦)를 설명하면서 "복(復)은 덕의 근본이다[復 德之本也]."라 하고, 복괘 주효인 제1효 효상(爻象)에 "머지않아 회복하는 것은 몸을 닦은 까닭이다[不遠之復은 以修身也라]."고 하였다.

地雷復

격물장에 '본(本)'을 위주로 설명하고, 제3절의 '수신위본(修身爲本)'을 언급한 가르침이 복괘에 바탕을 두고 있음을 잘 보여주는 대목이다.

계사전에도 "안씨의 자식[顏回]이 그 거의 부활하리라. 불선함이 있으면 일찍이 알았고, 그것을 알면 일찍이 다시 행하지 않았으니, 역에 이르길 '머지않아 회복하리니 뉘우침에 이르지 않는다.'고 한 것이다."[104]고 하였다.

복(復)은 기질과 욕심에 의해 가려진 본성의 밝음을 다시 '회복하다'는 뜻이

---

103. 『주역(周易)』 계사하전 제9장: 易之爲書也 原始要終하야 以爲質이코 六爻相雜은 唯其時物也라. 其初는 難知오 其上은 易知니 本末也라.
104. 『주역(周易)』 계사하전 제5장: 子曰顏氏之子 其殆庶幾乎ᆞ뎌. 有不善이면 未嘗不知하며 知之면 未嘗復行也하나니 易曰不遠復이라 无祗悔니 元吉이라하나라.

며, 명명덕 또한 이에 말미암는다. 소강절(邵康節) 선생은 이를 놓고 "동지는 자(子)의 반이요, 천심(天心)은 고치거나 옮김이 없다."라고 하였다. 하루로는 자정(子正), 한 해로는 동지(冬至)인 때로서 시간의 푯대에 해당한다.[105]

관물(觀物)과 격물(格物)

山風蠱 地澤臨

風地觀 火雷噬嗑

격물은 내 자신으로부터 사물에 나아가 그 이치를 궁구(窮究)함으로써 마침내 앎을 내 몸에 체득하는 과정이다. 『주역』에 "고(蠱)는 일[事]이니 일이 있은 뒤에 가히 커지므로 임(臨)으로써 이어받고, 임(臨)은 큰 것이니 물(物)이 커진 뒤에 가히 살필 수 있으므로 관(觀)으로써 이어받고, 가히 살핀 뒤에 합치하는 바가 있으므로 서합(噬嗑)으로써 이어받는다."고 하였다. 사물(事物)에 가까이 임하여 자세히 현상을 관찰하고 그 이치를 내 몸에 합해 체득함을 설명하고 있으니, 이 또한 격물의 과정이다.[106]

사물의 객관(客觀)적인 이치를 바르게 살피려면, 우선 내 몸을 정성이 하여 진실하고 올바른 주관(主觀)을 세워야만 한다. 주관이 왜곡되고 편중되면 결코 객관적이라 할 수 없다.

관(觀)괘에도 제사를 올리기 직전의 지극한 정성을 '관이불천(盥而不薦)'이라 하였다. 또한 "하늘의 신령(神靈)한 도를 바라봄에 사시가 어긋남이 없으니, 성인이 이로써 가르침을 베푸니 천하가 다 이를 따른다."고 하고, "땅 위에 바람이 부는 형상을 본받아 선왕(先王)이 지방을 순시하고 백성을 살펴서 가르침을 베푼다."고 한 바는 성인의 대관(大觀)을 말한다. 이를 효(爻)로써 살피면, 중정

---

105. 소자(邵子)의 시: 冬至는 子之半이요 天心은 无改移라. 一陽이 初動處요 萬物은 未生時라. 玄酒는 味方淡하고 大音은 聲正希라. 此言을 如不信커든 更請問包犧하라.
106. 『주역(周易)』 서괘전: 蠱者는 事也니 有事而後애 可大라 故로 受之以臨코 臨者는 大也니 物大然後애 可觀이라 故로 受之以觀하고 可觀而後애 有所合이라 故로 受之以噬嗑하고

(中正)한 제5효가 큰 안목으로 대관하는 자이다. 그 효사에 "내 삶 또는 생각이나 생김새[生]를 보되 군자면 허물이 없을 것이다. 내 생(生)을 본다 함은 백성의 삶을 살핌이라."[107]고 하였다. 그 까닭은 천하에 명덕을 밝히려면, 반드시 수신에 의한 격물이 있어야 함을 강조하신 것이다.

격물(格物)과 감통천하(感通天下)

澤山咸

격물은 사물과 내 자신이 하나로 합일되어 감통(感通)함을 말한다. 느껴 통함은 함(咸)괘에 "군자가 자신을 비워서 남을 받아들인다[虛受人]."고 한 데에 잘 나타난다.

『주역』에 "역은 생각함도 없고 행함도 없어서, 고요히 움직이지 않다가 느끼어 드디어 천하의 연고를 통한다."고 하였다. 또한 "천지가 느껴서 만물이 화생(化生)하고 성인이 인심을 느껴서 천하가 화평(和平)하나니, 그 느끼는 바를 봄에 천지만물의 정(情)을 보리라."고 하였으며, "역에 이르기를 자주자주 가고 오면 벗이 네 생각을 쫓는다고 하였으니, 천하에 무엇을 생각하고 무엇을 근심하겠는가? 천하가 돌아가는 곳은 같아도 길은 다르며, 이루는 극치는 하나인데 생각은 백 가지이니 천하에 무엇을 생각하고 무엇을 근심하겠는가?"라고 공자는 말씀하였다.[108] 이는 한 터럭이라도 사사로움이 없는 무사무위(无思无爲)에 이르러야 감통할 수 있고, 격물의 극치가 천하의 이치를 깨닫는 데에까지 미침을 말한다.

격물의 극치는 입신(入神)의 경지이다. 앞에서 언급한 '무사무위 감이수통(无思无爲 感而遂通)'의 말미에 "천하의 지극한 신(神)이 아니면 그 누가 여기에 참

---

107. 『주역(周易)』 관(觀)괘: 觀天之神道而四時不忒하니 聖人이 以神道設敎而天下服矣니라.
　　대상전: 象曰 風行地上이 觀이니 先王이 以하야 省方觀民하야 設敎하니라.
　/ 九五는 觀我生호대 君子면 无咎리라. 象曰 觀我生은 觀民也라.
108. 『주역(周易)』 함(咸)괘 단전: 天地 感而萬物이 化生하고 聖人이 感人心而天下 和平하나니 觀其所感而天地萬物之情을 可見矣리라.
　/ 계사하전 제4장: 易曰憧憧往來면 朋從爾思라하니 子曰 天下 何思何慮리오. 天下 同歸而殊塗하며 一致而百慮니 天下 何思何慮리오.

여하겠는가?"라고 하였다. 그리고 "자벌레가 굽히는 것은 폄을 구함이고, 용과 뱀이 움츠린 것은 몸을 보존함이고, 의리를 정미롭게 하여 입신의 경지에 들어감은 쓰임을 이룸이고, 쓰임을 이롭게 하여 몸을 편안히 함은 덕을 숭상함이다. 이를 지나서는 혹 알 수가 없으니, 신(神)을 궁구하여 화(化)함을 아는 것은 덕의 성대함이다."하였으니, 이 또한 격물의 극치를 설명한 말씀이다.[109]

작괘(作卦)를 통한 격물

격(格)은 본래 '가지 각'으로 각기 갈려진 나뭇가지를 뜻한다. 뿌리에서 가지 끝까지 '이르다[至極]', 끝에서 뿌리로 복귀해 '돌아오다[來復]'라는 대비된 뜻이 나온다. 그리고 가지와 뿌리가 왕래 교통하여 한 몸으로 '감통하다', 한 몸체를 이루는 자격(資格)·품격(品格)·인격(人格) 등의 격국(格局)에 대한 의미로도 쓰인다.

복희씨가 '근취저신·원취저물(近取諸身·遠取諸物)'하여 그린 팔괘도 각기 격국을 이룬다. 이는 괘를 통해 격물하는 법도이다. 예를 들어 건(乾)괘는 건장한 천격(天格), 다스리는 부격(父格) 등이 되고, 곤(坤)괘는 유순한 지격(地格), 기르는 모격(母格) 등이 되므로, 비로소 신명(神明)의 덕이 통하고 만물의 실정이 나뉠 수 있다.

계사전에 "건(乾)은 양물(陽物)이고 곤(坤)은 음물(陰物)이다. 음양(陰陽)의 합덕(合德)으로 인해 강유(剛柔)의 체(體)가 있다. 천지의 일을 체(體)하며 신명의 덕을 통한다."[110]고 한 바도 이러한 뜻이다.

작괘(作卦)하여 괘를 구함은 격물(格物)이고, 득괘(得卦)하여 길흉이 판단되는

---

109. 『주역(周易)』 계사상전 제10장: 易은 无思也하며 无爲也하야 寂然不動이라가 感而遂通天下之故하나니 非天下之至神이면 其孰能與於此리오. / 계사하전 제5장: 尺蠖之屈은 以求信也오 龍蛇之蟄은 以存身也오 精義入神은 以致用也오 利用安身은 以崇德也니 過此以往은 未之或知也니 窮神知化 德之盛也라.
110. 『주역(周易)』 계사하전 제6장: 乾은 陽物也오 坤은 陰物也니 陰陽이 合德하야 而剛柔有體라. 以體天地之撰하며 以通神明之德하니....

것은 물격(物格)이다. 성인이 천하백성과 더불어 길흉을 근심해서 신(神)으로써 격물치지하여 미래사를 알아내고, 그 이치를 간직해놓고 간 글이 역(易)이다. 공자께서 '신이지래(神以知來) 지이장왕(知以藏往)' 즉 "신으로써 미래를 알아내고, 알아놓은 것을 감춰놓고 가셨으니 그 누가 여기에 참여하겠는가?"[111]라고 탄식하셨다.

한편 『중용』에도 '신지격사(神之格思)', 『서경』에도 요임금의 지극한 덕을 칭송하며 '격우상하(格于上下)'라고 한 데서도, 이르고 통하는 격(格)자 속에 지극하다는 뜻이 함께 내포되어 있다.[112]

---

[111]. 『주역(周易)』 계사상전 제11장: 聖人이 以此로 洗心하야 退藏於密하며 吉凶애 與民同患하야 神以知來코 知以藏往하나니 其孰能與 於此哉리오..

[112]. 『중용(中庸)』 제16장: 詩曰神之格思を 不可度思온 矧可射思아.
 / 『서경(書經)』 요전(堯典): 曰若稽古帝堯한대 曰放勳이시니 欽明文思 安安하시며 允恭克讓하사 光被四表하시며 格于上下하시니라.

제5장 致知
치 지

주자 장구본 전문(傳文)		야산 착간고정본 전문(傳文)	
격물치지(格物致知)		치지(致知)	
1	此謂知本	1	知止而后 有定 定而后 能靜 靜而后 能安 安而后 能慮 慮而后 能得
2	此謂知之至也	2	詩云 瞻彼淇澳 菉竹猗猗 有斐君子 如切如磋 如琢如磨 瑟兮僩兮 赫兮喧兮 有斐君子 終不可諠兮 如切如磋者 道學也 如琢如磨者 自修也 瑟兮僩兮者 恂慄也 赫兮喧兮者 威儀也 有斐君子終不可諠兮者 道盛德至善 民之不能忘也
		3	子曰 聽訟 吾猶人也 必也使無訟乎 無情者 不得盡其辭 大畏民志 此謂知本
		4	此謂知之至也

17. 知止而后에 有定이니
지 지 이 후   유 정

定而后에 能靜하며 靜而后에 能安하며
정 이 후   능 정   정 이 후   능 안

安而后에 能慮하며 慮而后에 能得이니라.
안 이 후   능 려   려 이 후   능 득

그칠 줄을 안 뒤에 정해짐이 있으니, 정해진 뒤에 능히 고요하며, 고요한 뒤에 능히 편안해지며, 편안한 뒤에 능히 생각하며, 생각한 뒤에 능히 얻느니라.

定: 정할 정 靜: 고요할 정 安: 편안할 안 慮: 생각할 려 得: 얻을 득

주자「대학장구」해설

지(止)는 마땅히 그쳐야 할 자리이니, 지선(至善)의 경지이다. 이를 알면 뜻이 한 곳으로 정해져 향함이 있다. 정(靜)은 마음이 망령되이 움직이지 않음, 안(安)은 처하는 바가 편안함, 려(慮)는 일을 대처함이 면밀하고 상세함, 득(得)은 그 그칠 바를 얻음을 이른다.[113]

경전해설

앞의 격물장 제1절에 지소선후(知所先後)를 얘기했듯이, 치지장의 첫머리는 먼저 본(本)에 그칠 줄을 알아야 하고 이로부터 사물의 이치가 터득되는 길이 생김을 설명하고 있다.

여기 첫 절목은 여섯 단계를 거쳐 득지(得知=致知)하는 과정이다. 지지(知止)는 그쳐야 할 바를 앎이다. 그칠 바는 다름이 아닌 본(本)이므로, 본(本)에 그칠 줄을 아는 것이다.[114] 『주역』 간(艮)괘에도 그칠 때 그치고 행할 때 행하는 '시지즉지 시행즉행(時止則止 時行則行)'을 공자가 말씀하였는데, 행(行)에 앞서 지(止)를 말하고 있다.

근본에서 벗어나지 않는 머무를 바를 알아야[知止] 뜻이 하나로 모여져서 관심 사물에 대한 방향이 분명하게 정해진다[有定]. 뜻이 정해지면 밖을 향한 마음이 안으로 돌이켜져 능히 고요해지고[能靜], 마음이 고요해지면 밖을 접촉하는 몸의 거처도 능히 편안해진다[能安]. 심신이 고요하고 편안하면 사물을 직시 관찰하는 사려깊은 생각이 가능하고[能慮], 사려 깊은 생각과 진지한 통찰을 통해 근본이치를 깨닫는 지(知)의 체득이 가능하다[能得]. 치지(致知)에 있어서 지지·유정·능정(知止·有定·能靜)은 선본(先本), 능안·능려·능득(能安·能慮·

---

[113] 「대학장구(大學章句)」 주(註): 止者 所當止之地 卽至善之所在也 知之 則志有定向 靜 謂心不妄動 安 謂所處而安 慮 謂處事精詳 得 謂得其所止.
[114] 지(止)는 신체의 발을 본 뜬 글자로서, 나무의 밑둥이인 본(本)과 상통한다.

能得)은 후말(後末)의 과정이다.

율곡(栗谷) 선생이 강조한 마음을 오로지 한결같게 하여야 한다는 거경(居敬)을 통한 궁리(窮理)와도 관계되는 절목이라고 생각된다.

주역산책

水澤節

그침은 대나무의 '마디 절(節)'과 통한다. 멈춰 그쳐야 마침내 움직이는 종시(終始)의 매듭이 바로 마디이다. 60갑자 주기가 6회 거듭하면 한해의 주천상수인 360일이 되듯이, 마디는 기본적으로 6절을 세운다. 『주역』의 60번째 괘도 절(節)이다. 물[☵]이 연못[☱]에 담긴 형상으로 수용(受容)에 일정 한도가 있음을 뜻한다. 다음에 나오는 첨피절목 또한 기수물가에 자라는 성한 대나무를 언급하여, 절차탁마(切磋琢磨)하는 군자를 칭송하고 있음을 유의하여야 한다. 전체 문장가운데 죽(竹)자는 '녹죽의의(菉竹猗猗)'에만 나온다.

본립이도생(本立而道生), 즉 근본이 세워져야 비로소 길이 생긴다고 하였다. 길을 모르거나 없으면 앞으로 나아가기 어렵다. 격물장에 나무 밑동인 본(本)을 위주로 설명하였으므로, 치지장에서는 첫 절목의 설명을 6단계로 나누어 동방목도(木道)인 '본립(本立)'을 가르치고 있다.

'설 립(立)'을 문자적으로 살피면 1(一)과 6(六)의 배합이다. 하나[一]로부터 시작하여 여섯[六]에 이르면 나무가 우뚝 선다는 뜻이다. 『주역』의 64괘도 제1~6효에 이르는 여섯 단계로 자리[位]를 나누어 괘를 세운다.

고정논지

「고본」과 「장구본」에는 이 절이 경문 제2절로서 제1절인 삼강령 다음에 있다. 주자가 지어지선(止於至善)과 관계된 내용으로 풀이한 것도 이러한 까닭이다.

18. 詩云 瞻彼淇澳한대 菉竹猗猗로다
    시 운 첨 피 기 옥   녹 죽 의 의

有斐君子여 如切如磋하며 如琢如磨라
유 비 군 자   여 절 여 차   여 탁 여 마

瑟兮僩兮며 赫兮喧兮니 有斐君子여 終不可諠兮라 하니
슬 혜 한 혜   혁 혜 훤 혜   유 비 군 자   종 불 가 훤 혜

如切如磋者는 道學也ㅣ오 如琢如磨者는 自修也ㅣ오
여 절 여 차 자   도 학 야   여 탁 여 마 자   자 수 야

瑟兮僩兮者는 恂慄也ㅣ오 赫兮喧兮者는 威儀也ㅣ오
슬 혜 한 혜 자   준 율 야   혁 혜 훤 혜 자   위 의 야

有斐君子終不可諠兮者는 道盛德至善을
유 비 군 자 종 불 가 훤 혜 자   도 성 덕 지 선

民之不能忘也ㅣ니라.
민 지 불 능 망 야

『시경』에 이르길 "저 기수의 굽이진 곳을 바라보니 푸른 대나무 숲이 무성하도다. 문채 나는 군자여! 자르는 듯 닦는 듯하며 쪼는 듯 가는 듯하네. 엄숙하고 꿋꿋하심이여! 훤하고 뚜렷하니 문채 나는 군자여! 끝내 잊지 못하리라."하니 '여절여차'란 배움을 이르고, '여탁여마'란 스스로 닦음이고, '슬혜한혜'란 조심스러워함이고, '혁혜훤혜'란 위엄을 갖춤이고, '유비군자종불가훤혜'란 성대한 덕과 지극한 선을 백성들이 잊을 수 없음을 말함이니라.

瞻: 볼 첨 淇: 강이름 기 澳: 굽이질 욱, 깊을 오 猗: 아름다울 의, 성할 의 斐: 문채 날 비 切: 끊을 절 磋: 갈 차 琢: 쫄 탁 磨: 갈 마 瑟: 큰 거문고 슬, 엄숙할 슬 僩: 풍채가 당당한 모양 한 赫: 빛날 혁 喧: 의젓할 훤 諠: 잊을 훤 恂: 두려울 준 慄: 두려워할 율 威: 위엄 위 儀: 거동 의

주자「대학장구」해설

시(詩)는 「위풍(衛風)」기욱(淇澳)편이다. 기(淇)는 강 이름이고, 욱(澳)은 '굽이질 외(隈)'다. 의의(猗猗)는 아름답고 무성한 모습이니 흥기함이다. 비(斐)는 문채가 나는 모양이다. 칼과 톱으로 끊고 끌과 망치로 쪼는 것은 물건을 마름질

하여 형질을 이룸이고, 줄과 대패로 깎고 모래와 돌로 가는 것은 물건을 다스려서 매끄럽고 윤택이 나게 함이다.

골각(骨角)을 다스림은 이미 끊어서 다시 닦는 것이고, 옥석(玉石)을 다스림은 이미 쪼아서 다시 가는 것이니, 모두 다스리는 데는 차례가 있고 더욱 정밀하게 함을 말한다. 슬(瑟)은 엄숙하고 세밀한 모습이고, 한(僩)은 굳세고 의연(毅然)한 모습이다. 혁훤(赫喧)은 베풀음이 성대하게 드러난 모습이다. 훤(諠)은 '잊을 망(忘)', 도(道)는 '말씀 언(言)'이다. 학(學)은 강습하여 토론하는 일, 자수(自修)는 성찰하여 능히 다스리는 공이다. 준율(恂慄)은 조심하고 두려워함이다. 위(威)는 가히 두려워할 만하고, 의(儀)는 가히 본받을 만한 것이다. 『시경』을 인용하고 그것을 풀이해서 명덕을 밝힌 이가 지선에 머무름을 밝힌 것이다. 도학(道學)과 자수(自脩)는 얻게 된 이유, 준율(恂慄)과 위의(威儀)는 덕용이 표리가 성대함을 말함이니, 마침내는 그 실체를 가리켜 감탄하고 아름답게 여김이라.[115]

경전해설

치지장 제2절로서 기수가의 푸른 대나무가 성한 시를 흥기함으로써, 학문을 절차탁마하여 덕용을 갖춘 군자를 기리고 그의 성덕(盛德)과 지선(至善)을 백성이 항시 잊지 못한다는 내용이다. 본래 위(衛)나라 무공(武公)이 나이 90이 넘도록 학문과 덕을 닦는데 게을리하지 않았으므로, 사람들이 칭송하여 읊은 시다.

군자가 학문을 절차탁마하는 것은 격물에 의거한 치지의 공효(功效)이다. 『논어』 위정(爲政)편에도 "배우기만 하고 생각하지 않으면 체득함이 없고, 생각하기만 하고 배우지 아니하면 독선에 빠져 위태롭다."고 공자는 말씀하였

---

115. 「대학장구(大學章句)」 주(註): 詩 衛風淇澳之篇 淇 水名 澳 隈也 猗猗 美盛貌 興也 斐 文貌 切以刀鋸 琢以椎鑿 皆裁物使成形質也 磋以鑢錫 磨以沙石 皆治物使其滑澤也 治骨角者 既切而復磋之 治玉石者 既琢而復磨之 皆言其治之有緒而益致其精也 瑟 嚴密之貌 僩 武毅之貌 赫喧 宣著盛大之貌 諠 忘也 道 言也 學 謂講習討論之事 自脩者 省察克治之功 恂慄 戰懼也 威 可畏也 儀 可象也 引詩而釋之 以明明明德者之止於至善 道學自脩 言其所以得之由 恂慄威儀 言其德容表裏之盛 卒 乃指其實而歎美之也.
隈: 굽이 외 鋸: 톱 거 椎: 망치 추 鑿: 끌 착 鑢: 줄 려 錫: 대패 탕 滑: 미끄러울 활 毅: 굳셀 의 歎: 탄식할 탄

다. 학문을 닦는데 쉬지 않고 절차탁마하라는 말씀이다.[116]

성덕지선(盛德至善)은 학문을 갈고닦은 군자가 덕을 성대히 밝혀서[명명덕] 지선한 세상을 이룬 공효[지어지선]이며, 이를 백성들이 추모함은 더불어 친한[친민] 연고이다. 이 절목에 삼강령에 대한 내용을 다 갖추고 있다.

앞의 지지(知止)절목과 연계하여 '지지이후유정'은 '여절여차[道學]'에, '정이후능정'은 '여탁여마[自修]'에, '정이후능안'은 '슬혜한혜[恂慄]'에, '안이후능려'는 '혁혜훤혜[威儀]'에, '여이후능득'은 '유비군자종불가훤혜[盛德至善]'에 상응하는 문장이라는 견해도 있다.

고정논지

지지(知止)절에 이어 이 절을 둔 이유는 무엇인가? 사물의 이치는 지지·유정·능정·능안·능려·능득(知止·有定·能靜·能安·能慮·能得)의 단계로써 깨우친다. 이는 학문을 닦는 과정으로서 앎에 나아가는 길이다. 즉 '배우지 않고 아는 법은 없다.'는 '학이지지(學而知之)'의 중요성을 일깨워주기 위함이다. 격물치지로써 절차탁마한 결과 학문의 지극한 공을 이루고, 마침내『대학』의 도인 삼강령을 완수하였음을 풀이한 것이다.

주자는 뒷부분의 성덕지선(盛德至善) 문구에 의거하여,「대학장구」의 전문 3장인 지어지선 제4절에 이 절을 두었다.

---

116. 『논어(論語)』 위정(爲政)편: 子曰 學而不思則罔하고 思而不學則殆니라.

19. 子曰 聽訟이 吾猶人也ㅣ나 必也使無訟乎ㄴ저 하시니
자왈 청송 　　오유인야　　　　필야사무송호

無情者ㅣ 不得盡其辭는 大畏民志니 此謂知本이니라.
무정자　　부득진기사　　대외민지　　차위지본

공자께서 말씀하시기를 "송사를 들음이 내가 남과 같으나 반드시 송사가 없게 하리라."하시니, 실지(實情, 참된 마음)가 없는 자가 그 말을 다하지 못하는 것은 크게 백성의 뜻을 두렵게 한 때문이니, 이를 일러 근본을 앎이라 하니라.

聽: 들을 청 訟: 송사 송 猶: 같을 유 使: 하여금 사 情: 뜻 정 畏: 두려워할 외

주자「대학장구」해설

유인(猶人)은 다른 사람과 다르지 않다는 뜻이다. (진실과 거짓을 정위(情僞)라 하듯이) 정(情)은 실지, 실상이다. 부자(夫子)의 말씀을 이끌어 말하기를, 성인이 진실성이 없는 사람으로 하여금 감히 그 허탄(虛誕)한 말을 다하지 못하게 하는 것은, 대개 나의 명덕이 이미 밝아서 백성의 심지가 두려움을 느껴 굴복하기 때문에, 송사 들음을 더 기다리지 않아도 저절로 없어진다. 가히 본말의 선후를 알 수 있다.[117]

경전해설

『논어』의 안연(顔淵)편에 나오는 글이다. 공자가 용맹과 판단력이 뛰어났던 제자인 자로(子路)를 보고 "말을 반쯤 듣고서 시비를 판단할 수 있는 이는 너 자로일 것이다. 나도 송사를 듣고 판단하는 능력은 남과 같지만, 나는 송사 자체를 아예 없게 하겠다."[118]고 말씀하였다. 송사를 듣는 이는 공정무사하게 시비곡절을 판단해야 하며, 본말종시를 분명히 하여 선후를 가릴 수 있는 지혜

---

117. 「대학장구(大學章句)」주(註): 猶人 不異於人也 情 實也 引夫子之言而言聖人 能使無實之人 不敢盡其虛誕之辭 蓋我之明德 旣明 自然有以畏服民之心志故 訟不待聽而自無也 觀於此言 可以知本末之先後矣. 誕: 속일 탄
118. 『논어(論語)』안연(顔淵)편: 子曰 片言에 可以折獄者는 其由也與인저 子曰 聽訟이 吾猶人也나 必也使無訟乎인저.

로운 자라야 한다. 문장 가운데에도 차위지본(此謂知本)을 언급하고 있으므로, 이 절목이 곧 치지에 관계된 내용임이 분명히 드러난다.

앞의 첨피(瞻彼)절에서는 학문을 갈고닦은 군자에 대해 언급하였고, 이 절에서는 수신한 군자가 백성을 근본부터 다스리는 까닭에 크게 경외(敬畏)하여 감히 허탄한 말로 송사를 일으키지 못함을 말한 것이다. 『논어』계씨(季氏)편에 "군자가 두려워할 삼외(三畏)가 있으니, 천명을 두려워하며 대인을 두려워하며 성인의 말씀을 두려워한다."고 공자는 말씀하였다.[119]

고정논지

공자께서 아예 송사자체가 일어나지 못하게 하겠다는 말씀은 근본원인을 알아서 다스려야 백성이 쉽게 복종할 수 있음을 이른 것이다. 모름지기 송사란 끝까지 가면 흉한 꼴을 보게 된다. 『주역』의 송(訟)괘에 "송사는 길게 끌지 않아야한다[訟不可長也], 시작부터 일을 잘 꾀하여야한다[作事謀始]."고 하였다.

『논어』공야장(公冶長)편에 공자가 "어쩔 수 없구나! 나는 능히 자신의 허물을 보고 안으로 시비를 판단하는 자를 보지 못하였다"[120]고 탄식하였다. 이는 사람이 자기허물을 아는 자가 드물고 자신의 시비판단을 하는 자는 더욱 보기 어렵다는 의미로, 지본(知本)의 어려움을 강조하신 말씀이다.

주자는 이 청송(聽訟) 한 구절로만 이루어진 별도의 본말(本末)장을 만들었다.

20. 此謂知之至也ㅣ니라.
차 위 지 지 지 야

이를 이르되 "앎이 이른다"는 것이니라.

---

[119]. 『논어(論語)』계씨(季氏)편: 孔子曰 君子有三畏하니 畏天命하며 畏大人하며 畏聖人之言이니라.
[120]. 『논어(論語)』공야장(公冶長)편: 子曰 已矣乎ㅣ저. 吾未見能見其過而內自訟者也케라.

고정논지

치지의 마지막 절이다. 제1절은 지지(知止)에서 능득(能得)까지 앎에 이르는 단계를, 제2절은 이에 근본한 군자의 학문 닦음을, 제3절은 송사의 시작부터 다스림이 근본을 아는 것임을, 마지막 제4절은 앞의 글들이 모두 앎에 지극히 이르는 내용임을 밝혀 결론짓고 있다.

『주역』에 "군자가 이를 데를 알아 이르기 때문에 기미를 살필 수 있고, 마칠 데를 알아 마치기 때문에 의리를 보존할 수 있다"[121]고 한 바와 같이 '치지(致知)'를 설명한 대목이다. 「대학장구」에는 이 절목을 차위지본(此謂知本) 뒤에 두어 제5장인 격물치지장의 결어(結語)로 보았다.

학문을 닦는 데에는 지(知)와 행(行)이 있을 뿐이므로, 격물치지는 지(知)에 성의정심은 행(行)에 가깝다고 하겠다. 퇴계선생이 독서의 요령에 대해서 함양(涵養)과 진학(進學)의 공(功)을 말씀하였듯이, 치지(致知)는 학문이 필수적이다. 먼저 알아야 능히 힘써 행하므로, 치지(致知)를 먼저하고 성의(誠意)를 뒤로 두었다. 야산선생은 「고정서기(攷正敍記)」에서 『대학』의 요점은 신민(新民)에 있으며, 신민의 요점은 '알 지(知)'라는 한 지혜로운 글자에 있을 뿐이라고 말씀하였다.

---

[121]. 『주역(周易)』 건(乾)괘 문언전(乾卦文言傳): 知至至之라 可與幾也며 知終終之라 可與存義也니....

전문 5장 치지 총설

右는 傳之五章이니 釋致知 四節이라
우   전 지 오 장   석 치 지 사 절

우는 전문의 5장이니 치지를 해석한 4절이라.

 제5장은 제4장을 이어 사물의 근본바탕을 궁구함으로써 앎을 이루는 절목들로 되어있다.
 제1절인 지지(知止)절은 그 본(本)에 그칠 줄을 알아야 앎을 깨닫게 되는 과정을 여섯 단계로 나누어 설명하였다.
 제2절인 첨피(瞻彼)절에는 푸른 대나무의 성함에 견주어, 군자가 학문을 절차탁마하여 그 기상과 거동이 위엄을 갖추게 된다하고, 백성이 이러한 성덕지선(盛德至善)을 잊지 못한다는 시구를 인용하여 본(本)에 힘써야 함을 강조하였다.
 제3절인 청송(聽訟)절에는 공자께서 그 본(本)부터 다스려 백성이 애당초 송사자체를 일으키지 못하도록 하겠다는 말씀을 인용하여, 군자가 근본을 닦아 백성을 다스리기에 크게 두려워한다고 하였다.
 제4절인 지지(知至)절에는 앞의 내용이 앎의 지극함임을 밝히어 치지장을 끝맺고 있다.
 주자는 제4장인 격물장과 이 5장의 치지장을 한데 묶어 제5장으로 하였으며, 그 원문이 실전된 것으로 보았다. 「착간고정」의 제1절은 「주자장구」의 경문 제2절에, 제2절은 전문 3장인 지어지선의 제4절에 놓여있다. 그리고 제3절은 전문 4장인 본말장(本末章)에, 제4절은 앞의 차위지본(此謂知本)과 더불어 전문 5장에 들어있다.

참고

　치(致)는 목적지에 이르기까지 '힘을 다하다, 끝까지 다하다, 힘쓰다'는 뜻이다. 마침내 목표를 달성하여 '이루다'는 뜻도 있다. 대개 지(至)는 정점에 완전히 이른 상태를 말하고, 목적지에 이르기까지의 전 과정은 치(致)로써 표현한다. 그러므로 치(致)는 갈 길을 채찍질하고 고무진작(鼓舞振作)하여 끝내 목적지에 이르게 한다는 뜻이다.

　지(知)는 사물의 근본이치를 정확히 파악하고 이해하는 데에서 '알다, 깨닫다'는 뜻이다. 무슨 일이든 그 일에 대해 잘 아는 자가 주장한다고 해서 '주장할 지'라고도 한다. 『주역』에 "하늘은 쉬움으로써 주장한다[乾以易知]."는 데에서 이러한 의미를 찾을 수 있다. 강직함을 뜻하는 시(矢)에다 말한다는 구[口→言]를 더해서, 올곧게 말한다는 뜻도 있다. 『논어』에도 공자가 "아는 것을 안다 하고 모르는 것을 모른다고 하는 것이 지(知)이다."고 말씀하였다. 구(口)를 과녁으로 보면 화살을 쏘아 한복판을 꿰뚫어 맞추듯이, 사물의 언저리가 아닌 핵심(核心)을 알아맞히는 것이 지(知)임을 알 수 있다.

주역산책

　치지(致知)는 격물(格物)에 의해 앎을 이룬 것이다. 사물을 관찰하여 완전히 이해하기까지 앞 단계가 격물, 마침내 이치를 깨달아 내 몸에 체득하는 뒷단계가 치지하는 과정이므로 두 조목이 선후체용의 관계이다.

지지(知止)와 지능(知能)

　제1절목　지지·유정·능정·능안·능려·능득(知止·有定·能靜·能安·能慮·能得)의 6단계는 앎을 이루는 과정으로, 먼저 근본에 그칠 줄을 알아야 뜻이 일정하게 지향하는 바가 있게 됨을 말하였다. 이렇게 되면 능히 마음이 평정(平靜)

하고 몸이 편안(便安)하여 심신의 안정(安靜)을 이룰 수 있고, 나아가 사물의 근본이치를 사려(思慮)깊게 관찰하여 마침내 앎을 체득(體得)할 수 있다.

『주역』에서 공자는 천지 건곤(乾坤)의 법도를 '이지간능(易知簡能)'이라 정의하였는데, 사람의 지적 능력도 천지이간의 지능에서 비롯된 것이다. 사물의 이치를 터득하려면 먼저 심신의 안정을 취하지 않으면 안 된다. 그칠 줄을 알아야 한다함은 땅이 고요함으로써 하늘의 움직임을 순히 받아들여, 생명을 수태하는 것과 같다.『주역』에도 건곤 다음에 3번째 괘로 만물의 시생과 생명의 태동을 뜻하는 둔(屯)이 뒤를 잇는다.

水雷屯　양수[☵] 속에서 꿈틀거리는 태아[☳]의 움직임이 둔(屯)이다. 북방의 감수[☵] 아래 동방의 진목[☳]이 있는 형상으로, 한겨울 엄동설한 속에 따스한 봄의 기운이 찾아오는 때이다. 하늘이 베풀어주신 생명의 밝은 씨앗을 땅 속에 착근(着根)하여 배양(培養)하는 어려운 시기다.

지지(知止)란 둔(屯)과 같이 선천적인 지(知)가 제자리에 그쳐 뿌리내리는[止] 과정이다. 이렇게 지지(知止)에 의해 유정(有定)이 주어지므로, 이로부터 심신이 편안해지고, 사려 깊게 직시관찰하게 되며, 마침내 그 이치를 깨닫게 되는 것이다.

학문(學問)은 '선학후문(先學后問)'이다. 배워서 능숙하게 된 다음에 제대로 물을 수 있고, 물은 다음에 깨달음에 이를 수 있다. 학이각(學而覺)은 '선능후지(先能后知)'를 의미한다. 능(能)을 통한 지(知)의 체득이 깨달음이다. 씨앗이 뿌리내린 다음 어렵게 싹터 나오는 '둔생(屯生)'과 줄기가지를 뻗는 '몽양(蒙養)'이 배움[能]이라면, 이를 바탕으로 열매를 맺고 수확하는 '혁성(革成)'이 깨달음[知]이다.

지지(知止)로부터 득지(得知)에 이르는 6단계를 산 정상을 향해 나아가는 간(艮)괘에 붙여보면 아래 도표와 같다. 산이 고요히 제자리에 그쳐있듯이, '그칠 간(艮)'은 '그칠 지(止)'의 덕성이 있다. '문 문(門)'은 간(艮)에서 비롯된 글자로 보기도 하는데, 괘의 형태가 문의 형상인 까닭이다. 거듭된 관문(關門)을 통과하는 것이 깨달음의 관문이다.

상구 敦艮[두텁게 그침]: 能得
육오 艮輔[볼에 그침]: 能慮
육사 艮身[몸에 그침]: 能安
구삼 艮限[허리에 그침]: 能靜
육이 艮腓[장딴지에 그침]: 有定
초육 艮趾[발꿈치에 그침]: 知止

수학(修學)과 격치(格致)

  제2절목은 군자가 절차탁마하여 성덕(盛德)과 지선(至善)을 이루고 백성이 이를 잊지 못한다는 내용으로, 명명덕·친민·지어지선의 의미가 모두 들어있다. 이는 『대학』의 도를 이루려면 격물·치지에 의한 학문을 완성하여야 함을 특별히 강조한 것이다.

  『중용』에 '박학지 심문지 신사지 명변지 독행지(博學之 審問之 愼思之 明辨之 篤行之)'라고 한 바에서, 널리 배우고 살펴 묻는 외적인 학문(學問)과정은 격물, 신중히 생각하고 밝게 분별하는 내적인 사변(思辨)과정은 치지에 해당한다. 이 학문사변(學問思辨)에 의해 지(知)를 이룬 다음에, 비로소 돈독한 행(行)이 가능하다.

  『주역』 건(乾)괘에도 배워서 모으고 물어서 분별하는 '학이취지 문이변지(學以聚之 問以辨之)'의 지(知)와, 너그러움으로 거처하고 어짊으로써 행하는 '관이거지 인이행지(寬以居之 仁以行之)'의 행(行)을 말하여, 지행합일(知行合一)을 강조하고 있다.

지본(知本)과 격치(格致)

 제3절목에서는 송사에 대한 공자의 말씀을 인용하여, 애당초 이를 없게 하려면 군자가 근본인 몸을 닦아야 함을 말하고, 이를 지본(知本)으로 강조하였다. 이러한 군자를 백성이 경외(敬畏)하여 감복(感服)하므로 송사가 일어나지 않으니, 근본을 알아 끝을 다스리는 사람이다. 앞의 격물장에서 '수신위본(修身爲本)'을 말하여 물본(物本)이 신(身)임을 밝혔으므로, 치지장에서는 지본(知本)으로써 설명한 것이다.

 격물치지는 『주역』의 곤(坤)괘에도 잘 나타난다. "서리를 밟으면 굳은 얼음이 이른다."[122]고 하여, 상강(霜降) 이후 자연 동지(冬至)가 이르는 자연의 순리를 말하였는데, 미세한 조짐기미가 마침내 드러나는 인과응보(因果應報)를 강조한 설명이다.[123]

重地坤

 공자는 이에 대해 "음이 처음 엉김이니, 그 도를 잘 길들여 굳은 얼음에 이르게 한다."[124]고 하여, 음이 자라는 조짐이 있으면 미리 군자가 밝은 덕으로 교화하고 인도하여 선을 회복(回復)하도록 하여야 함을 설명하였다.

 소인은 욕심에 가리고 마음이 편벽되므로 사물의 이치에 어둡고, 군자는 욕심을 버리고 마음이 충실하므로 밝다. 음양의 동정변화에 따라 길흉존망이 정해지는 까닭에, 소인은 불선한 행동이 점차 쌓여 흉한 결과에 이르고, 군자는 선한 행동이 길한 결과에 이른다.

 그러므로 곤괘문언전(坤卦文言傳)에 "선을 쌓은 집안은 반드시 이로 인한 경사가 생기고 불선을 쌓은 집안은 반드시 이로 인한 재앙이 따르기 마련이다. 신하가 인군을 죽이고 자식이 부모를 죽이는 패륜은 일조일석(一朝一夕)의 연

---

122. 『주역(周易)』 곤(坤)괘: 初六은 履霜하면 堅氷이 至하나니라.
123. 음력 10월(坤月)을 중심으로 서리가 내리는 9월[剝月/상강]과 얼음이 어는 11월[復月/동지]이 있으므로, 유순한 음의 도를 마치고 강명한 양의 도로 회복하는 변화과정이 있다. 또한 곤(坤)괘의 초효가 발동하면 즉 음 소인이 양인 군자로 교화되면 복(復)괘로 바뀐다. 일양(一陽)이 회복하는 상이므로 선을 되찾는 이치가 있다.
124. 『주역(周易)』 곤(坤)괘: 象曰 履霜堅氷은 陰始凝也니 馴致其道하야 至堅冰也하나니라.

고가 아니다. 오랜 세월 동안 점차 쌓여온 결과이다. 이는 일찍부터 분별하지 못한 연유에서 그 까닭을 찾아야하므로, 역(易)에 '이상견빙지(履霜堅氷至)'라 하였다."[125]고 풀이하였다. 사물의 기미를 미리 살피고 분별하여 그 선악시비[본말종시]를 알아야 함을 강조한 공자의 가르침이다. 격물치지의 요령을 여기에서 깊이 살필 수 있다.

『대학』과 『주역』의 글 가운데 격물치지에 관계된 내용을 살피면, 치지·지지(致知·知至)는 곤괘의 '순치·지견빙(馴致·至堅冰)'에 관계된다.

☷☳ 격물장 제1절의 '즉근도의(則近道矣)'는 복괘의 '불원복(不遠復)', 제3절의 '수신위본(修身爲本)'은 공자의 "불원지복 이수신야(不遠之復 以修身也)." 및 "복은 덕지본야(復 德之本也)."라는 말씀과 상통한다.[126]

地雷復

이 치지장 3절의 '지본(知本)'은 "안연(顔淵)이 거의 부활할 조짐이 보이는구나! 불선한 일이 있으면 일찍이 알았으며, 안 다음에는 다시는 불선을 행하지 아니하니, 역에 말하길 머잖아 회복하니 후회에 이르지 않아 크게 길하다."고 하고, "복(復)은 작지만 물건을 분별하고, 회복함으로써 스스로 안다."는 공자의 말씀에서도 잘 나타난다.[127]

전체적으로 곤(坤)의 '이상견빙지(履霜堅氷至)'는 치지(致知)하기 위한 격물(格物), 복(復)의 '불원복 무지회 원길(不遠復 无祗悔 元吉)'은 물격(物格)에 의한 지지(知至)에 응한다.

지지지지(知至至之)와 지종종지(知終終之)

제4절 '차위지지지야(此謂知之至也)'는 앎이 완전히 내 몸에 이른 상태를 말한

---

125. 『주역(周易)』 곤(坤)괘 문언전(文言傳): 積善之家는 必有餘慶하고 積不善之家는 必有餘殃하나니 臣弑其君하며 子弑其父 非一朝一夕之故라 其所由來者 漸矣니 由辨之不早辨也니 易曰 履霜堅氷至라하니 蓋言順也라
126. 『주역(周易)』 복(復)괘: 初九는 不遠復이라 无祗悔니 元吉이니라 象曰 不遠之復은 以修身也라. / 계사전: 復은 德之本也라.
127. 『주역(周易)』 계사하전 제5장: 子曰 顔氏之子 其殆庶幾乎ᄂ져. 有不善이면 未嘗不知하며 知之면 未嘗復行也하나니 易曰不遠復이라 无祗悔니 元吉이라하니라. / 계사하전 제7장: 復은 小而辨於物하고, 復以自知코.

다. 이 구절은 공자가 종일토록 노력하는 군자에 대해 "군자가 덕에 나아가고 사업을 이루나니[進德修業], 충직함과 미더움이 덕에 나아가는 방법이고 말씀을 닦아 그 정성을 세움이 사업을 이루는 바이다. 이를 데를 알아 이르므로[知至至之] 가히 더불어 기미를 놓치지 않으며, 마칠 데를 알아 마치므로[知終終之] 가히 더불어 의로움을 보존한다. 이러한 까닭에 윗자리에 거처해도 교만하지 않으며 아랫자리에 있어도 근심하지 않는다."[128]라고 한 말씀에 잘 부합한다.

여기에서 '지지지지(知至至之)'는 내적인 진덕(進德), '지종종지(知終終之)'는 외적인 수업(修業)의 완성을 뜻하며, '지지지지(知至至之)'는 치지장 끝 절의 '지지지야(知之至也)'와 통한다.

연기(硏幾)와 지기(知幾)

'연기(硏幾)'는 사물의 조짐·기미를 살펴 연구하는 것이고, 연기(硏幾)하여 기미를 아는 것이 '지기(知幾)'이다.

『주역』계사전에 "대저 역은 성인이 깊은 데까지 극진히 하여 연기(硏幾)한 것이니, 오직 깊으므로 능히 천하의 뜻을 통하며, 오직 기미를 살피므로 능히 천하의 일을 이루며, 오직 신령하므로 빠르게 하지 아니해도 빠르며 행하지 않아도 이른다."[129]고 하였다. 이는 지정·지변·지신(至精·至變·至神)한 성인이 깊은 데까지 연기(硏幾)해서 격물치지의 극공(極功)을 천하 만물에까지 미친다는 내용이다.

또한 공자께서 "기미를 앎이 신묘하구나! 군자가 윗사람과 사귀되 아첨하지 않으며 아랫사람과 사귀되 모독하지 않으니, 그 기미를 앎이로다! 기미는

---

128. 『주역(周易)』건(乾)괘 문언전(文言傳): 子曰 君子進德修業하나니 忠信이 所以進德이오 修辭立其誠이 所以居業이라 知至至之라 可與幾也며 知終終之라 可與存義니 是故로 居上位而不驕하며 在下位而不憂하나니 故로 乾乾하야 因其時而惕하면 雖危나 无咎矣리라.
129. 『주역(周易)』계사상전 제10장: 夫易은 聖人之所以極深而硏幾也니 唯深也 故로 能通天下之志하며 唯幾也 故로 能成天下之務하며 唯神也 故로 不疾而速하며 不行而至하나니….

움직임의 미미함이니, 길흉이 먼저 나타나는 것이다. 군자가 그 기미를 보고서 종일을 기다리지 않고 시작하니, 역에 이르길 "절개가 돌이라. 날을 마치지 않으니 바르고 길하다[介于石 不終日 貞吉]."고 하였다. 절개가 돌과 같은데, 어찌 종일을 쓰리오? 판단해서 가히 알도다. 군자는 은미함도 알고 밝게 드러남도 알며 유(柔)도 알고 강(剛)도 알므로, 온 세상 사람들이 우러러 보는 것이다."[130]고 말씀하였다. 군자가 지기(知幾)하여 앞일을 예측함이 마치 신과 같은 경지임을 설명한 것이다.

---

130. 『주역(周易)』 계사하전 제5장: 子曰知幾 其神乎ᅟᅵ뎌. 君子 上交不諂하며 下交不瀆하나니 其知幾乎ᅟᅵ뎌. 幾者는 動之微니 吉之先見者也니 君子 見幾而作하야 不俟終日이니 易曰介于石이라 不終日이니 貞코 吉타하니 介如石焉커니 寧用終日이리오. 斷可識矣로다 君子 知微知彰知柔知剛하나니 萬夫之望이라.

제6장 誠意
성 의

	주자 장구본 전문(傳文)		야산 착간고정본 전문(傳文)
	성의(誠意)		성의(誠意)
1	所謂誠其意者 毋自欺也 如惡惡臭 如好好色 此之謂自謙 故 君子 必愼其獨也	1	所謂誠其意者 毋自欺也 如惡惡臭 如好好色 此之謂自謙 故 君子 必愼其獨也
2	小人 閒居 爲不善 無所不至 見君子而后 厭然揜其不善 而著其善 人之視己 如見其肺肝 然則何益矣 此謂誠於中 形於外 故 君子 必愼其獨也	2	小人 閒居 爲不善 無所不至 見君子而后 厭然揜其不善 而著其善 人之視己 如見其肺肝 然則何益矣 此謂誠於中 形於外 故 君子 必愼其獨也
3	曾子 曰十目所視 十手所指 其嚴乎	3	康誥 曰如保赤子 心誠求之 雖不中 不遠矣 未有學養子而后 嫁者也
4	富潤屋 德潤身 心廣體胖 故 君子 必誠其意	4	富潤屋 德潤身 心廣體胖 故 君子 必誠其意

21. 所謂誠其意者는 毋自欺也] 니
소 위 성 기 의 자 무 자 기 야

如惡惡臭하며 如好好色이 此之謂自謙이니
여 오 악 취 여 호 호 색 차 지 위 자 겸

故로 君子는 必愼其獨也] 니라
고 군 자 필 신 기 독 야

이른바 그 뜻을 성실히 한다는 것은 스스로 속임이 없음이니, 악취를 싫어하듯이 하며 좋은 빛을 좋아하듯이 함이야말로 이를 스스로 쾌족(快足)하다고 이르니, 그러므로 군자는 반드시 그 홀로를 삼가니라.

毋: 말 무 欺: 속일 기 惡: 미워할 오, 악할 악 謙: 쾌족할 겸 愼: 삼갈 신

주자「대학장구」해설

성기의(誠其意)란 스스로 닦는데 있어서 머리이다. 무(毋)는 금지사다. 자기(自欺)는 선행을 해서 악을 버릴 줄은 알지만, 마음이 발하는 바가 아직 실질이 없다는 의미이다. 겸(謙)은 마음이 흔쾌(欣快)·쾌족(快足)·만족(滿足)한 상태이다. 독(獨)은 남들은 모르고 자기만이 아는 자리이다. 수신하고자 하는 자는 선을 행하고 악을 버리며, 스스로를 속이지 말아야 한다. 악을 싫어함이 마치 악취 싫어하듯 하고 선을 좋아함이 마치 호색 좋아하듯 하여, 악을 힘써 결단하여 버리고 선을 구하여 반드시 얻어서 자기 스스로 쾌족(快足)할 것이지, 구차하게 밖을 좇아 남에게 보이기 위한 것이 되서는 안 된다. 그러나 뜻이 성실한가? 부실한가?는 남이 모르는 자기만이 홀로 아는 것이기에, 반드시 삼가하고 기미를 살펴야 한다.[131]

경전해설

제6장의 머리절목을 '소위(所謂)'의 문구로써 이끌어 흥기하고 있다. 뜻을 성실히 함은 스스로 거짓이 없어, 마치 악취를 싫어하고 아름다움을 좋아하듯이 흔연(欣然)한 것이다. 이를 자겸(自謙)이라고 한다. 주자는 겸(謙)을 쾌족(快足)하다고 표현하였다. 군자는 이러한 거리낌이 없는 스스로의 쾌족함을 즐거워하므로, 그 성실함을 귀중하게 여기고 이를 위해 속이지 않고자 홀로 있을 때를 삼간다.

'무자기야(毋自欺也)'는 정직함을 뜻하므로, 치지(致知)에 관계된다. 공자가 자로에게 "아는 것을 안다고 하고 모르는 것을 모른다고 함이 바로 아는 것이

---

131. 「대학장구(大學章句)」 주(註): 誠其意者 自脩之首也 毋者 禁止之辭 自欺云者 知爲善以去惡而心之所發 未有實也 謙 快也 足也 獨者 人所不知而己所獨知之地也 言欲自修者 知爲善以去其惡則當實用其力而禁止其自欺 使其惡惡則如惡惡臭 好善則如好好色 皆務決去而求必得之 以自快足於己 不可徒苟且以徇外而爲人也 然 其實與不實 蓋有他人所不及而己獨知之者故 必謹之於此 以審其幾焉.
　欺: 속일 기 徒: 무리 도, 한갓 도 徇: 주창할 순, 따를 순

다."¹³²고 말씀한 바와 같이 사물에 나아가 이치를 왜곡(歪曲)하지 않고 정직(正直)하게 임함이 지(知)에 이르는 길이다. 치지장 다음인 성의장 머리글에 '속임 없음'을 말한 것은 정직한 뒤에야 앎에 이르러 성실할 수 있기 때문이다.

'필신기독(必愼其獨)'으로써 끝맺음은 홀로 있을 때도 삼가 부끄러움이 없다면, 어느 때이든 성실할 수 있다는 설명이다. 『중용』에 "네가 집안에 있는 것을 보니, 은벽한 구석방[屋漏]에서도 부끄러움이 없구나!"라는 『시경』 구절을 인용하여, 군자가 신독(愼獨)하기에 거동하지 않아도 공경하며 말하지 않아도 믿게 된다고 하였다.¹³³

22. 小人이 閒居에 爲不善호대 無所不至하다가
소인   한거   위불선   무소부지

見君子而后에 厭然揜其不善하고 而著其善하나니
견군자이후   안연엄기불선   이저기선

人之視己ㅣ 如見其肺肝이니 然則何益矣리오
인지시기   여견기폐간   연즉하익의

此謂誠於中이면 形於外니
차위성어중   형어외

故로 君子는 必愼其獨也ㅣ니라.
고   군자   필신기독야

소인이 한가로이 거처할 때, 불선을 행함이 이르지 않는 바가 없다가 군자를 보고난 뒤에 슬며시 그 불선을 가리고 선을 드러내지만, 남들이 자기를 알아봄이 마치 그 폐장과 간장을 보듯이 하니 그렇다면 어찌 유익하겠는가! 이를 일러 "속마음이 성실하면 밖으로 드러난다."라고 하니 그러므로 군자는 반드시 그 홀로를 삼가니라.

閒: 틈 한, 막을 한 居: 있을 거 厭: 싫을 염, 숨길 안 揜: 가릴 엄 肺: 허파 폐 肝: 간 간 益: 더할 익
愼: 삼갈 신 獨: 홀로 독

---

132. 『논어(論語)』 위정(爲政)편: 子曰 由아 誨女知之乎ㄴ저 知之謂知之오 不知謂不知 是知也니라.
133. 『중용(中庸)』 제33장: 詩云相在爾室혼대 尙不愧于屋漏라하니 故로 君子는 不動而敬하며 不言而信이니라.

주자「대학장구」해설

한거(閒居)는 혼자 있을 때다. 안연(厭然)은 소멸·저지·은폐·사장하는 모양이다. 이는 소인이 속으로 불선하면서 겉으로 이를 슬쩍 가리고자 하는 것이니, 선은 마땅히 행하고 악은 버려야 함을 알지 못해서가 아니고, 실제 노력을 하지 않아서 속이는 데에 이를 뿐이라는 말이다. 그러나 악을 가리고자 하나 가리지 못하고, 선인 양 속이려 해도 속이지 못하니, 어찌 유익하겠는가? 이는 군자가 거듭 경계삼아 반드시 혼자 있을 때를 삼가는 이유이다.[134]

경전해설

제1절은 자신을 속이지 않는 군자의 예이고 제2절은 속이는 소인의 예이니, 군자와 소인을 대비하여 '신독(愼獨)'이 성의의 요체임을 강조한 것이다.

군자는 덕을 닦는데 온 정성을 다하고 남몰래 선을 지극히 행한다. 소인은 남에게 인정받고자 하므로, 거짓 착한체하며 온갖 허물을 짓는다. 그러나 속이려 해도 불선한 속마음이 자연 밖으로 드러나기 마련이어서, 그 마음을 폐와 간을 들여다보듯이 남들이 보고 있다는 것이다. 하물며 군자를 속이기는 더욱 불가능한 일이므로 유익할 바가 없다.

모름지기 군자는 난초의 향기가 퍼지듯 속마음의 성실함이 세상에 알려져 절로 유익하고, 소인은 거짓된 위선이 환히 드러나 반드시 손해를 본다.『중용』에도 "군자의 도는 어두운 듯해도 나날이 빛나고, 소인의 도는 환한 듯해도 나날이 없어진다."고 하였으니 이를 두고 이른 것이다.[135]

---

134. 「대학장구(大學章句)」주(註): 閒居 獨處也 厭然 消沮閉藏之貌 此 言小人 陰爲不善而陽欲揜之則是非不知善之當爲 與惡之當去也 但不能實用其力 以至此耳 然 欲揜其惡而卒不可揜 欲詐爲善而卒不可詐則亦何益之有哉 此 君子所以重以爲戒而必謹其獨也. 閒: 막을 한, 한가할 한 沮: 막을 저 但: 다만 단 詐: 속일 사
135. 『중용(中庸)』제33장: 詩曰衣錦尙絅이라하니 惡其文之著也라 故로 君子之道는 闇然而日章하고 小人之道는 的然而日亡하나니 君子之道는 淡而不厭하며 簡而文하며 溫而理니 知遠之近하며 知風之自하며 知微之顯이면 可與入德矣리라.

23. 康誥에 曰如保赤子라 하니
강 고   왈 여 보 적 자

心誠求之면 雖不中이나 不遠矣니
심 성 구 지   수 부 중   불 원 의

未有學養子而后에 嫁者也ㅣ니라.
미 유 학 양 자 이 후   가 자 야

강고에 이르기를 "갓난 아이 돌보듯 하라." 하니 마음으로 정성껏 구하면 비록 딱 들어맞는 중(中)은 아닐지라도 멀지 않으니, 자식 기르는 것을 배운 뒤에 시집가는 자는 있지 않느니라.

康: 편안할 강　誥: 고할 고　赤: 붉을 적　嫁: 시집갈 가

주자「대학장구」해설

『서경』에 나오는 문구를 인용해서 풀이하고, 가르침을 세우는 근본은 억지로 해서는 안 되고, 그 단서를 알아서 미루어 넓혀 나가는데 있을 뿐임을 밝힌 것이다.[136]

경전해설

제1절, 2절에 군자·소인의 상대적인 비교를 하여 신독(愼獨)이 성의(誠意)의 극치임을 설명하였다. 그 다음 일반 사람이 할 수 있는 성의(誠意)는 벌거숭이인 갓난아기 돌보듯, 또는 적자지심(赤子之心)을 잃지 않으면 어렵지 않음을 밝힌 것이다.

뒤 구절에 처녀가 자식 낳아 기르는 법을 미리 배우고 시집가는 이가 없음을 말하였다. 이는 아무리 어리석은 사람도 정성을 다하면, 비록 도에 합일하지는 못할지라도 중도(中道)에서 크게 벗어나지는 않는다는 의미이다.

앞에 이른 뒤에 뜻이 성실해진다고 하였으나, 나면서부터 알아 편안히 행

---

136. 「대학장구(大學章句)」주(註): 此 引書而釋之 又明立敎之本 不假强爲 在識其端而推廣之耳.

하는 '생지안행(生知安行)'의 성인이 아니고서는 참으로 어려운 일이다. 그러나 『중용』에 '지성여신(至誠如神)'을 얘기했듯이 지성(至誠)이면 감천(感天)이므로, 누구든지 성심으로 행하면 도가 멀지않음을 밝혀서 쉽게 인도하고자 한 것이다.[137]

『중용』에 이르기를 "지성(至誠)에는 미치지 못하나 그 다음은 곡진(曲盡)함으로 이룸이 있다. 곡진함에는 정성이 있고, 정성이 있으면 나타나고, 나타나면 드러나고, 드러나면 밝아지고, 밝아지면 움직이고, 움직이면 변하고, 변하면 화(化)한다."고 하였다. 뒤이어 만물을 능히 화육할 수 있는 이는 오직 천하의 지성(至誠)한 성인(聖人)뿐임을 말하고 있다.[138]

고정논지

이 절은 본래 「대학장구」의 제9장인 제가치국에 있었던 것을 이곳에 고정하여 놓았다. 앞의 소인(小人)절 뒤에 있는 '성어중 형어외(誠於中 形於外)'와 이 절의 '심성구지 수부중 불원의(心誠求之 雖不中 不遠矣)'의 내용이 연계되는 데다, 둘 다 성(誠)과 중(中)을 언급하고 있으므로, 성의장에 있는 연유이다.

24. 富潤屋이오 德潤身이라 心廣體胖하나니
   부윤옥   덕윤신   심광체반
故로 君子는 必誠其意니라.
   고   군자   필성기의

부유함은 집을 윤택하게 하고 덕은 몸을 윤택하게 함이라. 마음이 넓어지고 몸이 살찌나니 그러므로 군자는 반드시 그 뜻을 성실히 하니라.

潤: 윤택할 윤 屋: 집 옥 廣: 넓을 광 胖: 살찔 반

---

[137] 『중용(中庸)』 제24장: 至誠之道는 可以前知니 國家將興에 必有禎祥하며 國家將亡에 必有妖孼하야 見乎蓍龜하며 動乎四體라 禍福將至에 善을 必先知之하며 不善을 必先知之니 故로 至誠은 如神이니라.
[138] 『중용(中庸)』 제23장: 其次는 致曲이니 曲能有誠이니 誠則形하고 形則著하고 著則明하고 明則動하고 動則變하고 變則化니 唯天下至誠이아 爲能化니라.

주자「대학장구」해설

반(胖)은 편안하여 펴져있는 안서(安舒)이다. 부유하면 능히 집을 윤택하게 꾸미고 덕이 있으면 심신이 편안하여 몸이 윤택해진다. 마음에 부끄러움이 없으면 넓고 커지며 너그럽고 평안하여 몸이 항상 펴져있고 태연하니, 덕이 몸을 윤택하게 한다. 대개 선함이 마음속에 가득차서 밖으로 드러난다는 것이 이와 같다. 그래서 이로써 끝을 맺은 것이다.[139]

경전해설

마지막 제4절에는 성의로 말미암은 심신의 윤택함을 말하여 군자가 반드시 그 뜻을 성실히 두어야함을 강조하고 있다. 집이 윤택하려면 부유해야 하고 몸이 윤택하려면 덕이 있어야 하듯이, 마음이 넓어지고 몸이 항시 편안하여 심신이 윤택해지려면 성의(誠意) 여부에 달려있음을 설명한 것이다.

심광체반(心廣體胖)을 체득하면 덕업을 이루어 천하를 평치할 수 있다. 순임금이 여기에 속한다. 오직 지극한 정성으로 자신뿐만이 아니라 온 천하를 윤택하게 하였으므로, 성인의 덕과 천자의 존귀함과 천하의 부를 함께 누렸다.

『중용』에 "큰 덕을 갖추면 반드시 그 지위를 얻으며, 반드시 그 녹(祿)을 얻으며, 반드시 그 이름을 얻으며, 반드시 그 수를 누린다."고 하고, "하늘이 보우하시고 거듭 명을 내리니, 반드시 천명을 받는다."고 하였다. 천하의 지성(至誠)을 갖춘 이라야 능히 도달할 수 있는 일이다.[140]

---

[139]. 「대학장구(大學章句)」주(註): 胖 安舒也 言富則能潤屋矣 德則能潤身矣 故 心無愧怍則廣大寬平而體常舒泰 德之潤身者然也 蓋善之實於中而形於外者如此 故 又言此以結之. 舒: 펼 서, 열릴 서 愧: 부끄러워할 괴 怍: 부끄러워할 작 寬: 너그러울 관

[140]. 『중용(中庸)』제17장: 子曰舜은 其大孝也與신저 德爲聖人이시고 尊爲天子아시고 富有四海之內하사 宗廟饗之하시며 子孫保之하시니라. 故로 大德은 必得其位하며 必得其祿하며 必得其名하며 必得其壽니라 / 詩曰嘉樂君子의 憲憲令德이 宜民宜人이라. 受祿于天이어늘 保佑命之하시고 自天申之라하니라. 故로 大德者는 必受命이니라.

전문 6장 성의 총설

右는 傳之六章이니 釋誠意 四節이라
우 전지육장   석성의 사절

우는 전문의 6장이니 성의를 해석한 4절이라.

이 장은 앎에 이른 뒤에 자연 뜻이 성실해짐을 설명한 내용이다. 성의장까지는 강목에 대해 하나씩 논거하고 있으며, 이후 정심수신(正心修身)부터는 두 조목을 연계하여 선후본말의 이치로써 장(章)을 전개하고 있다.

제1절인 무기(毋欺)절은 스스로 속임이 없어야 성의할 수 있음을 지적하여 신독(愼獨)을 말하고, 제2절인 소인(小人)절에도 속마음의 성실함이 자연 밖으로 드러나므로 군자가 반드시 신독해야 함을 다시 강조하였다.

제3절인 적자(赤子)절에서는 강보에 쌓인 아기를 보호하듯, 마음으로 정성을 다하면 비록 중(中)에 도달하지 못하더라도 도에서 멀지 않음을 말하고, 제4절인 부윤(富潤)절에서는 부유함·후덕함이 집·몸을 윤택하게 하고 마음이 넓어짐에 몸이 살찌듯이, 반드시 그 뜻을 성실히 하여 덕을 길러야 함을 말하였다.

본문의 제1, 2, 4절에 모두 '반드시 필(必)'자를 넣어 성의의 중요성을 거듭 강조하고 있다. 이를 미루어 보면, 팔조목에서 가장 중요한 곳이 성의장임을 알 수 있다. 『대학』의 성의장 제1절, 2절에서 말한 신독(愼獨)은 『중용』 1장에도 거듭 언급되고 있다. 모두 성의(誠意)를 중시하기 때문이다. 자사가 『중용』을 지어 증자의 학맥을 이었다는 근거가 이 성의장의 신독에 대한 구절이다.[141]

---

[141] 『중용(中庸)』 제1장: 道也者는 不可須臾離也니 可離면 非道也라 是故로 君子는 戒愼乎其所不睹하며 恐懼乎其所不聞이니라. 莫見乎隱이며 莫顯乎微니 故로 君子는 愼其獨也니라.

『중용』과 『대학』은 내외표리(內外表裏)를 이룬다. 『중용』 원문과 『대학』 강목에서 확연히 나타난다. 『중용』에 이르길, "정성[誠] 그 자체는 하늘의 도이다. 억지로 힘쓰지 아니해도 도(道)에 맞으며, 생각하지 않아도 깨달음을 얻어 그대로 중도(中道)에 합하니, 이는 성인의 경지이다. 정성을 기울여 나아가는 성지(誠之)는 사람의 도이다. 선을 가려 이를 굳게 잡고 나아가는 자이다."[142]고 하였다.

여기에서 명덕의 본체는 하늘의 성(誠)에 의하고, 이를 힘써 밝히는 명명덕은 성지(誠之)임을 알 수 있다. 또한 "성(誠)은 스스로 자신을 이룰 뿐만 아니라 남도 이룰 수 있다. 자신을 이룸은 인(仁)이고, 남을 이룸은 지(知)니 이는 성품의 덕이다. 내외를 합한 도니 군자가 어느 때든 마땅함을 둔다."[143]고 하였다. 이는 안으로 명덕[內仁]을 밝히고 밖으로 친민·신민[外知]의 업을 이루어, 마침내 지어지선[合道]의 경지에 달해 시중(時中)의 도를 완성함을 이른다.

그리고 "성(誠)은 물(物)의 종시이니 정성함이 없으면 물(物)마저 없기에, 군자는 성지(誠之)를 귀중히 여긴다."[144]고 하였다. 이 구절은 격물장에서 "사물의 본말종시를 알아 선후할 바를 알면 도에 가깝다."하고, 성의장에서 "갓난아기를 보호하듯이, 마음으로 정성을 다하면 비록 도에 맞지는 않아도 그리 멀지 않다."고 한 내용과 통한다.

참고

성(誠)은 말씀[言]한 바를 그대로 이루기[成] 위해 온 정성을 기울인다는 데서 '정성(精誠)', 진실하고 망령됨이 없는 데서 '진실로, 진실'의 뜻이다.

---

142. 『중용(中庸)』 제20장: 誠者는 天之道也오 誠之者는 人之道也니 誠者는 不勉而中하며 不思而得하야 從容中道하나니 聖人也오 誠之者는 擇善而固執之者也니라.
143. 『중용(中庸)』 제25장: 誠者는 非自成己而已也라 所以成物也니 成己는 仁也오 成物은 知也니 性之德也라 合內外之道也니 故로 時措之宜也니라.
144. 『중용(中庸)』 제25장: 誠者는 物之終始니 不誠이면 無物이니 是故로 君子는 誠之爲貴니라.

의(意)는 소리[音]를 들으면 마음[心] 속에 품고 있는 '뜻, 의미, 생각'을 알 수 있음을 가리킨다. 대개 음(音)은 혀를 움직여[曰] 나오는 분명한[立] 소리, '소리 성(聲)'은 귀에 들리는 자연의 소리 등을 이른다.

고정논지

「대학장구」에서는 증자(曾子)절이 성의장에 있고 이 적자(赤子)절이 제가치국에 있었으나, 「착간고정」에서는 증자(曾子)절을 정심수신에 두고 적자(赤子)절을 이곳 성의장에 놓아 고정하였다.

이 성의(誠意)장은 성(誠)을 요체로 하는 『중용』에 큰 영향을 미친 조목이다. 『대학』에서의 성의(誠意)는 『중용』에서 말한 천도의 '성(誠)'보다 인도의 '성지(誠之)'에 가깝다고 할 수 있다. 성의가 마음속의 뜻을 성실히 하는 것이라면, 성지는 '택선고집(擇善固執)' 즉 선을 가려 굳게 잡고 나아가는 것이다.

신독(愼獨)과 무민(无悶)

제1,2절목에 거듭 '필신기독(必愼其獨)'을 언급한 데서 성의의 요체가 신독(愼獨)임을 알 수 있다. 『중용』에도 "은미한 것보다 나타나고 드러나는 것이 없으니, 군자는 그 홀로를 삼가니라[愼其獨也]."고 하여 신독(愼獨)을 강조하고 있다.

제1절에 "성의는 스스로 속임이 없음이니 악취를 싫어하고 호색을 좋아하듯이 흔연한 것이다. 그러므로 군자는 그 홀로를 삼가니라."고 말한 것은 자신을 돌이켜 보아 한 점 부끄러움이 없다는 뜻이다.

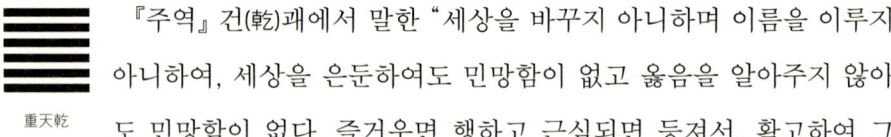
重天乾

『주역』 건(乾)괘에서 말한 "세상을 바꾸지 아니하며 이름을 이루지 아니하여, 세상을 은둔하여도 민망함이 없고 옳음을 알아주지 않아도 민망함이 없다. 즐거우면 행하고 근심되면 등져서, 확고하여 그

가히 뽑을 수 없으므로 잠용(潛龍)이라 한다."는 설명과 전후내용이 통한다.[145]

문장을 대비하면 '무자기야(毋自欺也)'는 '무민(无悶)'에, '여오악취 여호호색(如惡惡臭 如好好色)'은 '낙즉행지 우즉위지(樂則行之 憂則違之)'에, '신독(愼獨)'은 '잠룡(潛龍)'에 상응한다.

『주역』 대과(大過)괘에도 본말이 전도되어 온 세상이 큰 허물을 짓는 위태로운 시기에 "군자는 홀로 서도 두려움이 없으며, 속세를 떠나도 부끄러움이 없다[獨立不懼 遯世无悶]."고 하였다. 또한 이러한 때에 민초들은 소박한 정성을 들여 헤쳐 나가야 하므로, "제사를 지내고자 흰 띠를 쓰니 허물이 없다하니, 공자 말씀하시되 '진실로 제물을 땅에 두더라도 괜찮거늘 흰 띠를 써서 자리를 까니, 무슨 허물이 있으랴? 삼감이 지극함이라. 띠라는 물건이 천박하나 쓰임은 가히 귀중하니, 이 방법을 삼가 쓰면 잃는 바가 없으리라.'"고 부연설명한 데에서 신(愼)과 독(獨)이 언급된다.[146]

성즉형(誠則形)

제2절목에 소인의 위선을 군자가 속까지 환히 들여다보고 있음을 말하고, 내면이 성실하면 자연 밖으로 모습이 드러남을 들어 군자의 신독을 강조하고 있다.

『대학』의 '성어중 형어외(誠於中 形於外)'에 의거하여, 『중용』에서는 "곡진하면 능히 성실함이 있으니, 성실하면 나타나고, 나타나면 드러나고, 드러나면 밝아지고, 밝으면 움직이고, 움직이면 변하고, 변하면 화한다."고 하여 곡·성·형·저·명·동·변·화(曲·誠·形·著·明·動·變·化)의 8단계로써 구체적인 설

---

[145]. 『주역(周易)』 건(乾)괘 문언전(文言傳): 初九曰 潛龍勿用은 何謂也오. 子曰 龍德而隱者也니 不易乎世하며 不成乎名하야 遯世无悶하며 不見是而无悶하야 樂則行之하고 憂則違之하야 確乎其不可拔이나 潛龍也라.
[146]. 『주역(周易)』 대과(大過)괘: 象曰 澤滅木 大過니 君子 以하야 獨立不懼하며 遯世无悶하나니라.
/ 계사상전 제8장: 初六藉用白茅니 无咎라하니 子曰苟錯諸地라도 而可矣어늘 藉之用茅하니 何咎之有리오 愼之至也니라. 夫茅之爲物이 薄而用은 可重也니 愼斯術也하야 以往이면 其无所失矣리라.

명을 하고 있다.[147]

『대학』・『중용』의 근본서인 『주역』에서도 공자께서 '성어중 형어외(誠於中 形於外)'에 해당하는 건(乾)괘 제2효를 가리켜 "용덕이 바르게 가운데 한 것이니, 평상시 말을 함에 미덥게 하며 평상시 행실은 삼가 하여, 간사함을 막고 그 정성을 보존한다."고 말씀하였다.[148]

불습불경(不習不耕)과 성경공부(誠敬工夫)

앞 절목에서 소인과 군자의 대비를 통해 신독을 강조하고, 제3절목에서는 갓난아기를 보호하듯 정성을 기울이면 비록 그 중(中)에 이르지 못하더라도 멀지 않음을 말하였다. 그 구체적 근거로 자식 낳고 양육하는 방법까지 배우고서 시집가는 경우가 없음을 비유하여, 격물치지를 이루지 못한 보통 사람도 뜻을 성실히 할 수 있음을 밝힌 것이다. 절목의 중(中)에 해당하는 제2절목의 '성어중 형어외(誠於中 形於外)'와 제3절목의 '수부중 불원의(雖不中 不遠矣)'에 거듭 중(中)을 언급하여, 천하의 대본인 중(中)에 성실하여야 함을 강조하고 있다.

『주역』 곤(坤)괘 제2효에 "곧고 방정하여 큰지라. 익히지 않더라도 이롭지 않음이 없다."고 이르고, 무망(无妄)괘 제2효에 "밭을 갈지 않아도 수확하며, 묵히지 않아도 옥토로 변한다."고 하였다.[149] 이는 모두 "심성구지(心誠求之)면 수부중(雖不中)이나 불원의(不遠矣)니라."고 하고, 뒤이어 "자식 양육함을 배우고서 시집가는 자가 없다[未有學養子而后 嫁者也]."고 한 내용과 통한다.

---

[147] 『중용(中庸)』 제23장: 其次는 致曲이니 曲能有誠이니 誠則形하고 形則著하고 著則明하고 明則動하고 動則變하고 變則化니 唯天下至誠이아 爲能化니라.
[148] 『주역(周易)』 건(乾)괘 문언전(文言傳): 九二曰 見龍在田利見大人은 何謂也오. 子曰 龍德而正中者也니 庸言之信하며 庸行之謹하야 閑邪存其誠하며 善世而不伐하며 德博而化니 易曰 見龍在田利見大人이라하니 君德也라.
[149] 『주역(周易)』 곤(坤)괘: 六二는 直方大라 不習이라도 无不利하니라.
   / 무망(无妄)괘: 六二는 不耕하야 穫하며 不菑하야 畬니 則利有攸往하니라.

『주역』 문언전을 살피면, 득중한 건괘 제2효에 '한사존성(閑邪存誠)', 이에 짝하는 곤괘 제2효에 '경이직내(敬以直內)'라 하여 성·경(誠·敬)을 언급하고 있다. 성·경(誠·敬)은 하늘의 '지성무식(至誠無息)'과 땅의 '내순승천(乃順承天)'하는 이치를 따른 것으로 상하본말의 관계이다. 먼저 공경하는 마음과 예로써 자신을 다스려야만 밖으로 간사함을 막고 안으로 성(誠)을 보존할 수 있으니, 천지와 사람의 도는 성·경(誠·敬)일 따름이다.

성(誠)과 성언호간(成言乎艮)

앞의 치지장 제1절목에서 지지(知止)로부터 능득(能得)에 이르는 6단계를 간(艮)괘의 육효(六爻)에 비겨 살펴보았다. 간괘를 다 이룸은 곧 앎이 내 몸에 이르러서 온전히 뜻이 성실해짐을 말한다. 도탑게 그치는 '돈간(敦艮)'의 경지가 성(誠)과 통한다고 할 수 있다. → 제5장 치지 총설 참조

성(誠)은 말한[言] 바대로 그대로 이루는[成] 것을 뜻한다. 『주역』 계사전에도 간방에서 말씀을 이룬다는 '성언호간(成言乎艮)'을 언급하였다. 뒤이어 "만물을 마치고 시작하는 곳이 간방보다 성한 것이 없다[終萬物始萬物者 莫盛乎艮]."고 하고, 『중용』에 "성(誠)은 물(物)의 마침과 시작이니, 정성함이 없으면 물(物)이 없다[誠者 物之終始 不誠 無物]."고 한 바에서 성(誠)에 이르는 관문이 간(艮)임을 알 수 있다.

제7장 正心修身
정심수신

	주자 장구본 전문(傳文) 정심수신(正心修身)		야산 착간고정본 전문(傳文) 정심수신(正心修身)
1	所謂修身 在正其心者 身 有所忿懥則不得其正 有所恐懼則不得其正 有所好樂則 不得其正 有所憂患則不得其正	1	所謂修身 在正其心者 身 有所忿懥則不得其正 有所恐懼則不得其正 有所好樂則 不得其正 有所憂患則不得其正
2	心不在焉 視而不見 聽而不聞 食而不知其味	2	曾子 曰十目所視 十手所指 其嚴乎
3	此謂修身 在正其心	3	心不在焉 視而不見 聽而不聞 食而不知其味
		4	此謂修身 在正其心

25. 所謂修身이 在正其心者는 身이
소위수신 재정기심자 신

有所忿懥則不得其正하고 有所恐懼則不得其正하고
유 소 분 치 즉 부 득 기 정   유 소 공 구 즉 부 득 기 정

有所好樂則不得其正하고 有所憂患則不得其正이니라.
유 소 호 요 즉 부 득 기 정   유 소 우 환 즉 부 득 기 정

이른바 몸을 닦는 것이 그 마음을 바르게 하는 데 있다는 것은, 내 몸에 성내고 노여워하는 바가 있으면 (마음의) 그 바름을 얻지 못하고, 두려워하고 무서워하는 바가 있으면 (마음의) 그 바름을 얻지 못하고, 좋아하고 즐겨하는 바가 있으면 (마음의) 그 바름을 얻지 못하고, 걱정하고 근심하는 바가 있으면 (마음의) 그 바름을 얻지 못하게 되니라.

忿: 성낼 분 懥: 성낼 치 恐: 두려울 공 懼: 두려워할 구

주자「대학장구」해설

　정자께서는 신유(身有)의 신(身)은 마땅히 '마음 심(心)'자로 바꿔야 한다고 하였다. 분치(忿懥)는 '성낼 노(怒)'이다. 이 네 가지는 마음의 쓰임[用]이고, 사람이 능히 없지 않는 바이나, 그것을 성찰(省察)하지 못하면 곧 욕심이 동하고 감정이 이기게 되어, 그 쓰임의 행하는 바가 혹 바름을 잃을 것이다.[150]

경전해설

　몸을 닦았는가의 여부는 마음의 작용이 몸 밖으로 표현된 바를 보면 알 수 있다. 이 절에 언급된 분치・공구・호요・우환(忿懥・恐懼・好樂・憂患)은 마음의 작용이다. 누구나 있으나 스스로 삼가 살피지 않으면, 평정을 잃고 사사롭게 치우쳐 그 바름을 잃게 된다. 그러므로 공자께서『주역』계사전에 "덜어냄은 덕의 닦음이다[損은 德之修也]."고 하고, 손(損)괘에 분노를 징계하고 욕심을 막아야 한다는 '징분질욕(懲忿窒欲)'을 말씀하여 경계하였다.

　항시 절도에 맞게 마음이 발현되면 도를 벗어나지 않아 바른 길로 나아간다. 이것이 곧 마음을 바루어 몸을 닦는 '정심수신(正心修身)'이다.『중용』에 "희로애락이 아직 발현되지 않았을 때를 중(中), 발하되 모두 절도에 맞음을 화(和)라고 이르니, 중(中)은 천하의 큰 근본이고 화(和)는 천하에 통용되는 길이다."[151]고 하였다. 정심수신(正心修身)은『중용』의 화(和)에 상응한다고 할 수 있다.

　정자는 분치・공구・호요・우환(忿懥・恐懼・好樂・憂患)이 모두 마음의 작용임을 지적하여, 이 구절 앞에 있는 신(身)을 심(心)으로 고쳐야한다고 하였다. 그러나 희로애락 등 마음의 감정은 모두 몸을 통하여 밖으로 드러난다. 여기서는 자신(自身)의 몸 밖으로 마음의 움직임이 표출된 바를 말하므로, 원문의 신(身)이

---

150. 「대학장구(大學章句)」주(註): 程子曰 身有之身 當作心 忿懥 怒也 蓋是四者 皆心之用而人所不能無者 然 一有之而不能察則欲動情勝而其用之所行 或不能不失其正矣.

151. 『중용(中庸)』제1장: 喜怒哀樂之未發을 謂之中이오 發而皆中節을 謂之和니 中也者는 天下之大本也오 和也者는 天下之達道也니라.

맞는다고 보아야 한다. 왜냐하면 이 장을 지난 수신제가장에 인(人), 제가치국장에 민(民 또는 家), 치국평천하장에 상(上)을 위주로 하여 신·인·민·상(身·人·民·上)의 순차 흐름으로써 구분하고 있기 때문이다.

> 所謂修身이 在正其心者는 ⑨이 有所忿懥則不得其正하고 ---
> 所謂齊其家 在修其身者는 ⑨이 之其所親愛而辟焉하며 ---
> 所謂治國이 必先齊其家者는 其⑨를 --- / 詩云 樂只君子여 ⑨之父母라하니
> 所謂平天下 在治其國者는 ⑨이 老老而民이 興孝하며 ---

26. 曾子ㅣ 曰十目所視며 十手所指니 其嚴乎ㄴ저.
증자 왈십목소시 십수소지 기엄호

증자 이르길 "열 눈이 보는 바이며, 열 손가락이 가리키는 바이니 그 엄하구나!"라고 하셨다.

視: 볼 시 指: 가리킬 지 嚴: 엄할 엄

주자「대학장구」해설

비록 그윽이 홀로 있는 가운데도 선악을 가릴 수 없으니, 가히 두려움이 심함을 말씀한 것이다.[152]

경전해설

증자의 말씀을 직접 인용한 구절로서,『대학』이 증자와 그 문인에 의해 지어졌음을 알 수 있는 대목이다. 주위의 모든 사람들이 자신의 언행을 주목(注目)하고 지적(指摘)하고 있으니, 진실로 두려워하고 마음가짐을 바로 하여 몸을

---

[152] 「대학장구(大學章句)」주(註): 引此 以明上文之意 言雖幽獨之中 而其善惡之不可揜 如此 可畏之甚也.

닦아야 함을 말씀한 것이다.

「대학장구」에서는 이를 성의장에 넣어 신독(愼獨)에 관계된 내용으로 보았다. 그러나 자세히 살펴보면, 눈과 손가락이 모두 신체부위이며, 바라보고 가리키는 것 또한 몸동작일 뿐이다. 다음 절인 심부재(心不在)절에도 보고 듣고 먹는 일신(一身)의 행위를 예로 두어, 마음을 바로 두어야만 이 몸에서 사물이 보이고 소리를 듣고 맛을 느낄 수 있음을 강조하고 있다. 이를 미루어보면 이 절이 정심수신장에 두어야 함이 마땅하다.

『논어』에도 증자가 "나는 매일 세 가지로 내 몸을 성찰하니, 남을 위해 일을 도모함에 마음을 다하지 않았는가? 벗과 사귐에 미덥지 않았는가? 전해주신 가르침을 익히지 않았는가?"[153]라고 말씀하였다.

27. 心不在焉이면 視而不見하며
심부재언   시이불견
聽而不聞하며 食而不知其味니라.
청이불문   식이부지기미

마음에 있지 아니하면 보아도 보이지 않고, 들어도 들리지 아니하며, 먹어도 그 맛을 알지 못하니라.

주자「대학장구」해설

마음이 존재하지 아니하면 그 몸을 점검(點檢)하지 못한다. 군자는 반드시 이를 성찰하여 공경함(敬)으로써 올곧게 한 후에, 이 마음이 항시 존재하여 몸이 닦이지 않음이 없다.[154]

---

[153] 『논어(論語)』 학이(學而)편: 曾子曰 吾日三省吾身하노니 爲人謀而不忠乎아 與朋友交而不信乎아 傳不習乎아니라.
[154] 「대학장구(大學章句)」주(註): 心有不存則無以檢其身 是以 君子 必察乎此而敬以直之然後 此心 常存而身無不脩也. 檢: 단속할 검

경전해설

 이 절은 마음이 없으면 실제 눈으로 보아도 보이지 않으며, 귀로 들어도 들리지 않으며, 입으로 먹어도 음식 맛을 느끼지 못하는 이치를 들어, 일신(一身)의 주인은 이 마음이며 마음이 안주할 바는 이 몸임을 강조하였다.

 사람은 눈으로 보고 귀로 듣고 코로 냄새 맡고 혀로 맛보고 몸으로 접촉하며 살아간다. 마음으로 살피지 않으면 몸을 주재(主宰)할 수가 없어, 도에 밝지 못하고 행할 수도 없다. 『중용』에 "사람들이 음식을 먹고 마시지만, 능히 그 맛을 아는 이가 적다.", 『음부경』에 "마음이 물건에서 생겨나서 물건에서 죽으니, 기틀이 눈에 있다."고 한 말씀도 같은 내용이다.[155]

 마음을 담아주는 용기(容器)는 몸이다. 마음을 바로두지 아니하면 몸은 마치 주인 없는 나룻배와 같아진다. 나아갈 방향을 잃고 표류·좌초·파손되기 때문에, 몸과 마음은 떼려야 뗄 수가 없다. 따라서 정심·수신하여야 심신(心身)의 합일을 이루고 도가 떠나지 않는다.

 『주역』에 "군자가 공경함으로써 안을 곧게 하고, 의로움으로써 밖을 방정하게 한다."[156]고 한 바가 이 정심수신장에 상응하는 내용이다.

28. 此謂修身이 在正其心이니라.
차 위 수 신　　재 정 기 심

 이를 일러 "몸을 닦음이 그 마음을 바르게 함에 있다"고 함이라.

경전해설

 마지막 제4절 차위(此謂)는 앞의 문장을 이끌어 결론에 이르도록 한 도출문

---

[155]. 『음부경(陰符經)』 하편(下篇): 心生于物하고 死于物하나니 機在於目이니라. /
　　　『중용(中庸)』 제4장: 人莫不飮食也언마는 鮮能知味也니라.
[156]. 『주역(周易)』 곤(坤)괘 문언전(文言傳): 直은 其正也오 方은 其義也니 君子 敬以直內하고義以方外하야 敬義立而德不孤하나니……

구이고, 제1절 소위(所謂)는 뒤의 문장을 일으켜 세우는 도입문구이다.

제1절에서는 몸 밖으로 표현된 마음의 작용이 한 쪽으로 치우치면 바른 마음으로 몸을 닦지 못한 징표임을 말하고, 제2절에는 자신의 언행을 모든 이가 지목하고 있으므로 마땅히 두려움을 알아 심신을 바로 닦아야 함을 강조하였으며, 제3절에는 마음이 몸을 주재함을 말하여 선후본말을 밝혔다. 그리고 마지막 제4절에 전체 세 절이 모두 마음을 바로 하여야 몸이 닦이는 내용임을 밝혀 결론을 짓고 있다.

앞의 성의장 제2절 '성어중 형어외(誠於中 形於外)'와 여기 '재정기심(在正其心)'에 중·정(中·正)이 언급되고 있다. 『대학』의 성의·정심이 『주역』의 중·정(中·正)에 연계됨을 보여주는 대목이다. 중(中)은 정(正)을 내포하나 정(正)이 중(中)보다 앞서지는 못하므로 성의가 정심보다 앞선다. 수신(修身)은 이 중정(中正)에 말미암는 것이다.

전문 7장 정심수신 총설

右는 傳之七章이니 釋正心修身 四節이라
_{우   전지칠장   석정심수신 사절}

우는 전문의 7장이니 정심수신을 해석한 4절이라.

   7장 이후로는 두 절의 선후본말을 밝히어, 자신으로부터 가·국·천하(家·國·天下)에 미치는 수신의 공효를 차례로 설명하고 있다. 특별히 이 장부터 정심과 수신을 별도로 나누지 않고 하나로 묶어놓은 연유는 무엇인가? 내적과정인 '격물·치지·성의·정심'과 외적과정인 '수신·제가·치국·평천하'의 복판[中]에 정심·수신이 자리하기 때문이다. 즉 정심(正心)과 수신(修身)이 떼려야 뗄 수 없는 표리일체(심신합일)를 이루는 데다, 선(先)과 후(後)의 가운데에서 그 종(終)과 시(始)를 바로 하는[中於先後 正其終始] 법도가 있으므로, 두 절을 연계하여 장(章)의 명칭을 삼았다고 할 수 있다.
   제1절에서는 몸을 닦음이 먼저 마음을 바로 함에 있음을 말하였다. 내 자신(自身)에게 성냄, 두려움, 좋아하고 즐거워함, 근심함이 있어 몸을 닦지 못한 징표가 밖으로 나타난다면, 이는 곧 마음의 바름을 얻지 못한데서 말미암은 것이다.
   제2절은 "모든 이의 눈과 손가락이 자신(自身)을 바라보고 가리키고 있으므로, 마땅히 두려워 할 줄 알아야한다"는 증자의 말씀을 인용하여 마음을 바로 함이 몸을 닦는 근본임을 말하였다
   제3절 또한 마음에 두지 않으면 보아도 보이지 않고 들어도 들리지 않으며 먹어도 그 맛을 알지 못함을 말하여, 몸을 닦지 아니하면 이 마음이 주장할 바가 없음을 밝히고 있다.

뒤이어 끝의 제4절은 앞 절목을 이끌어, 수신의 본바탕이 정심임을 다시금 강조하였다.

「착간고정」의 제7장부터는 처음 절이 소위(所謂)문구로 시작하여 각 장을 홍기시키고, 마지막 절이 차위(此謂)문구로써 귀결시키고 있으므로 그 절목체계가 분명하다.

참고

정(正)은 그쳐야 할 곳에 한결같게[一] 머물러 그치는[止] 데서 '바르다'는 뜻이다. 올바름이란 처한 때와 선 위치에 따라 제각기 할 바를 하는 '정위(正位)'를 통하여 이루어진다. 아비가 아비답고 자식이 자식다우며 형이 형답고 아우가 아우다우며 남편이 남편답고 아내가 아내다우며 인군이 인군답고 신하가 신하다운 '부부자자형형제제부부부부(父父子子兄兄弟弟夫夫婦婦)'가 바로 '정위(正位)'이다. 지(止)는 발바닥과 발목·정강이를 본떠 발이 '그치다, 머무르다, 멈추다'는 뜻이다. 따라서 그쳐야 할 때 한결같게[一] 그쳐야[時止則止] '바르다[正]'라는 의미이다.『대학』에서 말한 지어지선(止於至善)이 이를 의미한다.

심(心)은 우심방과 우심실, 좌심방과 좌심실 넷으로 이루어진 '심장'의 모양을 본뜬 글자이다. 세 점[丶]은 천·지·인 삼재(三才), '싹 을(乙)'은 싹이 움터 나옴을 뜻한다. 천·지·인 삼재는 모두 '마음'에서 느끼는 바에 따라 그 존재가 인식된다. '일체유심조(一切唯心造)'에 이러한 뜻이 잘 드러나 있다.

수(修)는 머리털을 감듯이 몸과 마음을 깨끗이 '닦다'는 뜻이다. 사람[人]이 곧고 바르게[丨] 나아가기 위해서 몸[月]과 마음[心]을 '닦다, 다스리다, 고치다'는 뜻으로도 풀이한다. 유(攸)는 '닦다, 위태롭다, 멀다, 아득하다'는 뜻이다. 이 외에도 물이 위에서 아래로 흐르듯이 사람이 순리를 좇아 홍기시켜 가야할 '바'라는 뜻도 있다. 따라서 수(修)는 '사람이 행해야 할 바는 몸과 마음을 닦고 다스리며 고치는 일이다'는 의미이다.

고정논지

뜻이 성실하면 마음이 바로서서 내 몸이 닦이는 반면, 몸이 없으면 마음이 의지할 곳이 없고 뜻 또한 세울 수 없다. 그러므로 격물장에도 '수신위본(修身爲本)'이라 하고, 야산선생도 '신외무물(身外无物)'이라고 말씀하였다.

이 장부터는 연계된 두 조목으로써 명칭을 삼았으며, 정심수신장은 특히 성의에 의한 '마음의 중정(中正)'을 강조하고, 이로써 심신의 합일(合一)이 곧 수신임을 설명하고 있다.

중정(中正)과 사단(四端)

성의는 속마음에 품은 뜻이 거짓 없음을 이르고, 정심은 바깥 사물에 대처하는 마음 씀이 한결같음을 말한다. '바를 정(正)'의 자의(字義)도 뜻을 한결같이[一] 해서 마음이 외물에 흔들리지 않고 제 자리에 그치는[止] 의미이다.

마음속[中心]에 뜻이 처하고 마음은 이 뜻에 따라 움직이므로, 성의를 추기(樞機)로 하여 정심(正心)이 이루어진다. 성의가 정심의 근본이고 정심이 성의의 작용이므로, 성의장에는 중(中), 정심수신장에는 정(正)을 위주로 설명한 것이다.

『중용』 1장에 "희노애락(喜怒哀樂)이 아직 발표(發表)되지 않았을 때를 중(中), 발표되어 절도에 맞음을 화(和)라고 이른다."고 한 내용을 미루어 보면, 미덥게 중(中)을 잡고자 하는 것이 성의(誠意)에 해당하고 절도있게 감정을 조화(調和)하는 것이 정심(正心)에 상응한다.

이 장의 제1절목에는 마음의 구체적 작용을 분치 · 공구 · 호요 · 우환(忿懥·恐懼·好樂·憂患)의 네 가지로써 말하고, 이것이 몸 밖으로 표출되면 중심이 흔들

려 평정을 잃은 부정(不正)한 상태임을 설명하였다. 이는 한 쪽으로 치우친 감정(感情)을 넷으로 나누어 말한 것이다.

상대적으로 맹자가 말씀한 사단(四端)은 이 마음의 바름을 얻은 것이다. 측은히 여기는 마음은 인(仁), 사양하는 마음은 예(禮), 부끄러워하고 미워하는 마음은 의(義), 옳고 그름을 따지는 마음은 지(智)의 실마리가 된다.

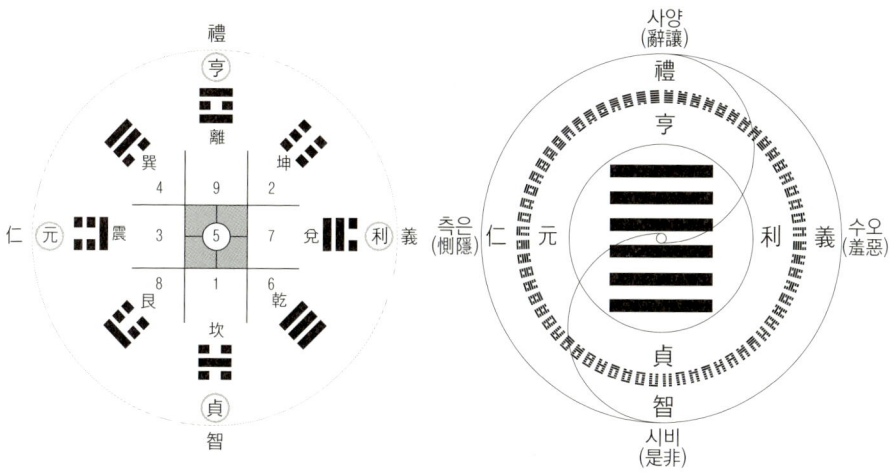

십목십수(十目十手)와 공구수성(恐懼修省)

제2절목은 자신의 언행을 모든 이가 주시하고 지적하므로 참으로 엄하다고 한 증자의 말씀을 인용하여, 오직 정심·수신해야 함을 강조하였다. 앞 장의 제1절목에 속임 없음이 성의라고 정의한 후, 여기에서 다시 거듭 말한 것은 성의가 아니면 정심할 수 없음을 밝힌 것이다.

이 구절은 『논어』에 나오는 증자의 말씀인 '일일삼성(一日三省)'[157]과 그 맥락을 같이 하며, 『대학』에서 직접적으로 인용한 유일한 절목이다. 특별히 십(十)

---

157. 『논어(論語)』학이(學而)편: 曾子曰 吾日三省吾身하노니 爲人謀而不忠乎아 與朋友交而不信乎아 傳不習乎아니라

을 강조하여 '십목소시 십수소지(十目所視 +手所指)'라고 이른 것이 『대학』의 전문십장(傳文十章)과도 부합한다. 이는 공자의 「주역십익(周易十翼)」을 효칙(效則)한 것으로 보인다.

'십목소시(十目所視)'는 '곧을 직(直)'의 의미다. 직(直)은 시방(十方)의 보이지 않는 눈[目]들이 숨어서[ㄴ] 지켜봄을 나타낸다. 피하고 숨길 수가 없으므로 마땅히 행동과 마음가짐을 올곧게 하라는 뜻이다. 『주역』 곤(坤)괘에도 '직(直)은 바름이다[其正也]'고 하였다. 정심(正心)을 설명한 절목에 '직(直)'을 암시함으로써 마음의 바름이 올곧은 데에서 나옴을 보이고, 나아가 정직함이 수신의 첩경(捷徑)임을 강조한 것이다. 「홍범」에도 정직(正直)은 왕이 갖추어야 할 삼덕 [正直·剛克·柔克] 가운데 으뜸이라 하였다.

重雷震

『주역』 진(震)괘에서 이른 "우뢰가 옴에 깜짝 놀라다."는 '진래혁혁(震來虩虩)'과 "두려워하고 두려워하며 수양하고 반성하다."는 '공구수성(恐懼修省)'도 하늘의 두려움과 엄함을 알아 몸을 돌이키라는 뜻이다. 그러나 "우뢰가 백리를 진동하지만 제주(祭主)인 시창(匕鬯)을 상하게 하지 않는다."고 하였다.[158] 지극한 정성으로 스스로를 반성하고 몸을 닦는 이는 하늘의 가호를 받아 오히려 복을 받는다.

간기배(艮其背)

제3절목에는 보고 듣고 맛보는 몸의 감각이 모두 마음의 유무에 달려 있으므로 정심하여야 함을 말하였다.

이 절의 '불견·불문·부지(不見·不聞·不知)'는 마음의 무(無)에서 연유한다. 그러나 수행에 있어서는 이와 정반대이다. 간(艮)괘에 "그 등에 그치면 몸을 얻지 못하며, 그 뜰을 거닐어도 사람을 보지 못하여 허물이 없다."고 하였다.

---

158. 『주역(周易)』 진(震)괘: 震은 亨하니 震來에 虩虩이면 笑言이 啞啞이리니 震驚百里에 不喪匕鬯하나니라.

이를 풀이한 단전과 대상의 글에도 '불실 · 불상여 · 불출(不失·不相與·不出)'을 언급하였다.[159]

---

[159] 『주역(周易)』 간(艮)괘: 艮其背면 不獲其身하며 行其庭하야도 不見其人하야 无咎리라. 象曰 艮은 止也니 時止則止하고 時行則行하야 動靜不失其時 其道 光明이니 艮其背는 止其所也ㄹ새라 上下 敵應하야 不相與也ㄹ새 是以不獲其身行其庭不見其人无咎也라. 象曰 兼山이 艮이니 君子 以하야 思不出其位하나니라

제8장 修身齊家
수 신 제 가

	주자 장구본 전문(傳文)		야산 착간고정본 전문(傳文)
	수신제가(修身齊家)		수신제가(修身齊家)
1	所謂齊其家 在修其身者 人 之其所親愛而辟焉 之其所賤惡而辟焉 之其所畏敬而辟焉 之其所哀矜而辟焉 之其所敖惰而辟焉 故 好而知其惡 惡而知其美者 天下 鮮矣	1	所謂齊其家 在修其身者 人 之其所親愛而辟焉 之其所賤惡而辟焉 之其所畏敬而辟焉 之其所哀矜而辟焉 之其所敖惰而辟焉 故 好而知其惡 惡而知其美者 天下 鮮矣
2	故 諺 有之 曰 人 莫知其子之惡 莫知其苗之碩	2	故 諺 有之 曰 人 莫知其子之惡 莫知其苗之碩
3	此謂身不修 不可以齊其家	3	好人之所惡 惡人之所好 是謂拂人之性 菑必逮夫身
		4	此謂身不修 不可以齊其家

29. 所謂齊其家ㅣ在修其身者는 人이
    소위제가 재수기신자 인

之其所親愛而辟焉하며 之其所賤惡而辟焉하며
지기소친애이벽언   지기소천오이벽언

之其所畏敬而辟焉하며 之其所哀矜而辟焉하며
지기소외경이벽언   지기소애긍이벽언

之其所敖惰而辟焉하나니
지기소오타이벽언

故로 好而知其惡하며 惡而知其美者ㅣ 天下에 鮮矣니라.
고   호이지기악   오이지기미자   천하   선의 이른바 그 집을 가지런히 함이 그 몸을 닦는데 있다는 것은 사람이 그 친애하는 바에 치우치며, 그 천히 여기고 싫어하는 바에 치우치며, 그 두려워하고 공경하는 바에 치우치며, 그 슬퍼하고 불쌍히 여기는 바에 치우치며, 그 거만하고 게으른 바에 치우치나니, 그러므로 좋아해도 그 악함을 알며, 미워해도 그 아름다움을 아는 자가 천하에 드무니라.

辟: 치우칠 벽 畏: 두려워할 외 矜: 불쌍히 여길 긍, 자랑할 긍 敖(=傲): 놀 오, 거만할 오 惰: 게으를 타

주자「대학장구」해설

인(人)은 일반 사람인 대중(大衆)을 이른다. 지(之)는 '~에, ~에서'의 뜻인 '어조사 어(於)'와 같다. 벽(辟)은 '치우칠 편(偏)'과 같다.[160] 이 다섯 가지 친애·천오·외경·애긍·오타는 사람들이 본래 가지고 있는 당연한 법칙이다. 그러나 일반 사람의 감정은 오직 그 향하는 바를 가히 살피지 아니하면, 반드시 한 쪽으로 치우쳐 몸을 닦지 못한다.[161]

경전해설

정심수신의 제1절에는 바른 마음을 잃고 수신하지 못한 징표를 분치·공구·호요·우환(忿懥·恐懼·好樂·憂患)의 예로써 말하였다. 수신제가장의 제1절에는 사람들이 친애·천오·외경·애긍·오타(親愛·賤惡·畏敬·哀矜·敖惰)의 편벽(便辟)된 감정으로 인해, 선악에 대한 바른 판단을 하지 못하기 때문에 수신제가하지 못한다고 하였다. 7·8장의 제1절에 신(身)과 인(人)을 언급하여 수신과 제가에 대한 본말선후가 대비된다.

좋아하되 그 속에 악함이, 미워하되 그 속에 아름다움이 존재함을 아는 것은 중용(中庸)의 덕이 아니면 이르기 힘든 경지이므로, 이를 갖춘 이는 천하에

---

160. 정현(鄭玄)은 지(之)자를 '갈 지(之)'로 보고, 벽(辟)자를 '비유할 비(譬)'로 보아 '비유할 유(喩)'와 같다고 하였다. 공영달(孔穎達)도 이에 동의하였다.
161. 「대학장구(大學章句)」주(註): 人 謂衆人 之 猶於也 辟 猶偏也 五者在人 本有當然之則 然 常人之情 惟其所向而不可察焉則必陷於一偏而身不修矣. 偏: 치우칠 편 陷: 빠질 함

보기가 드물다.『중용』에도 공자가 "순임금은 크게 지혜로우시다. 묻기를 좋아하고 주변의 천근(淺近)한 말을 잘 살피시되, 악한 허물은 숨기고 선한 일은 널리 알려서 그 양 끝을 잡아 중도(中道)로써 백성에게 베푸셨으니, 그 때문에 순임금이 되신 것이다."고 말씀하였다.[162]

30. 故로 諺에 有之하니
고　　언　　유지

曰 人이 莫知其子之惡하며 莫知其苗之碩이라 하니라.
왈　인　　막 지 기 자 지 악　　　　막 지 기 묘 지 석

그러므로 속담에 있기를 "모든 사람이 그 자식의 악함을 알지 못하며, 그 싹의 큼을 알지 못한다."고 하니라

諺: 속어 언, 속담 언　苗: 모 묘, 싹 묘　碩: 클 석

주자「대학장구」해설

언(諺)은 속담이다. 사랑에 빠진 자는 밝지 못하고 이득을 탐하는 자는 만족함이 없으니, 이것은 곧 편벽해서 해롭게 되고 제가하지 못한 까닭이다.[163]

경전해설

제1절은 호오(好惡)의 감정에 치우치면 중(中)을 벗어나 선악(善惡)과 미추(美醜)를 바르게 판단하지 못함을 설명하였다. 뒤이어 제2절에 전해오는 속담을 예로 들고 있다.

사랑하는 마음이 앞을 가리면 자식의 허물을 보지 못하고, 욕심이 눈을 가리

---

162. 『중용(中庸)』 제6장: 子曰 舜은 其大知也與신저 舜이 好問而好察邇言하사되 隱惡而揚善하시며 執其兩端하사 用其中於民하시니 其斯以爲舜乎신저.
163. 「대학장구(大學章句)」 주(註): 諺 俗語也 溺愛者 不明 貪得者 無厭 是則偏之爲害而家之所以不齊也.
　　俗: 풍속 속　溺: 빠질 익　厭: 족할 염　齊: 가지런할 제

면 남의 떡이 커 보이는 법, 남의 밭에 자라는 싹은 빨리 자라고 자기 밭의 싹은 더디게 크는 것 같다는 내용이다. 앞 절목과 마찬가지로 인(人)이 들어 있다.

31. 好人之所惡하며 惡人之所好ㅣ 是謂拂人之性이라
호인지소오   오인지소호   시위불인지성

菑必逮夫身이니라.
재필체부신

남이 싫어하는 바를 좋아하며 남이 좋아하는 것을 싫어하는 것, 이를 일러 '사람의 성품을 거스르는 일'이라 하니, 재앙이 반드시 몸에 미치게 되느니라.

拂: 떨칠 불, 거스를 불 菑: 묵힌 밭 치, 재앙 재 逮: 미칠 체

주자「대학장구」해설

불(拂)은 '거스를 역(逆)'이다. 선을 좋아하고 악을 미워함은 사람의 본성이다. 사람의 본성을 거스르면 불인(不仁)이 심한 것이다. 진서(秦誓)에서 여기까지는 호오(好惡)와 공사(公私)의 지극함을 거듭 말하여, 남산유대(南山有臺)와 절남산(節南山)편의 뜻을 밝힌 것이다.[164]

경전해설

사람은 누구나 선을 좋아하고 악을 미워하므로, 마땅히 그 본성을 따라야 한다. 만일 이를 거슬려 악을 좋아하고 선을 미워한다면, 다른 사람들로부터 노여움을 사게 되어 그로 인한 재앙이 반드시 몸에 미치게 된다. 사람이 사람인 바는 사람으로서의 도를 행하기 때문이다. 자기가 싫어하면 남도 싫어하고 자기가 좋아하면 남도 좋아하는 것이 인지상정(人之常情)이다.

---

[164] 「대학장구(大學章句)」 주(註): 拂 逆也 好善而惡惡 人之性也 至於拂人之性則不仁之甚者也 自秦誓 至此 又皆以申言好惡公私之極 以明上文所引南山有臺節南山之意.

『중용』에 공자가 "도가 사람에게서 멀지 않다. 사람이 도 닦는다 하면서 사람을 멀리하면 가히 도를 행함이 아니다."고 하였고, "충(忠)과 서(恕)가 도에서 멀지 않으니, 자기에게 베풀어보아 원치 않거든 또한 남에게도 베풀지 말라."고 하였다.[165]

고정논지

제1,2절과 마찬가지로 호오(好惡)에 대한 내용이므로, 「대학장구」 제10장 '견현이불능거(見賢而不能擧)' 아래에 있던 글을 이리로 고정하였다.

32. 此謂身不修면 不可以齊其家니라.
　　　　차 위 신 불 수　　불 가 이 제 기 가

이를 일러 "몸을 닦지 못하면 가히 써 그 집을 가지런히 하지 못한다."고 함이라.

경전해설

제가의 근본이 수신임을 강조하면서 끝을 맺고 있다. 이 장은 전체적 흐름이 호오(好惡)의 감정에 치우치지 않는 중(中)의 마음을 얻음이 곧 수신(修身)임을 밝히고 있다. 나아가 그 언행이 주위의 신망을 얻으면 많은 사람이 따르므로, 자연 제가(齊家)할 수 있음을 설명하였다.

수신제가장은 수기치인(修己治人)에 해당되므로 인(人)을, 제가치국장은 나라에 연관되므로 민(民)을 위주로 표현하고 있다.

---

165. 『중용(中庸)』 제13장: 子曰 道不遠人하니 人之爲道而遠人이면 不可以爲道니라. / 忠恕 違道不遠하니 施諸己而不願을 亦勿施於人이니라.

전문 8장 수신제가 총설

右는 傳之八章이니 釋修身齊家 四節이라
<small>우   전지팔장   석수신제가 사절</small>

우는 전문의 8장이니 수신제가를 해석한 4절이라.

  제8장은 수신으로 말미암은 제가의 내용이며, 「장구본」의 제10장에 있던 호인(好人)절을 이 장의 제3절로 고정하여 놓았다. 「장구본」에는 나머지 3절로만 제8장을 구성하고 있다

  군자가 수신하는 까닭에 집안의 모범이 되며, 아름다운 가풍(家風)을 세워 집을 가지런히 할 수 있다. 『중용』에 "『시경』에 이르길 '처자가 좋아하고 화합함이 거문고와 비파를 타는 것 같으며, 형제가 우애 있어 화락하고 즐거워한다. 네 집안 식구를 마땅하게 하며, 네 처자식을 즐겁게 한다.' 하거늘, 공자께서 이르시길 '(그걸 바라보는) 부모의 마음은 평안하리라.'"고 한 바도 수신제가의 도리를 언급하신 것이다.[166]

  제1절은 수신제가하지 못하는 연유가 호오의 편벽된 감정에 갇혀 선악을 바로보지 못함에 있음을 밝히고, 구체적으로 친애·천오·외경·애긍·오타(親愛·賤惡·畏敬·哀矜·敖惰)에 치우치는 예를 들었다.

  제2절은 "사람이 자식의 악함을 알지 못하고 자기 밭에서 자라는 싹이 큼을 알지 못한다."는 속담을 인용하여, 앞 절목을 이어 호오(好惡)에 치우치지 않도록 경계하였다.

  제3절은 사람의 본성에 호오가 있으므로, 이와 반대되면 인성에 거슬려 반

<small>166. 『중용(中庸)』 제15장: 詩曰 妻子好合이 如鼓瑟琴하며 兄弟旣翕하야 和樂且耽이라 宜爾室家하며 樂爾妻帑라하야늘 子曰 父母는 其順矣乎신저.</small>

드시 재앙이 따름을 경계하고 있다.

마지막 제4절은 앞글들을 이끌어, 몸을 닦아야 집을 가지런히 할 수 있음을 결론짓고 있다.

고정논지

이 장은 수신으로 말미암아 제가하는 내용이다. 대개 사람이 친애·천오·외경·애긍·오타(親愛·賤惡·畏敬·哀肯·敖惰)에 치우쳐서 선악을 바르게 판단하지 못함은 '호오(好惡)의 중정(中正)'을 잃었기 때문이다.

그러므로 나와 남의 근본성품이 하나임을 알아서 마땅히 호오를 같이 해야, 사람들을 친애하고 교화하여 가까이로는 집안 식구를 가지런히 하고, 멀리로는 천하국가도 평치할 수 있게 된다. 다른 장과 구분하기 위하여 앞의 세 절목에 모두 '사람 인(人)'을 언급하는 한편, 제가의 기본인 친친(親親)하는 방법이 사람들과 호오(好惡)를 같이하는 데에 있음을 거듭 강조하였다.

음중지양(陰中之陽)과 양중지음(陽中之陰)

제1절목은 사람이 편벽된 생각으로 자신을 닦지 못하고 집안을 다스리지 못함을 설명하고 있다. 문장에 들어있는 '갈 지(之)'와 '치우칠 벽(辟)'에 한 쪽으로 나아가 치우친다는 뜻이 보인다. 친애(親愛)는 근(近), 천오(賤惡)는 원(遠), 외경(畏敬)은 상(上), 애긍(哀肯)은 하(下)로 밖으로 치우친 것이며, 오타(敖惰)는 불경·불성(不敬·不誠)하여 안으로 근본인 중(中)을 세우지 못함을 이른다.

사물에는 항시 양면이 같이 존재한다. 음 속에 양, 양 속에 음이 들어있는 '음중지양 양중지음(陰中之陽 陽中之陰)'이다. 즉 음이 극하면 양, 양이 극하면 다시 음이 생기며 한 쪽이 볕들면 반대편은 반드시 그늘지는 이치이다. 여기에서 좋아하는 선(善)가운데에 악(惡), 미워하는 악(惡)가운데에 선(善)이 있을 수 있는 상대원리가 나타나며, 본문 가운데서도 '호이지기악 오이지기미(好而知其惡 惡而知其美)'라고 하였다.

『중용』에 공자께서 "순임금은 크게 지혜로운 분이다. 악함은 숨기고 선함은 드날리며, 그 양 끝을 잡아 중(中)을 백성에게 쓰셨다[隱惡而揚善 執其兩端 用其中於民]."고 하였다. 대지(大知)하여 선악(善惡)에 대한 호오(好惡)의 중(中)을 잡아 천하를 다스린 분이 순임금이다. 이 절목의 뒤 구절에 "천하에 보기 드물다."고 한 바는 순임금과 같은 성인을 두고 이른 말이다.

제2절목에서는 그 가운데 친애(親愛)의 편벽된 예를 들어, 애지중지(愛之重之) 키운 그 자식의 악함을 알지 못하고 지극히 아끼는 그 전답에 자라는 싹이 남의 것보다 더뎌 보인다고 하였다. 편벽된 처신으로 수신제가하지 못하면, 호오(好惡)의 중(中)을 잃어 선악을 바로 판단하지 못함을 지적하고 경계한 것이다.

동이이(同而異)와 반신수덕(反身修德)

제3절목은 호오를 남들과 반대로 하면, 본성을 거슬러 재앙이 몸에 미침을 말했다. 불은 위로 타올라가고 못물은 아래로 흘러내려 서로 어긋난 형상인 『주역』의 규(睽)괘에 "천지가 다르나 그 일은 한가지이며, 남녀가 다르나 그 뜻은 통하며, 만물이 다르나 그 일은 동류와 같이한다."고 하고, "같으면서도 다르다."는 '동이이(同而異)'를 말씀하였다.[167] 음양이 태극에서 나와 길을 달리하나 다시 본래로 돌아와 합치니, 나와 남이 비록 개체를 달리하나 본바탕이 같음을 알아서 함께해야 함을 강조한 것이다.

火澤睽

서괘전에 "가인의 도가 다하면 반드시 어긋나므로 규괘가 온다."고 경계하고, 잡괘전에 서로 도전(倒轉)관계인 규·가인(睽·家人)에 대해 "규는 밖이고 가

---

167. 『주역(周易)』 규(睽)괘 단전: 天地睽而其事同也며 男女睽而其志通也며 萬物睽而其事類也니 睽之時用이 大矣哉라 / 象曰 上火下澤이 睽니 君子 以하야 同而異하나니라.

인은 안이다."고 하여 사람을 밖으로 멀리하면 어긋나고 안으로 가까이 하면 한 가족이 됨을 말하였다. 또한 "규(睽)는 어긋남이니, 어긋나면 반드시 어려움이 생기므로 건(蹇)괘가 다음한다."고 하여, 규(睽)괘가 전변(全變)한 건(蹇)괘가 옴을 말하고 있다.[168]

☵☶ 건(蹇)은 산 넘어 물이요, 물 건너 산인 큰 어려움을 겪는 형상으로 발을 저는 뜻이다. 공자는 "몸을 돌이키고 덕을 닦는다."는 '반신수덕(反身修德)'을 강조하였다. 어긋난 일을 해결하려면 반성하여 덕을 닦는 수신(修身)이 선행하여야 함을 이른 것이다.

水山蹇

건(蹇)괘 다음에는 겨울지나 봄이 오는 해빙(解凍)하는 해(解)괘가 오는 데에서도 이를 알 수 있다. 해(解)는 가인(家人)과는 전변(全變)이다. 가인의 도를 극진히 하는 데에서 세상일을 해결(解決)하는 방책이 있음을 보여준다.

무망지성(无妄之性)과 무망지재(无妄之災)

또한 제3절목은 앞 절목과 마찬가지로 사람과 더불어 호오(好惡)를 같이 하여야 함을 강조한 것이다.

☳☰ 사람의 성품은 진실무망(眞實无妄)한 하늘의 명(命)으로 말미암아 본래 망령됨이 없으나, 천부지성(天賦之性)에 어긋난 부정(不正)한 행동을 하면 이는 하늘을 저버린 것이다. 사람의 본성은 누구나 선함을 좋아하고 악함을 미워하기 마련이며 이는 하늘의 명이다. 이와 반대로 악함을 좋아하고 선함을 미워한다면, 하늘뿐만 아니라 모든 사람이 돕지 않아 큰 재앙을 자초한다. 그러므로 무망(无妄)괘에 "무망은 크게 형통하고 바르게 함이 이로우니, 그 바르지 않으면 재앙이 있어서 나아가는 바를 둠이 이롭지 않

天雷无妄

---

[168] 『주역(周易)』 서괘전: 家道 窮必乖라 故로 受之以睽하고 睽者는 乖也니 乖必有難이라 故로 受之以蹇하고 /
잡괘전: 睽는 外也요 家人은 內也라.

다."고 하고 그 단전에 다시 "천명이 돕지 않으니, 행할 수 있으랴?"하여 경계하였다.[169]

수기치인(修己治人)의 요체, 호오(好惡)

　성의장 제1절목[所謂誠其意者 如惡惡臭 如好好色 此之謂自謙 故 君子 必愼其獨也]을 보면 호오(好惡)에 거짓 없음이 성의의 요체임을 강조하였다.

　정심수신장의 호인절목[好人之所惡 惡人之所好 是謂拂人之性 菑必逮夫身], 제가치국장의 낙지절목[詩云 樂只君子 民之所好 好之 民之所惡 惡之 此之謂民之父母], 치국평천하장의 소오절목[所惡於上 毋以使下 所惡於下 毋以事上]에 모두 호오를 언급하고 있다.

　수기치인(修己治人)의 도가 결국 호오의 감정을 바로 다스림에 있으며, 내 자신의 호오가 세상 사람들의 호오와 합치하여야 제가치국평천하를 이룰 수 있음을 밝힌 것이다.

---

169. 『주역(周易)』 무망(无妄)괘: 无妄은 元亨하고 利貞하니 其匪正이면 有眚하릴새 不利有攸往하니라 /
　　단전: 其匪正有眚不利有攸往은 无妄之往이 何之矣리오 天命不祐를 行矣哉아.

제9장 齊家治國
제 가 치 국

	주자 장구본 전문(傳文) 제가치국(齊家治國)		야산 착간고정본 전문(傳文) 제가치국(齊家治國)
1	所謂治國 必先齊其家者 其家 不可教 而能教人者 無之 故 君子 不出家而成教於國 孝者 所以事君也 弟者 所以事長也 慈者 所以使衆也	1	所謂治國 必先齊其家者 其家 不可教 而能教人者 無之 故 君子 不出家而成教於國 孝者 所以事君也 弟者 所以事長也 慈者 所以使衆也
2	康誥 曰如保赤子 心誠求之 雖不中 不遠矣 未有學養子而后 嫁者也	2	一家 仁 一國 興仁 一家 讓 一國 興讓 一人 貪戾 一國 作亂 其機如此 此謂一言 僨事 一人 定國
3	一家 仁 一國 興仁 一家 讓 一國 興讓 一人 貪戾 一國 作亂 其機如此 此謂一言 僨事 一人 定國	3	詩云 樂只君子 民之父母 民之所好 好之 民之所惡 惡之 此之謂民之父母
4	堯舜 帥天下以仁 而民 從之 桀紂 帥天下以暴 而民 從之 其所令 反其所好 而民 不從 是故 君子 有諸己而後 求諸人 無諸己而後 非諸人 所藏乎身 不恕 而能喻諸人者 未之有也	4	故 治國 在齊其家

제 1문단

5	故 治國 在齊其家	5	詩云 桃之夭夭 其葉蓁蓁 之子于歸 宜其家人 宜其家人而后 可以教國人
6	詩云 桃之夭夭 其葉蓁蓁 之子于歸 宜其家人 宜其家人而后 可以教國人	6	詩云 宜兄宜弟 宜兄宜弟而后 可以教國人
7	詩云 宜兄宜弟 宜兄宜弟而后 可以教國人	7	詩云 其儀不忒 正是四國 其爲父子兄弟 足法而后 民 法之也
8	詩云 其儀不忒 正是四國 其爲父子兄弟 足法而后 民 法之也	8	此謂治國 在齊其家
9	此謂治國 在齊其家		

제 2문단

33. 所謂治國이 必先齊其家者는
소 위 치 국   필 선 제 기 가 자

其家를 不可敎ㅣ오 而能敎人者ㅣ 無之하니
기 가   불 가 교   이 능 교 인 자   무 지

故로 君子는 不出家而成敎於國하나니
고   군 자   불 출 가 이 성 교 어 국

孝者는 所以事君也ㅣ오
효 자   소 이 사 군 야

弟者는 所以事長也ㅣ오 慈者는 所以使衆也ㅣ니라
제 자   소 이 사 장 야   자 자   소 이 사 중 야

이른바 "나라를 다스림이 반드시 먼저(그에 앞서) 그 집안을 가지런히 하라." 는 것은 그 가족을 가르치지 못하고서 남을 가르칠 수 있는 자가 없기 때문이니, 그러므로 군자는 집밖을 나가지 않고서도 가르침을 나라에 이룬다고 하니, 효(孝)는 인군을 섬기는 방법이요, 제(弟)는 어른을 모시는 방법이요. 자(慈)는 무리를 이끄는 방법이 되느니라.

孝: 효도 효 事: 일 사, 섬길 사 弟: 공손할 제 慈: 사랑할 자 使: 시킬 사, 부릴 사

주자「대학장구」해설

몸이 닦이면 가족을 가르칠 수 있다. 효·제·자(孝弟慈)는 몸을 닦아서 집안 식구를 가르치는 방법이다. 나라의 사군·사장·사중(事君·事長·使衆)의 도리도 이 밖이 아니니, 이는 위에서 집안을 가지런히 하여 아래에 가르침을 이루는 방법이다.[170]

경전해설

첫 절목은 가정교육의 기본덕목인 효도·공손·사랑[孝·弟·慈]을 들어 제가뿐만 아니라, 치국의 가르침으로 삼았음을 이른 것이다. 부모에게 효도를 다함이 인군을 섬기는 방법, 형에게 공순함이 어른을 섬기는 방법, 자식을 사랑으

---

170. 「대학장구(大學章句)」주(註): 身修則家可敎矣 孝弟慈 所以修身而敎於家者也 然而國之所以事君事長使衆之道 不外乎此 此 所以家齊於上而敎成於下也.

로 대함이 아랫사람을 부리는 방법이 된다.

효제(孝弟)는 인륜도덕의 근본바탕이 된다. '효자의 집에서 충신난다'고 하듯이, 효성스런 자가 인군을 충성으로 섬기지 않을 사람이 없고, 형에게 공순한 이가 어른을 공경치 않을 수가 없다. 『논어』에도 공자가 "제자(弟子)가 집에 들어가서는 효도하고 밖에 나가서는 공경하며, 언행을 삼가고 미덥게 하며, 모든 사람을 사랑하되 어진 이를 가까이 해야 하니, 이를 행하고도 여력이 있으면 글을 배워야 한다."고 말씀하였다. 또한 공자제자인 유자(有子)가 "그 사람 됨됨이가 효성스럽고 공손한데 윗사람을 범하는 이가 드무니, 하극상(下剋上)을 좋아하지 않은데 난(亂) 일으키기를 좋아하는 자는 없다."고 하였다.[171]

참고

제(齊)는 곡식이 익으면 이삭이 패어 그 끝이 가지런해진 모습에서 '다, 똑같다, 가지런하다'는 뜻이다. 가(家)는 장가가서 자식을[豕] 낳고, 처자와 부모를 모시는 상투튼[宀] 성인 남자를 나타낸다. 따라서 집안 식구를 책임지는 '가장(家長)', 사람이 많이 모여 있는 '집, 집안', 부부를 단위로 한 생활 집단이라는 의미에서 '가정(家庭), 가족(家族)'을 뜻한다. 제가(齊家)는 '집안, 가족을 가지런히 다스리다'는 뜻이다.

치(治)는 본래 산동성(山東省)에 있는 강 이름이다. 생명의 근원이 물이므로 위정자(爲政者)가 마땅히 물을 잘 다스려야 한다는 데서 '다스리다'는 뜻이다. 위정자는 백성들의 생명수가 되어 바른 데로 나아가도록 잘 기르고 다스려야 한다. 나[台] 자신부터 순리에 맞게 살도록 다스려야 한다는 뜻도 담고 있다.

국(國)은 백성들이 모여 사는 근거지인 '나라'를 일컫는다. 혹(或)에 이미 사

---

[171]. 『논어(論語)』학이(學而)편: 子曰 弟子 入則孝하고 出則弟하며 謹而信하며 汎愛衆호대 而親仁이니 行有餘力이어든 則以學文이니라. / 有子曰 其爲人也 孝弟요 而好犯上者 鮮矣니 不好犯上이오 而好作亂者 未之有也니라.

람들이 창[戈]을 들고 일정한[一] 땅[口]을 지키는 '나라'에 대한 뜻이 들어있다. 그 뜻을 보다 강조하기 위하여 사방으로 펼쳐진 땅의 경계를 나타내는 '큰 입 구(口)'를 더한 것으로 본다. 혹(或)은 '혹시, 행여' 있을지 모를 외적의 침입에 대비하여 경계하고 지킨다는 의미이다. 이것을 연계하여 보면 민심(民心)이 천심(天心)인데 백성의 뜻에 위배되면 나라의 주인이 혹 바뀔 수 있다는 뜻으로도 풀이한다.

효(孝)는 자식[子]이 늙으신[老] 부모를 받들어 섬기는 데에서 '효도'를 뜻한다. 본래 어버이의 사랑[爻]으로 태어난 것이 자식[子]이므로, 부모를 섬겨 길러준 은혜를 갚는 '자식의 도리[효도]'를 가리키게 되었다. 자식은 마땅히 부모의 유지(遺志)·유업(遺業)을 잘 본받고 이어나가야 한다. 따라서 효(孝)는 '본받을 효(效)'와 뜻이 통한다. 모든 가르침과 배움이 본받음에서 비롯되기에 교(敎)와 학(學)에 효(孝)가 들어있다. '가르칠 교(敎)'는 본받도록 일깨우는 것이고, '배울 학(學)'은 배워 본받는 것이다. '본받다'는 '닮다'의 뜻이기에 닮은꼴인 작은 육신[肖]이 부모조상을 닮지 못함을 불초(不肖)하다고 한다. 효(爻)는 위아래에 '사귈 예(乂)'를 중첩하여 위는 위대로 아래는 아래대로 '사귀다'는 뜻이다. 만물은 천지음양의 사귐으로 생성되고 자식[子]은 부모의 사랑[爻]으로 태어나므로, 사람은 마땅히 천지자연과 부모를 본받아야 한다. 대효(大孝)는 천지자연을 본받는 것이고, 소효(小孝)는 부모의 유지 유업을 본받아 순히 잘 이어나가는 것이다.

제(弟)는 위가 갈라진 막대기나 무기[丫]를 한데 묶기 위해 가죽 끈[弓]으로 위에서 아래로 차례로 감아 내리는[丿] 모양이다. 상하로 내리감기 때문에 '차례[第]'를 뜻한다. 순서상 낮다[低→밑 저]는 데서 손아래 동생인 '아우'를 이른다. 아우는 형에게 공손해야 한다는 데서 '공손하다[悌]'는 의미로도 쓰인다. 나뭇가지의 갈라진 부분을 '가장귀'라고 한다.

자(慈)는 둥지의 어미 새가 먹이를 물어다주어 새끼를 키우듯[孳], 어린 자식을 배불리 먹이려는 부모의 자애로운 마음에서 '사랑하다, 어머니'의 뜻이 파생되었다. 자(茲)는 가느다란 실[幺+幺]처럼 어린 풀싹[艹]이 무성하게 자라는 데서 '불어나다, 무성하다'는 뜻이다. 싹을 가리켜 이것이라고 한 데서 '이'의 뜻으로도 쓰인다. 두 개의 현(玄)이 합쳐진 자(玆)는 빛깔이 '흐리다, 검다, 어둡다, 그윽하다'는 뜻도 있다. '풀 초(艹)'와 '어릴 요(幺)' 두 자를 합친 자(茲)의 자형과 비슷하고 음이 같은데서 그 뜻을 빌어 '이'의 뜻으로도 쓰인다. 자(慈)를 자(玆)와 심(心)이 합쳐진 글자로 보면, 끝없는 하늘의 마음인 그윽한 사랑 또는 세세하게[幺] 보이지 않는[亠] 곳까지 헤아리는[心] 부모의 자애로움을 일컫는다.

주역산책

『주역』가인(家人)괘에 "아비가 아비답고 자식이 자식다우며, 형이 형답고 아우가 아우다우며, 남편이 남편답고 아내가 아내다워야 가도(家道)가 바르게 되어 천하가 안정된다."[172]고 한 바도 이와 같은 뜻이다. 자(慈)는 자식을 사랑하는 자애로운 마음이다. 이 마음으로 아랫사람을 사랑하므로 순종하지 않을 사람이 없다. 군자는 먼저 효제자의 세 덕목으로 가족을 가르쳐 타인의 모범이 되니, 자연 이웃과 나라사람들이 이를 본받아 아름다운 풍속이 일어나므로 '불출가이성교어국(不出家而成敎於國)'이라고 하였다.

34. 一家] 仁이면 一國이 興仁하고
일 가　　인　　　일 국　흥 인

一家] 讓이면 一國이 興讓하고
일 가　　양　　　일 국　흥 양

---

[172] 『주역(周易)』 가인(家人)괘: 父父子子兄兄弟弟夫夫婦婦而家道正하리니 正家而天下定矣리라.

一人이 貪戾면 一國이 作亂하나니 其機ㅣ 如此하니
일인 탐려   일국   작란   기기 여차

此謂 一言이 僨事ㅣ며 一人이 定國이니라.
차위 일언 분사   일인   정국

한 집안이 어질면 한 나라가 어진데 일어나고, 한 집안이 사양하면 한 나라가 사양하는데 일어나고 한 사람이 욕심내고 거스르면 한 나라가 혼란을 일으키나니 그 기틀이 이와 같으니, 이를 일러 "한 마디 말이 일을 엎치며, 한 사람이 나라를 안정시킨다." 하니라.

讓: 사양할 양 貪: 탐할 탐 戾: 어그러질 려 機: 기틀 기 僨: 넘어질 분

주자「대학장구」해설

일인(一人)은 '임금 군(君)'을 말한다. 기(機)는 발동(發動)이 말미암은 바이다. 분(僨)은 뒤집히고 무너지는 복패(覆敗)이다. 이는 가르침이 나라에서 이루어지는 효과를 말한 것이다.[173]

경전해설

한 집안의 어질고 사양하는 가풍(家風)은 한 나라에 미풍양속(美風良俗)을 일으킨다. 반면, 한 사람의 탐욕과 패륜은 나라에 혼란을 일으킨다. 기틀이 이와 같으니 말 한마디가 일을 엎어놓고, 한 사람이 나라를 안정시키는 것이다.

국경문제로 싸움이 있었던 소제후국의 두 제후가 "문왕의 덕이 참으로 어질다."는 얘기를 듣고 이 문제를 자문하고자 찾아갔다. 길을 가던 도중에 만나는 사람마다 예로써 길을 양보해주고, 밭두둑을 서로 사양하는 모습을 보고 만나보기도 전에 부끄럼을 느꼈다. 이에 두 사람은 서로 화해를 하고 자기 나라로 되돌아갔다는 일화가 있다. 반면, 폭군 걸주(桀紂)는 사사로운 탐욕과 패륜정치로, 일신뿐만 아니라 종묘사직을 무너뜨리고 나라를 망하게 하는 수치를 천추만대에

---

173. 「대학장구(大學章句)」주(註): 一人 謂君也. 機 發動所由也. 僨 覆敗也. 此 言教成於國之效.

전하게 되었으니, 일인정국(一人定國)과 일인탐려(一人貪戾)의 대표적 사례이다.

『논어』에도 공자께서 "능히 예와 사양으로써 나라를 다스리면 무슨 어려움이 있으며, 능히 예와 사양으로써 나라를 다스리지 않는다면 비록 예문을 갖추었다한들 무슨 소용이 있으리오."라고 말씀하였다.[174]

35. 詩云 樂只君子여 民之父母ㅣ라 하니
民之所好를 好之하며 民之所惡를
惡之ㅣ 此之謂民之父母ㅣ 니라

『시경』에 이르길 "즐거운 군자여 백성의 부모라." 하니 백성이 좋아하는 바를 좋아하고, 백성이 싫어하는 바를 싫어하니 이를 일러 '백성의 부모'라 하니라.

只: 다만 지

주자「대학장구」해설

시(詩)는 「소아」남산유대(南山有臺)편이다. 지(只)는 어조사다. 능히 혈구(絜矩)하여 민심(民心)을 자기의 마음으로 삼는다면, 이는 백성을 자식같이 사랑하는 것이니 백성도 부모처럼 사랑하게 됨을 말한 것이다.[175]

제1,2절에 이어 군자가 가르침을 나라에 베풀어 백성의 부모가 됨을 설명하고 있다. 『주역』에 성인은 "길하고 흉한 일에 백성과 더불어 한가지로 근심한다." 하였고, "사람과 더불어 같이하는 자는 물건(物)이 반드시 돌아와 모여들

---

[174] 『논어(論語)』이인(里仁)편: 子曰 能以禮讓이면 爲國乎애 何有며 不能以禮讓爲國이면 如禮에 何리오.
[175] 「대학장구(大學章句)」주(註): 詩 小雅南山有臺之篇 只 語助辭 言能絜矩而以民心 爲己心則是 愛民如子而民 愛之如父母矣.

게 된다."고 말씀하였다.[176]

『시경』에도 "아름답고 즐거운 군자의 현명한 덕이 백성과 사람들을 마땅하게 하느니라. 복록을 하늘에서 받거늘, 보우하시어 거듭거듭 명을 내리고 펼치게 한다."고 하였다. 인군이 백성을 자기 자식처럼 여기어 여민동락·여민동환(與民同樂·與民同患)하였으니, 백성 또한 인군을 부모처럼 섬기며 그 덕을 기리는 것이다.[177]

문장 가운데 낙지군자(樂只君子)는 여민동락(與民同樂)의 의미이다.

앞 장의 수신제가장에서는 사람과의 호오(好惡), 제가치국장에서는 백성과의 호오(好惡)를 같이할 것을 강조했다. 이는 인민(人民)을 다스리는 방법도 이치가 하나임을 설명한 것이다.

36. 故로 治國이 在齊其家니라
고   치국   재 제 기 가

그러므로 나라를 다스림이 그 집안을 가지런히 함에 있느니라.

경전해설

앞의 세 절이 제가를 통한 치국임을 다시 밝히어 9장 전반부를 끝맺고 있다.

제1절에서는 이른바 치국이 반드시 제가에 있다고 하여 '반드시 필(必)'을 넣었고, 이곳에서는 '까닭 고(故)'를 넣어 그 연유를 밝히었다. 전반부의 끝인 제4절목은 고(故), 후반부의 끝인 제8절목에서는 차위(此謂)로 표현하여 강조하고 있을 뿐이다. 같은 내용문구를 이루어 전후가 서로 대비된다.

---

[176]. 『주역(周易)』 계사상전: 聖人이 以此로 洗心하야 退藏於密하며 吉凶애 與民同患하야 / 서패(序卦)상전: 與人同者는 物必歸焉이라 故로 受之以大有하고.....
[177]. 『중용(中庸)』 제17장: 詩曰 嘉樂君子의 憲憲令德이 宜民宜人이라. 受祿于天이어늘 保佑命之하시고 自天申之라 하니라.

37. 詩云 桃之夭夭여 其葉蓁蓁이로다
_{시 운 도 지 요 요   기 엽 진 진}

之子于歸여 宜其家人이라 하니
_{지 자 우 귀   의 기 가 인}

宜其家人而后에 可以教國人이니라.
_{의 기 가 인 이 후   가 이 교 국 인}

『시경』에 이르길 "복숭아의 곱고 고움이여, 그 잎사귀가 무성하도다. 처자가 시집감이여. 그 집안을 선하게 하리라."하니 그 집안사람을 선하게 한 뒤에라야 가히 써 나라 사람을 가르칠 수 있느니라.

桃: 복숭아 도 夭: 어릴 요, 예쁠 요 蓁: 우거질 진 于: 갈 우 歸: 시집갈 귀

주자「대학장구」해설

시(詩)는 「주남(周南)」 도요(桃夭)편이다. 요요(夭夭)는 젊고 예쁜 모양, 진진(蓁蓁)은 아름답고 무성한 모양이니 흥기(興起)함이라. 지자(之子)는 '이 여자[是子]'라는 말과 같으니, 여자가 시집가는 것을 가리켜 말한 것이다. 부인이 시집가는 것을 '시집갈 귀(歸)'라고 이른다. 의(宜)는 '착할 선, 잘할 선(善)'과 같다.[178]

경전해설

이 절목은 시집가는 처자의 아름다운 모습을 활짝 핀 복사꽃의 고움과 무성한 잎사귀에 견주며 흥기시키고 있다. 여자(女子)로서의 도리(道理)를 다하여 집안의 화목을 이루고, 식구들을 선하게 함을 칭송하는 내용이다. 제가치국에 있어서 부덕(婦德)의 중요함을 강조하고, 다음 절목에 형제간의 우애를 말함으로써 가인(家人)의 바름이 국인(國人)의 가르침이 됨을 밝힌 것이다.

전반부의 제1절에 집안 식구를 가르쳐야 다른 사람을 가르칠 수 있음을 말

---

[178] 「대학장구(大學章句)」 주(註): 詩 周南桃夭之篇 夭夭 少好貌 蓁蓁 美盛貌 興也 之子 猶言是子 此 指女子之嫁者而言也 婦人謂嫁曰歸 宜 猶善也. 嫁: 시집갈 가 宜: 마땅할 의

하고, 후반부 제1,2절에 다시 '가이교국인(可以敎國人)'을 말하여 '가르칠 교(敎)'를 강조하였다.

38. 詩云 宜兄宜弟라 하니
_{시 운 의 형 의 제}

宜兄宜弟而后에 可以敎國人이니라.
_{의 형 의 제 이 후   가 이 교 국 인}

『시경』에 이르길 "형을 선하게 하고, 아우를 선하게 한다."하니 형을 선하게 하고 아우를 선하게 한 뒤라야 나라사람을 가르칠 수 있느니라.

경전해설

시(詩)는 「소아(小雅)」의 육소(蓼蕭)편이다.[179]

앞 절에서는 부인, 이 절에서는 형제간의 도리를 말하여 나라사람을 가르치는 근본이 가정의 화목과 우애에 있음을 강조하였다. 『중용』에도 "『시경』에 이르길 '처자가 좋아하고 화합함이 거문고와 비파를 타는 것 같으며, 형제가 우애 있어 화락하고 즐거워한다. 네 집안 식구를 마땅하게 하며, 네 처자식을 즐겁게 한다.' 하거늘, 공자께서 말씀하시길 '(그걸 바라보는) 부모의 마음은 평안하실 것이다.'"라고 하였다.[180]

---

[179] 「대학장구(大學章句)」 주(註): 詩 小雅蓼蕭篇. 蓼: 쑥 륙 蕭: 쑥 소
[180] 『중용(中庸)』 제15장: 詩曰 妻子好合이 如鼓瑟琴하며 兄弟旣翕하야 和樂且眈이라 宜爾室家하며 樂爾妻帑라하야늘 子曰 父母는 其順矣乎신저. 翕: 합할 흡 眈: 즐길 탐(=眈) 帑: 처자 노, 금고 탕

39. 詩云 其儀不忒이라 正是四國이라 하니
   시 운 기 의 불 특   정 시 사 국

其爲父子兄弟ㅣ 足法而后에 民이 法之也ㅣ니라
   기 위 부 자 형 제   족 법 이 후   민   법 지 야

『시경』에 이르길 "그 거동이 어긋나지 않으니 사방의 나라를 옳게 바로 잡는다." 하니 그 부자형제 되는 이가 족히 본받은 뒤에 백성들이 법하니라.

儀: 거동 의 忒: 어긋날 특, 틀릴 특

경전해설

시(詩)는 「조풍(曹風)」 시구(鳲鳩)편이다. 특(忒)은 '어긋날 차(差)'이다.[181]

앞의 제1,2절을 통하여 부인과 형제간의 도리를 언급하였으므로, 제3절에서는 이를 이끌어 부자형제를 언급하고 있다. 군자의 거동이 조금도 어긋남이 없으니, 사방의 국가를 옳게 바로잡는다는 시구를 인용하여 먼저 부자형제, 나아가 모든 백성이 이를 본받음으로써 나라가 다스려짐을 설명하고 있다.

40. 此謂治國이 在齊其家니라
   차 위 치 국   재 제 기 가

이를 일러 "나라 다스림이 그 집안을 가지런히 하는 데 있다."고 하니라.

경전해설

전반부는 제가의 기본덕목인 효제자(孝弟慈)로써 나라의 가르침을 이룸을 말하고, 후반부는 『시경』의 시구를 인용하여 가족을 바로 가르쳐야 가도(家道)가 세워지고, 민법(民法)이 국법(國法)이 됨을 설명하였다. 제4절에는 고(故), 제8절에는 차위(此謂)라 하여, 치국이 제가에 있음을 재차 강조하였다.

---

[181]. 「대학장구(大學章句)」 주(註): 詩 曹風鳲鳩篇 忒 差也.

전문 9장 제가치국 총설

右는 傳之九章이니 釋齊家治國 八節이라
우 전지구장   석제가치국   팔절

우는 전문의 9장이니 제가치국을 해석한 8절이라.

   제9장은 모두 8절이며, 전반과 후반의 각 4절로 구성되어 있다. 전문 1~8장까지 32절과 제가치국장의 8절 그리고 치국평천하장의 24절을 합한 32절은 서로 내외배합의 형태이다.
   제8장까지 전(前) 32절은 강목(綱目)에 대한 기본설명으로 가인(家人)의 도(道), 제9, 10장의 후(後) 32절은 가인에 근본한 동인(同人)의 도(道)에 견줄 수 있다.
   『중용』에 "군자의 도는 부부에서 실마리를 짓나니, 그 지극한 데 미쳐서는 천지에 나타난다."고 하였고, 『논어』에 제경공(齊景公)이 공자께 정사에 대해 묻자, "인군이 인군답고, 신하가 신하답고, 아비가 아비답고, 자식이 자식다운 도리를 다함이다."고 답하였다. 이 역시 가도(家道)의 중요성을 강조한 것이다.[182]
   전반부의 제1절은 제가덕목인 효제자(孝弟慈)를 들어서 제가치국을 설명하고 있다. 즉 군자가 효도·공순·자애로 집사람을 가르치고 이를 미루어 남을 가르치니, 집밖을 나서지 않더라도 나라사람에게 교육을 펼칠 수 있음을 말한 것이다. 제2절은 한 집안의 가풍에 의해 나라의 미풍양속이 일어나고, 한 사람의 행실에 의해 나라의 치란(治亂)이 정해짐을 말하고 있다. 제3절은 군자가 백성과 더불어 호오(好惡)를 같이하기에 부모와 같이 여긴다고 하였고, 제4절

---

[182] 『중용(中庸)』 제12장: 君子之道는 造端乎夫婦니 及其至也하야는 察乎天地니라.
/ 『논어(論語)』 안연(顔淵)편: 齊景公이 問政於孔子한대 孔子 對曰 君君臣臣父父子子니이다.

은 제가가 치국의 바탕임을 밝혀 전반부의 글을 끝맺었다.

후반부의 머리인 제5절은 화사한 복사꽃에 견준 아름다운 처자의 신행을 노래한 시구를 인용하여 가인(家人)의 도리를 다하여야 나라사람을 가르칠 수 있음을 흥기시켰다. 뒤이어 제6절에서도 형제의 우애를 노래하여 형제간의 도리를 다하여야 나라사람을 가르칠 수 있음을 강조하였다.

제7절에는 군자의 거동이 도리에 어긋나지 않아 온 나라를 바로잡을 수 있음을 말하고, 그 연유가 부모형제가 법할 수 있는 데에서 백성도 본받기 때문임을 밝혔다. 마지막 제8절은 제4절과 마찬가지로 치국이 제가에 있음을 거듭 말함으로써 글을 끝맺고 있다.

「대학장구본」에는 「착간고정」의 제2절 앞에 성의장의 적자(赤子)절이 있고, 제3절인 낙지(樂只)절 대신 치국평천하장의 요순(堯舜)절이 놓여있다. 이는 「장구본」 치국평천하장의 낙지(樂只)절을 제가치국장으로 「착간고정」한 것이다.

고정논지

앞 문단에는 제1절목에서 제가의 도리인 효 · 제 · 자(孝·弟·慈)의 가르침을 나라에 펼침을 설명하고, 제2절목에서 가인(家人)의 도가 나라에 미치는 영향을 논하고 있으며, 제3절목에도 백성의 부모(父母)가 됨을 언급하여 제가가 치국의 바탕임을 강조하였다.

뒤 문단에는 백성을 가르치려면, 먼저 지어미를 위주로 한 가인(家人)과 형제(兄弟)의 도리에 마땅함이 있어야 함을 언급하고, 뒤이어 백성의 사표가 되어 온 나라를 바로 다스리려면, 부자형제가 모두 법할 수 있어야 함을 강조하였다. 이는 앞 문단에서 언급한 '불출가이성교어국(不出家而成敎於國)'의 구체적인 방법을 제시한 것이다.

제가는 가인(家人), 치국은 동인(同人)의 도이다. 전체 절목에 국가의 치란(治

亂)과 흥망(興亡)이 가정의 윤리교육에 의해 좌우됨을 설명하여, 가인이 동인의 근본임을 밝혀주고 있다.

성교어국(成敎於國)과 효제자(孝弟慈)

사람은 홀로 생활할 수 없는 사회적 존재로서 가정에서 지켜야 할 윤리와 규범이 있으며, 국가사회의 존재바탕이 된다.

제1절목에 "집밖을 나서지 않더라도 가르침을 온 나라에 편다[不出家而成敎於國]."고 한 것은 『주역』 가인괘에 "집안을 바로 함에 나라가 안정된다[正家而天下定矣]."고 이른 바와 같다. 효제자(孝弟慈)로써 가르침의 푯대를 삼은 것은 나를 낳아주신 근본인 부모를 섬기는 효(孝)로부터 신하가 인군을 섬기는 충의(忠義)가 일어나며, 아우가 형을 높이는 제(弟)로부터 나이 어린 사람이 어른을 섬기는 공경(恭敬)이 세워지며, 부모가 자식을 사랑하는 자(慈)로부터 아랫사람을 부리는 관용(寬容)이 베풀어지기 때문이다. 효(孝)와 자(慈)는 상하 부자간, 제(弟)는 그 중간인 형제간의 덕목이라 할 수 있다.

제가치국장에 '가르칠 교(敎)'를 위주로 설명한 까닭은 무엇인가? 제가의 바탕인 효(孝)가 백가지 행실의 근본이며, 이로부터 모든 가르침이 이루어지기 때문이다. 효·제·자 가운데서도 효를 앞세우고 있으며, 교(敎)의 자의(字義)에도 효(孝)를 고무 진작하는 '칠 복, 두드릴 복(攴)'의 뜻이 들어있다.

천하지동(天下之動)과 추기지발(樞機之發)

제2절목에서는 한 집안의 인양(仁讓)이 온 나라에 어질고 사양하는 풍속을 일으키는 반면, 한 사람의 탐려(貪戾)가 나라를 혼란에 처하게 함을 말하여, 한마디 말이 일을 망쳐놓으며 한 사람에 의해 나라가 안정될 수 있음을 설명하였다.

흥인(興仁)과 흥양(興讓)은 여민동락(與民同樂)하여 흥기시킴을 이른다. 일인정국(一人定國)은 『논어』에 '천하귀인(天下歸仁)', 『서경』 홍범에 '회기유극(會歸有極)', 『주역』 계사전에 "천지의 도는 바르게 보이는 것이고, 일월의 도는 바르게 밝히는 것이며, 천하의 움직임은 무릇 하나에 바로 되는 것이다."고 한 바와 같다.[183]

『주역』 가인(家人)괘에 "불이 바람을 따라서 밖으로 번져나가듯이, 군자는 말에 진실성이 있고 행실에 떳떳함이 있어야 한다."[184]고 이른 바와 같이, 언행(言行)은 집안뿐만 아니라 천하에까지 영향을 미치는 '추기(樞機)'가 된다.

중부(中孚)괘에 "우는 학이 숲 그늘에 있거늘 그 새끼가 화답하도다. 내게 좋은 벼슬이 있어 너와 더불어 얽히고자 하노라."는 내용을 빌어, 공자께서 "착한 말은 천 리 밖에까지 감응시키고, 불선한 말은 천 리 밖에까지 어긋나게 만든다. 하물며 가까운 데에 미치는 영향은 더 말할 나위가 없다. 그러므로 언행이야말로 영화와 치욕을 부르는 중추적인 기능을 하므로 '추기(樞機)'로 삼아 늘 삼가라."고 말씀하였다.[185]

부부자자형형제제부부부부(父父子子兄兄弟弟夫夫婦婦)

전체적으로 뒤의 문단은 가도(家道)를 바로 하여 부자형제가 모두 본받을 수 있어야만 백성을 가르치고 나라를 다스릴 수 있다는 내용이다.

가인(家人)괘에 "여자가 안에서 위치를 바르게 하고 남자가 밖에서 위치를 바르게 하니, 남녀의 바름이 천지의 큰 의리이다. 가인이 엄한 인군이 있으니, 부모를 이른다. 아비가 아비답고 자식이 자식다우며, 형이 형답고 아우가 아

---

183. 『주역(周易)』 계사하전 제1장: 天地之道는 貞觀者也오 日月之道는 貞明者也오 天下之動은 貞夫一者也라.
184. 『주역(周易)』 가인(家人)괘: 象曰 風自火出이 家人이니 君子 以하야 言有物而行有恒하나니라.
185. 『주역(周易)』 계사상전: 鳴鶴이 在陰이어늘 其子 和ز로다. 我有好爵하야 吾與爾靡之라하니 子曰 君子 居其室하야 出其言애 善이면 則千里之外 應之하나니 況其邇者乎아. 居其室하야 出其言애 不善이면 則千里之外 違之하나니 況其邇者乎아. 言出乎身하야 加乎民하며 行發乎邇하야 見乎遠하나니 言行은 君子之樞機니 樞機之發이 榮辱之主也라. 言行은 君子之所以動天地也니 可不愼乎아.

우다우며, 남편이 남편답고 아내가 아내다워야, 집안의 도가 바로 서게 되리니, 집안을 바로 세움에 천하가 안정된다."고 하여, 제가가 치국평천하의 근본임을 설명하고 있다.[186]

風火家人　　가인괘의 제1,2,3,4,5효가 모두 바르게 자리하는 정위(正位)로서 각기 처한 바의 도리를 다하고 있으며, 제6효 또한 비록 제자리는 아니나 윗자리에 처해 집안의 어른으로서 위엄을 지키고 가도(家道)를 바로 세우고 있다.

---

186. 『주역(周易)』 가인(家人)괘: 彖曰 家人은 女 正位乎內하고 男이 正位乎外하니 男女正이 天地之大義也라. 家人이 有嚴君焉하니 父母之謂也라. 父父子子兄兄弟弟夫夫婦婦而家道正하리니 正家而天下 定矣리라.

제10장 治國平天下
치 국 평 천 하

	주자 장구본 전문(傳文)		야산 착간고정본 전문(傳文)
	치국평천하(治國平天下)		치국평천하(治國平天下)
1	所謂平天下 在治其國者 上 老老而民 興孝 上 長長而民 興弟 上 恤孤而民 不倍 是以 君子 有絜矩之道也	1	所謂平天下 在治其國者 上 老老而民 興孝 上 長長而民 興弟 上 恤孤而民 不倍 是以 君子 有絜矩之道也
2	所惡於上 毋以使下 所惡於下 毋以事上 所惡於前 毋以先後 所惡於後 毋以從前 所惡於右 毋以交於左 所惡於左 毋以交於右 此之謂絜矩之道	2	所惡於上 毋以使下 所惡於下 毋以事上 所惡於前 毋以先後 所惡於後 毋以從前 所惡於右 毋以交於左 所惡於左 毋以交於右 此之謂絜矩之道
3	詩云 樂只君子 民之父母 民之所好 好之 民之所惡 惡之 此之謂民之父母	3	堯舜 帥天下以仁 而民 從之 桀紂 帥天下以暴 而民 從之 其所令 反其所好 而民 不從
4	詩云 節彼南山 維石巖巖 赫赫師尹 民具爾瞻 有國者 不可以不愼 辟則爲天下僇矣	4	是故 君子 有諸己而後 求諸人 無諸己而後 非諸人 所藏乎身 不恕 而能喩諸人者 未之有也

제 1문단

41. 所謂平天下ㅣ 在治其國者는
　　　소 위 평 천 하　　　재 치 기 국 자

上이 老老而民이 興孝하며
　상　　노로이민　　　 흥효

上이 長長而民이 興弟하며 上이 恤孤而民이
　상　　 장장이민　　　 흥제　　상　　 흘고이민

不倍하나니 是以로 君子는 有絜矩之道也ㅣ 니라
　불패　　　　시이　　 군자　　유혈구지도야

이른바 "천하를 평치함(골고루 비춤)이 그 나라를 다스리는데 있다."는 것은 위에서 노인을 노인으로 섬기면 백성들이 효에 흥기하고, 위에서 어른을 어른으로 모시면 백성들이 공경함에 흥기하며, 위에서 외로운 이를 불쌍히 여기면 백성이 배반하지 아니하나니, 이 때문에 군자는 혈구(曲尺. 직각을 재는 잣대)의 도가 있느니라.

恤: 구휼할 휼 孤: 외로울 고 倍: 배반할 패, 곱 배 絜: 잴 혈, 헤아릴 혈 矩: 법 구

주자「대학장구」해설

노로(老老)는 이른바 내 노인을 노인으로 공경하는 바이다. 흥(興)은 느끼고 분발하는 바가 있어 흥기(興起)함을 말한다. 고(孤)는 어린 나이에 아버지를 여읜 자를 일컫는다. 혈(絜)은 '헤아릴 탁(度)', 구(矩)는 방정(方正)하게 만드는 곱자[尺, 내 마음]이다. 이 세 가지[老老·長長·恤孤]는 위에서 행하고 아래에서 본받음이 그림자와 메아리보다 빠름을 말하니, 이른바 집안을 가지런히 해서 나라를 다스리는 방법이다. 또한 사람의 마음이 같은 바를 볼 수 있으니, 가히 한 사람도 얻지 못함이 있어서는 안 될 것이다. 이로써 군자는 마땅히 인심(人心)이 같은 바[如心=恕]로 인해서, 미루어 남[物]을 헤아려 피차지간에 각각 분수에 맞는 원함을 얻게 된다면, 상하사방이 균제 방정하여 천하가 평안해질 것이다.[187]

경전해설

제9장 제가치국의 효·제·자(孝·弟·慈)를 여기에서 다시 언급하여 제가치국 평천하의 도가 같은 척도(尺度)임을 말하고, 상(上)으로 표현하여 앞의 장들과 구분하였다.

노로(老老)는 '효도 효(孝)'를 흥기시키는 직접적인 방법이다. 말하자면 백성

---

[187]. 「대학장구(大學章句)」주(註): 老老 所謂老吾老也 興 謂有所感發而興起也 孤者 幼而無父之稱 絜 度也 矩 所以爲方也 言此三者 上行下效 捷於影響 所謂家齊而國治也 亦可以見人心之所同而不可使有一夫之不獲矣 是以 君子 必當因其所同 推以度物 使彼我之間 各得分願則上下四旁 均齊方正 而天下平矣. 稱: 일컬을 칭 捷: 빠를 첩 影: 그림자 영 響: 소리 향 獲: 얻을 획 度: 헤아릴 탁

의 부모인 인군이 자신의 부모를 극진히 섬기면 이를 지켜보는 백성들은 "인군이 제 부모뿐만 아니라 노인들을 제 부모처럼 여길 테니 우리도 효도해야 한다."하며 자연스럽게 효(孝)가 흥기된다는 내용이다.

장장(長長)은 '공경할 제(弟)'를 흥기시키는 직접적인 방법이다. 나라의 어른인 인군이 어른들을 공경하면, 백성 모두가 "어른을 공경해야 한다."하며 제(弟)가 흥기된다는 뜻이다.

휼고(恤孤)는 '사랑할 자(慈)' 흥기시키는 직접적인 방법이다. 인군이 백성들 가운데 홀아비·과부·고아·독거노인 등 외롭고 의지할 곳이 없는 환과고독(鰥寡孤獨)[188]을 친 혈육(血肉)처럼 여기면, 인륜을 거슬리지 않고 상부상조하는 자(慈)가 흥기된다는 의미다.

상(上)인 인군자리에 오른 임금이 노로·장장·휼고(老老·長長·恤孤)를 하여 효·제·자(孝·弟·慈)를 흥기시킴으로써, 천하국가를 평치하는 것은 혈구(絜矩)의 도이다. 이는 곡척(曲尺)[189]으로써 사방을 균제방정하게 만드는 이치와도 같은 것이다.

자로 재듯 정확히 모든 민심(民心)을 헤아려서 다스린다면, 상하사방의 어느 곳에도 기울지 않는 도가 있게 되는데 이를 '혈구지도(絜矩之道)'라 한다.

42. 所惡於上으로 毋以使下하며 所惡於下로 毋以事上하며
　　소 오 어 상　　무 이 사 하　　소 오 어 하　　무 이 사 상
　　所惡於前으로 毋以先後하며 所惡於後로 毋以從前하며
　　소 오 어 전　　무 이 선 후　　소 오 어 후　　무 이 종 전
　　所惡於右로 毋以交於左하며 所惡於左로 毋以交於右ㅣ
　　소 오 어 우　　무 이 교 어 좌　　소 오 어 좌　　무 이 교 어 우

188. 鰥: 홀아비 환 寡: 과부 과 孤: 고아 고 獨: 자식이 없는 독거노인 독
189. 직각선을 그리는 곱자

此之謂絜矩之道니라
차 지 위 혈 구 지 도

위에서 싫은 바로 아래를 부리지 말며, 아래에서 싫은 바로 위를 섬기지 말며, 앞에서 싫은 바로 뒤를 앞서지 말며, 뒤에서 싫은 바로 앞을 따르지 말며, 오른쪽에서 싫은 바로 왼쪽을 사귀지 말며, 왼쪽에서 싫은 바로 오른쪽을 사귀지 않는 것 이를 일러 '혈구지도'라고 하니라.

毋: 말 무 使: 부릴 사 事: 섬길 사 前: 앞 전 後: 뒤 후

주자「대학장구」해설

이는 위의 글 혈구(絜矩) 두 글자의 뜻을 반복해서 해설한 것이다. 만약 나에 대한 윗사람의 무례(無禮)를 원치 않는다면, 반드시 이로써 아랫사람의 마음을 헤아려 역시 이런 무례함으로 부리지 않으며, 나에 대한 아랫사람의 불충(不忠)을 원치 않는다면, 반드시 이로써 윗사람의 마음을 헤아려 역시 이런 불충함으로 섬기지 않아야 하니, 전후·좌우에 이르러 모두 그렇지 않다면, 몸이 처한 상하·사방에 장단(長短)과 광협(廣狹)이 피차 여일(如一)해서 방정하지 않음이 없을 것이다. 똑같은 이 마음이 있어 흥기하는 것인데, 어찌 한 사람이라도 얻지 못함이 있겠는가. 잡는 바가 간략하지만 미치는 바는 넓으니, 이것이 천하를 평치하는 중요한 도이다. 그러므로 10장의 뜻은 모두 혈구로부터 미루어가는 것이다.[190]

경전해설

이 절목에서는 혈구의 도가 중(中)을 잡아 균제방정(均齊方正)하게 대동평치(大同平治)하는 것임을 밝히고 있다. 자신의 마음을 중(中)에 두고서 상하·전

---

190. 「대학장구(大學章句)」주(註): 此 覆解上文絜矩二字之義 如不欲上之無禮於我則必以此 度下之心而亦不敢以此無禮 使之 不欲下之不忠於我則必以此 度上之心 而亦不敢以此不忠 事之 至於前後左右 無不皆然則身之所處 上下四旁 長短廣狹 彼此如一而無不方矣 彼同有是心而興起焉者 又豈有一夫之不獲哉 所操者 約而所及者 廣 此 平天下之要道也 故 章內之意 皆自此而推之.
　覆: 반복할 복 度: 헤아릴 탁 解: 풀 해 旁: 두루 방 狹: 좁을 협 操: 잡을 조

후·좌우의 상대적인 예를 구체적으로 들어 설명하고 있다. 섬김과 부림, 앞서감과 뒤따름, 좌우의 사귐에 있어서, 서로 싫어하지 않는 중도(中道)로 행함이 혈구의 도라는 것이다. 이는 『서경』 홍범에서 이른 왕자(王者)의 도는 탕평정직(蕩平正直)에 뿌리를 두니, 중(中)을 잡아 편당(偏黨) 없앰이 천하국가를 다스리는 대본(大本)이라는 것이다.[191]

『중용』에 공자께서 "군자의 도가 네 가지인데, 나는 하나도 능하지 못하다. 자식에게 바라는 만큼 부모 섬김에 능치 못하며, 신하에게 바라는 만큼 인군 섬김에 능치 못하며, 아우에게 바라는 만큼 형 섬김에 능치 못하며, 붕우에게 바라는 만큼 먼저 베풀지를 못한다."고 겸양(謙讓)하신 말씀도 이 절과 통한다.[192]

43. 堯舜이 帥天下以仁하신대 而民이 從之하고
요순   솔천하이인   이민   종지

桀紂ㅣ 帥天下以暴한대 而民이 從之하니
걸주   솔천하이포   이민   종지

其所令이 反其所好ㅣ면 而民이 不從하나니라
기소령   반기소호   이민   부종

요순이 천하를 어짊[仁]으로 거느리신대 백성들이 그를 따랐고, 걸주가 천하를 포악함으로 거느리건대 백성이 그를 따랐으니, 그 명령하는 바가 그 좋아하는 것과 상반되면 백성들은 좇지 않느니라.

帥: 거느릴 솔, 장수 수 從: 따를 종, 좇을 종 暴: 사나울 포, 사나울 폭

---

191. 『서경(書經)』 홍범(洪範)편 오황극조(五皇極條): 無偏無陂하야 遵王之義하며 無有作好하야 遵王之道하며 無有作惡하야 遵王之路하라. 無偏無黨하면 王道 蕩蕩하며 無黨無偏하면 王道 平平하며 無反無側하면 王道 正直하리니 會其有極하야 歸其極하리라.
192. 『중용(中庸)』 제13장: 君子之道 四에 丘未能一焉이로니 所求乎子로 以事父를 未能也하며 所求乎臣으로 以事君을 未能也하며 所求乎弟로 以事兄을 未能也하며 所求乎朋友로 先施之를 未能也로니....

경전해설

　이 절은 선정을 베풀었던 요순과 폭정을 일삼았던 걸주의 상반된 예를 들어 앞 절의 혈구의 도를 구체적으로 설명하였다. 상(上)인 임금이 성인 요순이든 폭군 걸주이든 관계없이, 천하백성들은 자신들의 좋아하는 바에 합하면 상명(上命)에 복종하고 이와 반대되면 따르지 않는다. 그러므로 다스리는 방법은 제9장의 낙지(樂只)절에서 언급한대로 백성과 더불어 호오(好惡)를 같이함에 있다.

　앞에서 언급한 상(上)은 가장 윗자리에 있는 천자이므로, 제위에 올랐던 요순과 걸주로써 예시한 이 절이 여기에 있음이 당연하다. 본래「장구본」의 제9장에 있었던 것을 제10장 3절에 고정하였다.

　한편「장구본」에서는 이 절 대신 낙지(樂只)절[193]을 넣어 앞 절의 뒤를 이었으나, 이는 '민(民)의 호오(好惡)'에 대한 내용이므로 마땅히 제9장인 제가치국장에 있어야한다.

44. 是故로
君子는 有諸己而後에 求諸人하며
無諸己而後에 非諸人하나니
所藏乎身이 不恕ㅣ오 而能喩諸人者ㅣ 未之有也ㅣ니라

이 때문에 군자는 자기에게 (선이) 있은 뒤에 남에게 요구하며, 자기에게 (불선이) 없는 뒤에 남에게 그르다고 하는 것이니, 자기 몸에 간직한 바가 서(恕)가 아니고서 다른 사람을 깨우칠 사람은 있지 아니하니라.

非: 아닐 비, 그릇될 비　喩: 깨우칠 유

---

[193].「고정본」제9장 3절목: 詩云樂只君子여 民之父母라하니 民之所好를 好之하며 民之所惡를 惡之 此之謂民之父母니라.

주자「대학장구」해설

자기에게 선함이 있는 뒤에 남의 선을 꾸짖을 수 있고, 자기에게 악함이 없는 뒤에 남의 악을 바로잡을 수 있으니, 모두 자기를 미루어 남에게 미치니 이른바 '용서할 서(恕)'라는 것이다. 이와 같이 아니하면 명령하는 바가 좋아하는 것에 상반되면 백성들이 복종하지 않을 것이다. 유(喩)는 '깨달을 효(曉)'의 의미다.[194]

경전해설

이 시고(是故)절은 제10장의 첫째 문단을 마치는 제4절이나,「장구본」에서는 앞의 요순절 뒷부분에 속하여 한 절을 이루고 있다. 치국평천하장은 전체가 6문단이며 각 4절씩 총 24절로 나뉘어있고, 제5문단까지는 끝 절이 시고(是故) 절목으로서 결론을 맺고 있다.

여기서는 혈구의 도가 다름 아닌 '충서(忠恕)'임을 말하였다. 성심성의를 다함이 충(忠), 자기의 마음을 미루어 남도 같음을 알아 상대를 용서·포용(容恕·包容)함이 서(恕)이니, 이는 군자가 행하는 혈구의 도이다.

남에게 요구하려면 마땅히 자신부터 갖추어야 하고 그릇됨을 비난하려면 스스로 허물이 없어야 한다. 자기 몸에 간직한 바가 용서받지 못할 짓을 하면서, 사람을 능히 일깨울 자가 있겠는가? 『중용』에 "충서(忠恕)가 도에서 멀지않으니, 나에게 베풀어보아 원치 않거든 남에게 베풀지 말라."고 하고 『주역』에 "사귀고 베푼 뒤에 남에게 구하여야 하니, 사귄 적이 없는데 요구하면 백성이 더불어 주지 않는다."고 한 바도 이러한 뜻이다.[195]

---

194. 「대학장구(大學章句)」주(註): 有善於己然後 可以責人之善 無惡於己然後 可以正人之惡 皆推己以及人 所謂恕也 不如是則所令反其所好而民不從矣 喻 曉也.
195. 『중용(中庸)』제13장: 忠恕 違道不遠하니 施諸己而不願을 亦勿施於人이니라. /
『주역(周易)』계사하전 제5장: 子曰君子 安其身而後에아 動하며 易其心而後에아 語하며 定其交而後에아 求하나니 君子 脩此三者故로 全也하나니 危以動하면 則民不與也코 懼以語하면 則民不應也코 无交而求하면 則民不與也하나니 莫之與하면 則傷之者 至矣나니 易曰莫益之라 或擊之리니 立心勿恒이니 凶이라하니라.

참고

평(平)은 하늘의 운행법도를 가리키는 간(干)에다가 나눔을 뜻하는 팔(八)을 더해서 하늘의 도가 어느 한쪽으로 치우침이 없이 만물에게 골고루 베풀어지는 것을 나타낸다. 여기에서 '고르다, 평평하다, 다스리다'는 뜻이 나온다. 평천하(平天下)라고 하면 천하를 고르게, 평평하게 다스린다는 뜻이다.

혈(絜)은 무성하게 자란 삼대[丰=풀이 자라 산란할 개]를 칼로 베어[刀] 한 단씩 묶어놓은[糸] 데서 '재다, 헤아리다, 묶다, 삼 한 단'을 뜻한다. 본래는 지은 죄나 허물의 더러움을 깨끗이 닦아내기 위해 손가락에 칼집을 내어 피를 내고 삼실[糸]로 매어둔다는 의미라고 한다. 대개 죄를 짓거나 악행을 저지르면 몸에 더러운 피가 흐른다고 하지 않는가.

구(矩)는 방형(方形)을 그리는데 쓰는 '곱자, 자'를 뜻한다. 곱자나 자로 각도나 길이를 정확히 재듯이, 곧고 바른[矢] 큰[巨] '법'을 뜻하기도 한다. 시(矢)는 화살의 모양이 곧고 바른 데서 '곧다, 바르다'는 뜻으로 쓰였다. 거(巨)는 자[工]를 손으로 움켜쥔 모습을 본뜬 글자로, 대표적인 공구(工具)인 직각자와 그 손잡이를 뜻한다. 나아가 물건을 만드는 데에 공구의 힘이 크므로 '크다'는 뜻으로 주로 쓰인다.

제1문단 총설

혈구지도(絜矩之道)와 왕용삼구(王用三驅)

제1절목은 윗사람[上]이 솔선수범하여 노인을 노인으로 섬기고 어른을 어른으로 공경하며 외로운 이를 불쌍히 여겨야, 아랫사람인 백성이 효·제·자(孝·弟·慈)에 흥기된다고 하고, 이것이 천하국가를 다스리는 혈구(絜矩)의 도임을 말하였다.

혈구(絜矩)란 곱자(직각자)로 사방의 눈금을 재서 그리는 것이다. 따라서 어느 한 쪽으로 기울거나 모자람이 없이 두루 균제방정하게 만드는 방법을 말한다. 이는 『서경』 홍범의 오황극(五皇極)이 펼치는 탕평정직(蕩平正直)의 도로서, 무당무편(無黨無偏)하고 공정무사(公正無私)한 다스림을 이른다.[196]

☷☵ 홀로 인군의 위(位)에 처한 양[─]이 강건하고 중정한 도로써 모든
水地比 음[--]들을 통솔(統率)하는 비(比)괘에 "두드러지게 돕는 현비(顯比)니, 왕이 사냥할 때 세 군데로 몰아가는 삼구법(三驅法)을 쓴다."고 하고, "살기위해 앞쪽으로 도망치는 짐승은 잡지 않으니, 읍 사람들이 경계하지 않아 길하다."고 하였다.[197]

비(比)는 본래 돕는다는 뜻이나, 백성은 임금을 사표(師表)로 거울삼아 견주고 임금은 백성이 사는 모습으로 거울삼아 견준다는 뜻에서는 '견줄 비'가 된다. 인군이 솔선(率先)하여 중정한 도를 행함에, 백성이 이를 척도·법도·준칙(尺度·法度·準則)으로 삼아 비교·비유·비견·비율(比較·比喩·比肩·比率)하고 즐거이 따르니, 혈구(絜矩)에 합한다. 공자는 "땅 위에 물이 있는 것이 비(比)니, 선왕이

---

[196] 『서경(書經)』 홍범(洪範) 오황극(五皇極): 無偏無陂하야 遵王之義하며 無有作好하야 遵王之道하며 無有作惡하야 遵王之路하라. 無偏無黨하면 王道 蕩蕩하며 無黨無偏하면 王道 平平하며 無反無側하면 王道 正直하리니 會其有極하야 歸其有極하리라.
[197] 『주역(周易)』 비(比)괘: 九五는 顯比니 王用三驅에 失前禽하며 邑人不誡니 吉토다. 象曰 顯比之吉은 位正中也오 舍逆取順이 失前禽也오 邑人不誡는 上使中也 일새라.

이로써 만국을 세우고 제후를 친화하였다."[198]고 하였다.

제1절목에서 상(上)과 민(民)의 노로·흥효(老老·興孝), 장장·흥제(長長·興弟), 휼고·흥자(恤孤·興慈)를 언급한 것이 삼구법(三驅法)에 부합한다 하겠다.

육합(六合)과 충서(忠恕)

제2절목에서는 앞에서 설명한 혈구의 도를 상하전후좌우가 합하는 육합(六合)에 견주어 호오(好惡)의 중정(中正)을 강조했다. 뒤이어 예로 요순과 걸주를 들어 백성의 호오(好惡)와 합하는가의 여부에 따라 치란존망(治亂存亡)이 결정됨을 설명하였다.

혈구의 도는 호오(好惡)에 있어서, 자신의 중정함을 세워 어느 한편으로 기울거나 소홀함이 없이 두루 합치·합의하여 천하를 다스리는 법도이다. 여섯 가지로 나누어 설명한 것도 이러한 까닭이다. 역의 이치로는 상하전후좌우로 나눈 허공이 육허(六虛)이고 합친 공간이 육합(六合)이며, 육합에 의해 음양이 오르내리는 단계를 베풀고, 진퇴소장(進退消長)의 자리를 정한 것이 육위(六位)이다. 12시의 운용도 여기에서 말미암는다.[199]

마지막 절목은 직접 충(忠)을 언급하지 않았으나, 전후문맥상 충서(忠恕)에 대한 내용이다. 대개 자신을 다 바쳐 노력함을 충(忠), 남이 나와 같음을 알아 이해하고 용서하는 마음을 서(恕)라 이르니, 충(忠=中心)과 서(恕=如心)의 글자 가운데 그 뜻이 들어 있다.

충·서(忠·恕) 또한 앞에서 언급한 혈구의 도이다. 컴퍼스로 중심(中心)을 세우고 돌리면 동심원(同心圓)을 그릴 수 있으니, 안의 중심은 충(忠), 밖의 원궤도는 서(恕)에 상응한다.

---

198. 『주역(周易)』 비(比)괘: 地上有水 比니 先王이 以하야 建萬國하고 親諸侯하니라.
199. 『주역(周易)』 건(乾)괘: 大明終始하면 六位時成하나니, 時乘六龍하야 以御天하나니라[크게 종시를 밝히면 여섯 자리가 때로 이루어지나니, 때로 육룡을 타서 하늘을 몰아 운전한다].

충서의 도를 회전운동에 견주면, 물체가 원의 중심을 향하는 구심력과 이에 따라 상대적으로 직선 방향으로 나아가려는 원심력의 조화에 의해 궤도의 운행이 이루어진다. 만일 물체가 구심력을 잃으면 원심력만 남아 원궤도를 이탈하게 된다. 여기에서 충(忠)이 서(恕)의 근원이치, 충(忠)에 의한 현상작용이 서(恕)가 되는 연유를 알 수 있다.

충서(忠恕)의 이치를 넓히면 무한한 대우주까지 미치고, 좁히면 극미한 소우주인 이 몸에까지 미친다. 태양을 중심으로 공전(公轉)하는 행성의 예로 설명하면, 충(忠)은 행성들이 태양을 구하는 것이고, 서(恕)는 행성들간에 서로 조화를 이루며 운행하는 것을 이른다.

체용관계인 충서(忠恕)는 부자형제간의 효제(孝弟)사상을 낳고, 나아가 중정(中正)에 의한 대동(大同)철학의 논리적 기초를 이룬다. 사람이 만물의 영장인 것도 이 도를 행할 수 있기 때문이며, 유학의 핵심 또한 이 도라고 하여도 과언이 아니다. 충서가 없다면 회전운동이 멈추듯이 도가 끊기므로, 군자는 오직 이를 바탕으로 길을 나아갈 뿐이다.

종부종(從不從)과 득상붕(得喪朋)

요순은 천하백성의 호오(好惡)와 합치했기에 백성들이 따랐고, 걸주는 반(反)하였기에 떠났으니, 그 존망의 열쇠가 혈구에 의한 '호오(好惡)의 중정여부'에 있을 뿐이다.

『주역』곤(坤)괘에서 문왕은 '선미후득(先迷後得)'과 '서남득붕 동북상붕(西南得朋 東北喪朋)'을 말씀하였고, 이어 공자께서는 "앞장서면 아득하여 도를 잃고 뒤따르면 순해서 떳떳함을 얻으리니, 서남에서 벗을 얻음은 류(類)와 더불어 행함이고 동북에서 벗을 잃음은 이에 마침내 경사가 있음이라."고 음(陰)의 도리를 설명하였다. 그 연유를 다시 건(乾)괘에서 밝히시기를 "같은 소리는 서로

응하며, 같은 기운은 서로 구해서, 물은 젖은 데로 흐르며, 불은 마른 데로 나아가며, 구름은 용을 쫓고, 바람은 범을 따른다. 성인이 일어나심에 만물이 우러러보나니, 하늘에 근본한 것은 위를 친하고, 땅에 근본한 것은 아래를 친하여 제각기 그 류(類)를 따른다."고 하였다.[200]

이는 팔괘가 각기 호오(好惡)하는 바를 쫓아 부류가 모이고 무리가 나뉘는 '유취군분(類聚羣分)'의 이치를 설명한 것이다. 중정지도(中正之道)를 펼쳐 온 천하가 대동변혁(大同變革)함도 성인이 백성과 호오(好惡)를 함께했기 때문이다.

---

[200]. 『주역(周易)』 곤(坤)괘: 先하면 迷하야 失道하고 後하면 順하야 得常하리니 西南得朋은 乃與類行이오 東北喪朋은 乃終有慶하리니 安貞之吉이 應地无疆이니라. / 건문언전(乾文言傳): 九五曰 飛龍在天利見大人은 何謂也오. 子曰 同聲相應하며 同氣相求하야 水流濕하며 火就燥하며 雲從龍하며 風從虎라. 聖人이 作而萬物이 覩하나니 本乎天者는 親上하고 本乎地者는 親下하나니 則各從其類也니라.

	주자 장구본 전문(傳文)		야산 착간고정본 전문(傳文)
	치국평천하(治國平天下)		치국평천하(治國平天下)
5	詩云 殷之未喪師 克配上帝 儀監于殷 峻命不易 道得衆則得國 失衆則失國	5	詩云 節彼南山 維石巖巖 赫赫師尹 民具爾瞻 有國者 不可以不愼 辟則爲天下僇矣
6	是故 君子 先愼乎德 有德 此有人 有人 此有土 有土 此有財 有財 此有用	6	詩云 殷之未喪師 克配上帝 儀監于殷 峻命不易 道得衆則得國 失衆則失國
7	德者 本也 財者 末也	7	康誥 曰惟命 不于常 道善則得之 不善則失之矣
8	外本內末 爭民施奪	8	是故 君子 有大道 必忠信以得之 驕泰以失之

제 2문단

45. 詩云 節彼南山이여 維石巖巖이로다
　　　시 운　절 피 남 산　　　유 석 암 암

赫赫師尹이여 民具爾瞻이라 하니
혁 혁 사 윤　　　민 구 이 첨

有國者ㅣ 不可以不愼이니 辟則爲天下僇矣니라
유 국 자　불 가 이 불 신　　　벽 즉 위 천 하 륙 의

『시경』에 이르길 "깎아지른 저 남산이여! 돌이 뾰족뾰족하도다. 으스대는 사윤이여. 백성이 모두 너를 쳐다본다." 하니, 나라를 다스리는 이가 가히 삼가지 않을 수 없으니, 편벽되면 천하의 죽임이 되느니라.

節: 마디 절, 끊어질 절 巖: 바위 암 維: 벼리 유 赫: 빛날 혁, 붉을 혁 具: 갖출 구, 함께 구 爾: 너 이
瞻: 볼 첨 僇: 죽일 륙

주자「대학장구」해설

　시(詩)는 「소아(小雅)」 절남산(節南山)편이다. 절(節)은 깎아지른 듯 높고 큰 모

양이다. 사윤(師尹)은 주나라 태사(太史)인 윤씨(尹氏)이다. 구(具)는 '함께 구(俱)'이고, 벽(辟)은 '치우칠 편(偏)'이다. 윗자리에 있는 자는 사람들이 우러러보니 가히 삼가지 않을 수 없다는 말이다. 만약 능히 혈구(絜矩)하지 못하고 호오(好惡)를 자기 한 사람의 편벽(偏僻)에만 따른다면, 자신도 시해(弑害)당하고 나라도 망(亡)하여 천하의 큰 죽임이 된다.[201]

경전해설

여기서부터는 제2문단이다. 『시경』과 「강고」편의 글을 인용하여 천하국가를 다스리는 일이 지극히 어려우니 교만(驕慢)하지 말 것을 경계하는 한편, 앞 1문단의 충서(忠恕)에 이어 충신(忠信)을 강조하고 있다. 이 문단의 글을 보면 주로 득실(得失)을 언급하여 나라의 존망성패를 논하고 있는 것이 특징이다

머리인 절피(節彼)절은 윤씨를 경계한 시구를 인용하여, 나라의 막중한 책임을 진 자가 그 직분을 망각하고 개인의 호오(好惡)에 편벽되면, 그 위세가 당당하여 하늘을 찌를 것 같아도 오히려 천하 사람들에게 시해당한다고 하였다. 이는 8장인 수신제가장의 호인(好人)절에서 "남이 싫어하는 바를 좋아하고 좋아하는 바를 싫어함은 사람의 본성을 거슬리는 일이니, 반드시 재앙이 그 몸에 미친다."고 한 뜻과 통한다.

『주역』에도 "성인이 일어나심에 만물이 우러러본다[聖人作而萬物覩]."고 한 반면, 항룡유회(亢龍有悔)를 경계하여 "높다는 말은 나아갈 줄만 알고 물러날 줄을 모르며, 존할 줄만 알고 망할 줄을 모르며, 얻을 줄만 알고 잃을 줄을 모르니, 오직 성인이어야 진퇴존망을 알아 바름을 잃지 않는다."고 하였다.[202]

---

201. 「대학장구(大學章句)」 주(註): 詩 小雅節南山之篇 節 截然高大貌 師尹 周太史尹氏也 具 俱也 辟 偏也 言在上者 人所瞻仰 不可不謹 若不能絜矩而好惡 徇於一己之偏則身弑國亡 爲天下之大戮矣.
截: 끊을 절 俱: 함께 구 偏: 치우칠 편 仰: 우러를 앙 徇: 따를 순 弑: 죽일 시 戮: 죽일 륙
202. 『주역(周易)』 건문언전(乾文言傳): 亢之爲言也는 知進而不知退하며 知存而不知亡하며 知得而不知喪이니 其唯聖人乎아. 知進退存亡而不失其正者 其唯聖人乎., 져.

46. 詩云 殷之未喪師에 克配上帝러니 儀監于殷이어다
시운 은지미상사 극배상제 의감우은

峻命不易라 하니 道得衆則得國하고 失衆則失國이니라
준명불이 도득중즉득국 실중즉실국

『시경』에 이르길 "은나라가 백성을 잃지 않았을 때는 능히 상제를 짝할 수 있었으니, 마땅히 은나라를 거울삼을지어다. 큰 명은 쉽지 않다."고 하니 무리를 얻으면 나라를 얻고, 무리를 잃으면 나라를 잃음을 말함이니라.

師: 무리 사, 克: 능할 극, 이길 극 配: 짝 배 儀: 거동 의, 법 의 監: 볼 감, 거울 감 峻: 높을 준

주자「대학장구」해설

시(詩)는 문왕(文王)편이다. 사(師)는 '무리 중(衆)'이다. 배(配)는 '마주대할 대(對)'니, 배상제(配上帝)는 천하의 인군이 되어 상제를 마주대함을 말한다. 감(監)은 '볼 시(視)', 준(峻)은 '클 대(大)'이다. 불이(不易)는 보전하기 어렵다는 말이다. 도(道)는 '말씀 언(言)'이다. 『시경』을 이끌어 말하여 윗글 두 절[樂之, 節彼]의 뜻을 맺은 것이다. 천하를 다스리는 자가 능히 이 마음을 보존하여 잃지 않으면, 혈구(絜矩)하여 백성과 함께하고자 하는 바를 스스로 능히 그만둘 수 없을 것이다.[203]

경전해설

제1절에서는 개인의 존망(存亡), 제2절에서는 나라의 득실(得失)을 말하였다. 혈구의 도를 행한 은나라의 선대에는 천하를 얻고 능히 상제께 마주 대할만 하였으나, 후대 폭군인 주(紂)에 이르러서는 민심을 잃고 마침내 천명을 보존치 못하고 잃게 되었다.

---

[203]. 「대학장구(大學章句)」 주(註): 詩 文王篇 師 衆也 配 對也 配上帝 言其爲天下君而對乎上帝也 監 視也 峻 大也 不易 言難保也 道 言也 引詩而言此 以結上文兩節之意 有天下者 能存此心而不失則所以絜矩而與民同欲者 自不能已矣.

이를 거울삼아 큰 명은 지키기가 어렵다는 것을 법해야 하니, 민심을 얻고 잃음에 따라 천명이 바뀌며 나라의 존망·득실이 정해지는 것이다. 『주역』에도 "위태롭게 여기는 자를 평안하게 해주고, 쉽게 여기는 자를 기울게 한다[危者使平, 易者使傾]."고 하였다.

극배상제(克配上帝)는 천자의 위(位)에 올라 홀로 상제를 마주 대하고, 천명을 받아 군사(君師)로서 대신 다스리고 가르치는 것이다. 『서경』 홍범에 "황극이 펴는 말씀은 떳떳한 인륜법도의 가르침이니, 이는 상제께서 가르치시는 것이다."고 하였다.[204]

『주역』에 "선왕이 먼저 하늘의 상제께 제사올리고, 그 옆에 돌아가신 조상의 신위(神位)를 나란히 배향(配享)해서 성대히 지냈다"[205]고 한 바도 극배상제(克配上帝)에 상응한다.

47. 康誥에 曰惟命은 不于常이라 하니
강 고   왈 유 명   불 우 상

道善則得之하고 不善則失之矣니라
도 선 즉 득 지   불 선 즉 실 지 의

강고에 이르길 "오직 명은 항상 하지 아니하다." 하니,
선하면 얻고 선하지 아니하면 잃음을 말함이니라.

주자「대학장구」해설

도(道)는 '말씀 언(言)'이다. 윗글에서 인용한 문왕편 시(詩)의 뜻으로 인하여 거듭 말하였으니, 정녕(丁寧) 반복한 뜻이 더욱 깊고 간절하다.[206]

---

[204] 『서경(書經)』 홍범(洪範) 오황극조(五皇極條): 皇極之敷言이 是彛是訓이니 于帝其訓이시니라.
[205] 『주역(周易)』 예(豫)괘: 象曰 雷出地奮이 豫니 先王이 以하야 作樂崇德하야 殷薦之上帝하야 以配祖考하니라.
[206] 「대학장구(大學章句)」 주(註): 道 言也 因上文引文王詩之意而申言之 其丁寧反覆之意 益深切矣.

경전해설

　은지(殷之)절에서 나라의 득실을 논한데 이어, 이 절에서는 천명이 항시 일정한 곳에 고정되지 않음을 강고의 글로써 인용하고 있다. 나라의 득실이 오직 상(上)의 선과 불선 여부에 있음을 구체적으로 밝히고 있다.

　「장구본」에서는 이 절이 다음 4절인 시고(是故)절 다음에 있으나, 문장의 뜻이 앞 절과 연계되고, 또한 다 같이 득실(得失)을 언급하고 있으므로 여기에 놓임이 마땅하다.

48. 是故로
　　　시 고

君子ㅣ 有大道하니 必忠信以得之하고 驕泰以失之니라
　군 자　　유 대 도　　　필 충 신 이 득 지　　　교 태 이 실 지

이런 까닭에 군자에게는 큰 도가 있으니,
반드시 충직과 신의로써 얻고 교만과 거만함으로써 잃게 되느니라.

驕: 교만할 교　泰: 넉넉할 태

주자「대학장구」해설

　군자는 '자리 위(位)'로써 말한 것이다. 도(道)는 그 자리에 거하면서 수기치인(修己治人)하는 길이다. 자기를 분발(奮發)하여 스스로 다하는 것이 충(忠), 물(物)에 따라 어기지 않는 것이 신(信)이다. 교(驕)는 자랑하고 높이는 것, 태(泰)는 사치하고 방자한 것이다. 이는 위에서 인용한 문왕·강고편의 뜻을 인하여 말한 것이다. 10장 안에 3번이나 득실(得失)을 언급하였는데 여기의 말이 더욱 더 간절하니, 이에 이르러 천리존망(天理存亡)의 기미가 결정되기 때문이다.[207]

---

[207]. 「대학장구(大學章句)」 주(註): 君子 以位言之 道 謂居其位而脩己治人之術 發己自盡 爲忠 循物無違 謂信 驕者 矜高 泰者 侈肆 此 因上所引文王康誥之意而言 章內三言得失而語益加切 蓋至此而天理存亡之幾 決矣.
　　術: 꾀 술, 길 술　矜: 자랑할 긍　侈: 사치할 치　肆: 방자할 사

경전해설

"역(易)은 백성의 행실을 구제하고자 그 득실(得失)의 응보(應報)를 밝힌 글이다."[208]라고 한 『주역』의 말씀과 같이, 2문단에서는 선·불선여부에 따른 응보로써 나라의 득실이 정해짐을 밝히고 있다. 앞 절에서 선·불선을 언급하였으므로, 이 절에서 다시 그 선이 충신(忠信), 불선이 교태(驕泰)에서 연유함을 강조하였다.

제1절에서 나라를 다스리는 자가 편벽되고 삼가지 못하면 목숨을 잃게 됨을 경계하고, 제2절에서 민심의 득실에 따라 나라의 득실이 정해짐을 은나라를 거울삼아 말하였다. 제3절에서 다시 선·불선에 따라 나라의 득실이 정해짐을 밝혔으므로, 마지막 절인 이곳에서 그 구체적인 방법이 군자가 '충신(忠信)으로 얻고 교태(驕泰)로 잃는다.'는 도에 있음을 말하였다.

본래 충(忠)과 신(信)은 중도(中道)로 덕에 나아가는 방법이니, 『주역』에서도 충신(忠信)이 진덕(進德)하는 바임을 말하였다.[209]

---

208. 『주역(周易)』 계사하전 제6장: 以濟民行하야 以明失得之報니라.
209. 『주역(周易)』 건문언전(乾文言傳): 子曰 君子 進德修業하나니 忠信이 所以進德이오…

제2문단 총설

공구수성(恐懼修省)과 정위응명(正位凝命)

　2번째 문단은 앞 문단의 혈구지도(絜矩之道)에 대한 구체적인 설명이다. 주나라 태사인 윤씨와 은나라가 망한 예를 들어, 천하국가를 다스리는 막중한 책임을 맡은 자는 마땅히 몸가짐을 근신하여 천명과 민심을 얻어야 일신과 나라가 보존됨을 경계하였다.

　이는 곧 천명은 보존하기 어려움을 말하니, 오직 상(上)의 선·불선에 따른 민심의 향배에 의해 정해질 뿐이다.

　나라를 맡은 자는 집안의 솥을 주관하여 제사를 지내는 장자에 해당한다. 『주역』에도 그릇을 주관하는 자는 장남이므로, 정(鼎) 다음에 진(震)괘가 온다고 하였으니,[210] 몸을 닦아 그릇을 이룬 자라야 나라를 이끌 수 있다.

　장자는 마땅히 몸가짐을 신중히 해야 하니, 진(震)괘에 "우뢰가 거듭 이르니, 군자가 이로써 두려워하고 두려워하며 닦고 반성한다."고 하였다.[211]

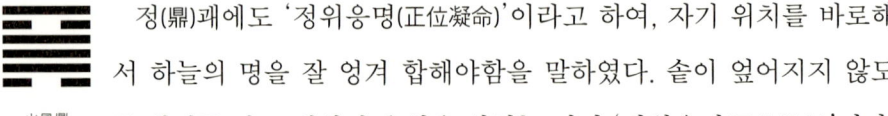

　정(鼎)괘에도 '정위응명(正位凝命)'이라고 하여, 자기 위치를 바로해서 하늘의 명을 잘 엉겨 합해야함을 말하였다. 솥이 엎어지지 않도록 위치를 바로 세워서 음식을 익히는 것이 '정위응명(正位凝命)'이다.

　솥은 음식을 넣고 삶는 그릇이다. 위로는 먹고 살게 해주고 존재케 하는 상제의 은혜에 보답하기위해 제사올리고, 아래로는 대중(大衆)을 기르기 위해 쓰는 공기(公器)이다. 나라의 중임(重任)을 맡은 자가 직분을 다하지 못함을, "솥의 발이 부러져 공(公)의 밥을 엎었으니, 그 두려워하는 형용(形容)이 땀을 줄줄 흘러 흉하다."고 비유하고, 이에 대해 "덕은 박한데 지위가 높고, 지혜가 작

---

[210] 『주역(周易)』 서패전: 主器者 莫若長子라 故로 受之以震하고…
[211] 『주역(周易)』 진(震)괘: 象曰 洊雷 震이니 君子 以하야 恐懼修省하나니라.

은데 도모함이 크고, 힘은 부족한데 책임이 무거우면 잘해낼 자가 드물다."고 공자께서 거듭 경계하였다.[212]

순천휴명(順天休命)과 궐부위여(厥孚威如)

제3절목에 '유명불우상(惟命不于常)'이라 하고, 마지막 절목에 충신(忠信)과 교태(驕泰)를 들어 선·불선에 의한 나라의 득실을 논하였다. 이는 천명이 한 곳에 계속 머물지 않음을 밝히고, 오직 충신에 의한 선으로 나라를 얻고 교태에 의한 불선으로 나라를 잃을 뿐임을 강조한 것이다.

중천에 떠오른 태양이 만방을 두루두루 비추는 『주역』의 대유(大有)괘에 "군자가 악함을 막고 선함을 드날려서 하늘의 아름다운 명을 따르느니라[順天休命]."고 하였으며, 그 인군에 해당하는 제5효에 "미덥게 사귀니 위엄이 있으면 길하다. 미덥게 사귐은 신의의 정치로써 뜻을 발하고, 위엄이 있어 길함은 안이하게 대처하면 인군의 체통을 갖추지 못하기 때문이다[易而无備]."고 한 바에서도 충신과 교태에 따른 득실과 길흉을 설명하고 있다.[213]

火天大有

---

212. 『주역(周易)』 계사하전 제5장: 子曰德薄而位尊하며 知小而謀大하며 力小而任重하면 鮮不及矣니니 易曰 鼎이 折足하야 覆公餗하니 其形이 渥이라 凶이라 하니 言不勝其任也라.
213. 『주역(周易)』 대유(大有)괘: 象曰 火在天上이 大有니 君子 以하야 遏惡揚善하야 順天休命하나니라. / 六五는 厥孚交如니 威如면 吉하리라. 象曰 厥孚交如는 信以發志也오 威如之吉은 易而无備也 ㄹ새라.

주자 장구본 전문(傳文)		야산 착간고정본 전문(傳文)	
치국평천하(治國平天下)		치국평천하(治國平天下)	
9	是故 財聚則民散 財散則民聚	9	德者 本也 財者 末也
10	是故 言悖而出者 亦悖而入 貨悖而入者 亦悖而出	10	外本內末 爭民施奪
11	康誥 曰惟命 不于常 道善則得之 不善則失之矣	11	仁者 以財發身 不仁者 以身發財
12	楚書 曰楚國 無以爲寶 惟善 以爲寶	12	是故 君子 先愼乎德 有德 此有人 有人 此有土 有土 此有財 有財 此有用

제 3문단

49. 德者는 本也ㅣ오 財者는 末也ㅣ라
　　덕 자　본 야　　　재 자　　말 야

덕은 밑뿌리요. 재물은 끝가지라.

경전해설

여기부터는 제3문단으로 전체 4절이 모두 덕과 재의 본말을 논하고, 덕을 중시해야 함을 강조하였다. 삼강령의 머리이자 전문 제1장의 명명덕을 이 치국평천하장에서 다시 언급하고 있는 까닭은 평치의 요체가 명명덕에 근본하기 때문이다.

제4장에서 "물유본말(物有本末)하고 사유종시(事有終始)하니 지소선후(知所先後)면 즉근도의(則近道矣)리라."를 설명하였듯이, 천하국가를 평치하는 근본은 덕에 있고 재물에 있지 않음을 밝히고 있다. 『중용』에 "『시경』에 이르길 '드러나지 않는 덕을 모든 제후가 본받는다.'고 하니, 이런 까닭에 군자는 공손함

을 돈독히 하여 천하를 평치한다."고 이른 바가 이것이다.[214]

『논어』에 "부귀를 누구나 바라지만 정상적인 방법으로 획득하지 않았으면 거하지 않고, 빈천을 누구나 싫어하지만 그 도로써 얻지 않았다 하더라도 떠나지 아니한다."고 말씀하신 바도 덕본재말(德本財末)의 도를 밝힌 것이다.[215]

50. 外本內末이면 爭民施奪이니라
외 본 내 말   쟁 민 시 탈

밑뿌리(본체)를 밖으로 하고 끝가지(말용)를 안으로 하면, 백성을 다투게 해 빼앗음을 베푸는 것이니라.

爭: 다툴 쟁 奪: 빼앗을 탈

주자「대학장구」해설

인군이 덕을 밖으로 하고 재물을 안으로 한다면, 이는 백성들을 투쟁하게 하고 겁탈(劫奪)의 가르침을 베푸는 것이다. 대개 재물은 사람들이 한가지로 원하는 바인데, 능히 혈구(絜矩)하지 못하고 전유(專有)하고자 한다면, 백성 또한 분기(奮起)하여 쟁탈(爭奪)하리라.[216]

경전해설

앞 절을 이어 본말이 전도되면 도가 무너짐을 말하였다. 덕을 외말로 하고 재물을 내본으로 삼으면, 모두가 남의 것을 빼앗지 않고는 만족하지 못하는 큰 분쟁이 일어나므로, 천하국가가 혼란에 빠지게 된다.

---

214. 『중용(中庸)』 제33장: 詩曰 不顯惟德을 百辟其刑之라하니 是故로 君子는 篤恭而天下平이니라.
215. 『논어(論語)』 이인(里仁)편: 子曰 富與貴 是人之所欲也나 不以其道로 得之어든 不處也하며 貧與賤이 是人之所惡也나 不以其道로 得之라도 不去也니라.
216. 「대학장구(大學章句)」 주(註): 人君 以德爲外 以財爲內則是 爭鬪其民施之以劫奪之敎也 蓋財者 人之所同欲 不能絜矩而欲專之 則民亦起而爭奪矣. 爭: 다툴 쟁 鬪: 싸움 투 劫: 빼앗을 겁 奪: 빼앗을 탈 專: 오로지 전

제4장에서 이른 바대로 윗사람이 선후(先後)를 알면 도에 가깝고, 반대로 먼저 해야 할 바를 뒤에 하고 뒤에 해야 할 바를 앞세우면 무도(無道)한 세상이 된다. 자신뿐만이 아니라 온 천하에 빼앗지 않고는 만족을 못하는 '불탈불염(不奪不饜)'의 재앙을 낳는 것이다.

51. 仁者는 以財發身하고 不仁者는 以身發財니라
　　　인자　　　이재발신　　　　불인자　　　이신발재

어진 이는 재물로써 몸을 일으키고, 어질지 못한 이는 몸으로써 재물을 모으니라.

주자「대학장구」해설

발(發)은 '일어날 기(起)'와 같다. 인(仁)자는 재물을 풀어서 백성을 얻고, 불인(不仁)자는 몸을 망쳐가며 재화를 증식한다.[217]

경전해설

'어질 인(仁)'은 내본인 덕을 이른다. 『논어』에 공자께서 "어짊이 멀리 있는가? 내가 어질고자 하면 이에 어짊이 이르는 것이다."고 하셨으니, 인(仁)과 불인(不仁)은 모두 나로부터 말미암는다.[218]

앞 절에서 덕본재말과 외본내말의 두 상반된 경우를 말하였다. 이 절에서는 인(仁)자는 재물을 잘 풀어써서 사람을 얻고, 불인(不仁)자는 몸을 해쳐가면서까지 재물을 모으는데 집착하는 두 가지 경우를 예로 들어 인(仁)과 불인(不仁)을 대비시키고 있다.

---

217. 「대학장구(大學章句)」 주(註): 發 猶起也 仁者 散財以得民 不仁者 亡身以殖貨.
218. 『논어(論語)』 술이(述而)편: 子曰 仁遠乎哉아 我欲仁이면 斯仁이 至矣니라.

사람을 잃음은 덕이 박하기 때문이고 얻음은 후하기 때문이다. 박하면 재물 쓰는 데에 인색하여 인심을 잃고 후하면 넉넉하여 인심을 얻는다.

격물장에서도 "그 근본이 어지러운데 끝을 다스릴 자가 없으며, 그 후할 바에 박하고서 그 박할 바에 후할 이가 없다."고 하였다.

52. 是故로
시 고

君子는 先愼乎德이니 有德이면 此有人이오
군자   선신호덕   유덕   차유인

有人이면 此有土ㅣ오 有土면 此有財ㅣ오
유인   차유도   유토   차유재

有財면 此有用이니라.
유재   차유용

이런 까닭에 군자는 먼저 덕에 삼가야 하니, 덕이 있으면 이에 사람이 있고, 사람이 있으면 이에 토지가 있고, 토지가 있으면 이에 재물이 있고, 재물이 있으면 이에 쓰임이 있게 되느니라.

주자「대학장구」해설

선근호덕(先謹乎德=先愼乎德)은 윗글의 "가히 삼가지 않을 수 없다[不可以不愼]."는 것을 이어 말한 것이다. 덕(德)은 이른바 명덕이다. 유인(有人)은 민중(民衆)을 얻음, 유토(有土)는 나라를 얻음을 이르니, 나라가 있으면 재용(財用)이 없음을 근심치 않는다.[219]

경전해설

제3문단의 마지막 절이다.

---

[219] 「대학장구(大學章句)」주(註): 先謹乎德 承上文不可不謹而言 德 卽所謂明德 有人 謂得衆 有土 謂得國 有國 則不患無財用矣.

앞의 내용을 이어 군자가 삼가 인덕(仁德)을 베푸니 사람이 따르고, 나아가 자연히 토지와 재물 그리고 그 쓰임을 얻을 수 있음을 설명하였다. 탕임금은 사방 70리, 주의 왕업은 사방 백리에서 시작하여 나중에는 천하를 다스렸다. 모두 이 선신호덕(先慎乎德)에 의한 지극한 공업이다.

본래 이 절은 「장구본」의 은지(殷之)절 뒤에 있던 것을 이곳에 고정하였다.

제3문단 총설

대덕(大德)과 덕본(德本)

 3번째 문단은 천하국가를 다스리는 내외본말을 덕본·재말(德本·財末)로써 밝혀 인자(仁者)의 이재발신(以財發身)을 강조하고, 군자가 이 덕에 근신하여 사람·땅·재화·재용(財用) 얻음이 있게 됨을 설명하고 있다. 이 문단의 후반부는 특히 『주역』의 "천지지대덕왈생(天地之大德曰生)이오 성인지대보왈위(聖人之大寶曰位)니 하이수위(何以守位)오 왈인(曰仁)이오, 하이취인(何以聚人)고 왈재(曰財)니 이재(理財)하며 정사(正辭)하며 금민위비(禁民爲非) 왈의(曰義)라."고 한 바를 구체적으로 끌어다 뜻을 삼은 것으로 보인다.

 앞 절목의 덕본·재말(德本·財末)은 천지의 대덕으로 만물이 화생하고 종자를 뿌림으로 수확하는 본말생성의 이치를 말한다. 즉 천지부모의 덕(德)으로 자식인 만물이 화생되며, 종자[仁]로 인해 재화(財貨)의 생산 또한 이루어지는 것이다. 만일 윗사람으로서 재물을 중시하고 덕을 경시하면[外本內末], 천하백성 또한 본말이 전도되어 서로의 재물을 빼앗으려는 다툼이 일어나[爭民施奪] 큰 혼란에 빠지게 된다.

 인(仁)은 본성의 근본으로 천지의 대덕인 생(生)에 해당한다. 사람은 인(仁)이 바탕이므로, 인자(仁者)는 덕을 근본으로 하고 재물을 끝으로 삼아 잘 베풀어써서 자신의 덕을 발한다[以財發身]. 반면, 불인자(不仁者)는 이와 반대로 몸을 버려가면서까지 재물을 탐하니[以身發財], 마침내 자신을 망치고 남들까지 해치게 된다.

수위(守位)와 취인(聚人)

 앞에서 인용한 계사전에 "천지의 큰 덕은 만물을 낳고 낳는 생생(生生)의 덕이다. 이에 짝하는 성인의 큰 보배는 자리이니, 어떻게 해야 그 지위를 지키랴? 이는 '어질 인(仁)'이다. 그렇다면 어떻게 사람을 모으랴? 이는 재물이니, 재물을 잘 다스리려면 말을 바르게 하여 백성들로 하여금 비리를 저지르지 못하게 금해야 하는데 이를 의(義)라고 한다."고 하였다.

　진실로 인(仁)을 체득하면 천지의 마음을 얻는다. 성인은 이를 체득함으로써 천명을 받아 천하를 다스리는 보위(寶位)에 오른다. 사람의 근본은 인(仁)이므로 천하백성 또한 이를 중심으로 모여드니, 이른바 '천하귀인(天下歸仁)'과 '회기유극(會歸有極)'이다.

　사람을 모으려면 재물이 필요하므로, 이에 따른 의(義)를 바로 세워야 한다. 그러므로 재물을 관리하고[理財] 말을 바로하며[正辭] 백성이 비리를 저지르지 않도록 하는 것을[禁民爲非] 의(義)라고 하였다.

　『주역』에서 인의, 『대학』에서는 덕이 근본임을 강조하여 이를 인자(仁者)에 견주고, 인(仁)을 베푸는 덕 있는 자에게 사람이 모이고 땅·재물과 재용(財用)이 있게 됨을 말하였다.

	주자 장구본 전문(傳文)		야산 착간고정본 전문(傳文)
	치국평천하(治國平天下)		**치국평천하**(治國平天下)
13	舅犯 曰亡人 無以爲寶 仁親 以爲寶	13	生財 有大道 生之者衆 食之者寡 爲之者疾 用之者舒 則財恒足矣
14	秦誓 曰若有一个臣 斷斷兮 無他技 其心 休休焉 其如有容焉 人之有技 若己有之 人之彦聖 其心好之 不啻若自其口出 寔能容之 以能保我子孫黎民 尚亦有利哉 人之有技 媚疾以惡之 人之彦聖 而違之 俾不通 寔不能容 以不能保我子孫黎民 亦曰殆哉	14	未有上好仁而下不好義者也 未有好義 其事不終者也 未有府庫財 非其財者也
15	唯仁人 放流之 迸諸四夷 不與同中國 此謂唯仁人 爲能愛人 能惡人	15	長國家而務財用者 必自小人矣 彼爲善之 小人之使爲國家 菑害並至 雖有善者 亦無如之何矣 此謂國 不以利爲利 以義爲利也
16	見賢而不能擧 擧而不能先 命也 見不善而不能退 退而不能遠 過也	16	是故 財聚則民散 財散則民聚

제 4문단

53. 生財ㅣ 有大道하니 生之者ㅣ 衆하고 食之者ㅣ 寡하며
생재 유대도 생지자 중 식지자 과

爲之者ㅣ 疾하고 用之者ㅣ 舒하면 則財恒足矣리라
위지자 질 용지자 서 즉재항족의

재물을 생산하는 데는 큰 도가 있으니, 생산하는 사람은 많고 먹는 사람이 적으며, 일하는 사람은 빠르고 쓰는 사람이 더디면, 재물은 항상 풍족하리라.

寡: 적을 과 疾: 빠를 질 舒: 펼 서, 느릴 서 足: 발 족, 족할 족

주자「대학장구」해설

여씨(呂大臨)가 말하였다. "나라에 놀고먹는 백성이 없으면 생산하는 자가 많고, 조정에 요행스런 지위가 없으면 먹는 자가 적다. 농사철을 빼앗지 않으면 일하는 속도가 빠르고, 수입을 헤아려 지출한다면 남용은 더딜 것이다." 내가 헤아려 보건데 이는 유토·유재(有土·有財)에 인한 말로, 나라를 풍족하게 하는 도(道)는 무본(務本)과 절용(節用)에 있고, 반드시 '외본내말(外本內末)'한 뒤에는 재물이 모이지 않음을 밝힌 것이다. 이로부터 끝 편까지는 모두 한 뜻이다.[220]

경전해설

제4문단의 1절이다. 이 문단의 네 절은 생재(生財)의 방법과 이재(理財)에 대한 의(義)와 이(利)에 대해 말하고 있다.

이 절에서는 생산하는 자는 많고 먹는 자가 적으며, 만드는 자는 빨리하고 쓰는 자가 아끼는 것이 생재(生財)의 대도라고 하였다. 놀고먹는 실업자는 없고 업무에 충실한 자가 많으면 생산량은 늘어나며, 물건은 신속하게 만들고 절약하여 쓴다면 산업은 점차 부흥하여 부국강병의 나라가 된다.

이는 노동력과 능률성에 대해 논한 것으로 경세제민(經世濟民)의 중요함을 강조한 것이다. 『주역』에도 "부유지위대업(富有之謂大業)이요 일신지위성덕(日新之謂盛德)이라."고 하여 이를 강조하고 있다.

---

[220]. 「대학장구(大學章句)」 주(註): 呂氏曰 國無遊民則生者 衆矣 朝無幸位則食者 寡矣 不奪農時則爲之 疾矣 量入爲出則用之 舒矣 愚按此因有土有財而言 以明足國之道在乎務本而節用 非必外本內末而後 財可聚也 自此 至終篇 皆一意也.

54. 未有上好仁而下不好義者也ㅣ니
미유상호인이하불호의자야

未有好義ㅣ오 其事不終者也ㅣ며
미유호의   기사부종자야

未有府庫財ㅣ 非其財者也ㅣ니라
미유부고재   비기재자야

위에서 인을 좋아하는데 아래에서 의를 좋아하지 않는 이가 있지 아니하니, 의를 좋아하고서 그 일이 마쳐지지 않는 것은 있지 아니하며, 정부곳간의 재물이 그 재물이 아닌 것은 있지 않느니라.

府: 곳집 부, 관청 부 庫: 곳집 고

주자「대학장구」해설

윗사람이 인(仁)을 좋아해서 아랫사람을 사랑하면 아랫사람은 의를 좋아해서 윗사람에게 충성할 것이니, 이로써 일은 반드시 마침이 있고 부고(府庫)의 재물은 어긋나게 나갈 근심이 없는 것이다.[221]

경전해설

앞의 생재(生財) 다음에 이재(理財)의 방법으로 상하의 인의(仁義)를 말하고 있다. 이 절은「장구본」의 인자(仁者)절 다음에 있으나, 앞 절에 재물이 항시 풍족하다는 내용으로 마치고, 이 절 끝부분에 부고(府庫)의 재물을 논하고 있으므로 이 문단에 속함이 마땅하다.

윗사람인 임금이 인을 좋아하면 아랫사람인 신하나 백성들이 의리를 좋아하지 않을 리가 없으므로, 국가와 인군을 위해 열심히 일을 한다. 그렇게 되면 그 일을 제대로 마쳐지지 않을 리가 없으므로, 정부 곳간의 재물이 가득 쌓이게 되어 모두가 부강해진다는 말씀이다.

---

[221]「대학장구(大學章句)」주(註): 上好仁以愛其下 則下好義以忠其上 所以事必有終而府庫之財無悖出之患也. 悖: 어그러질 패 患: 근심 환

『주역』에 "천지의 대덕(大德)은 생(生)이고, 성인의 대보(大寶)는 위(位)다. 그 지위를 지키는 것은 인(仁), 사람을 모으는 것은 재(財)니 재물을 다스리려면 말을 바로 하여 백성들로 하여금 그릇된 짓을 못하도록 금해야 한다. 이를 의(義)라고 한다."고 하여, 인의(仁義)의 본말(本末)과 생재 · 이재(生財·理財)의 중요성을 강조하였다.[222]

55. 長國家而務財用者는 必自小人矣니
장 국 가 이 무 재 용 자 필 자 소 인 의

彼爲善之 小人之使爲國家면 菑害並至라
피 위 선 지 소 인 지 사 위 국 가 재 해 병 지

雖有善者나 亦無如之何矣니
수 유 선 자 역 무 여 지 하 의

此謂國은 不以利爲利요 以義爲利也ㅣ니라
차 위 국 불 이 리 위 리 이 의 위 리 야

국가의 어른이 되어 재용에 힘쓰는 자는 반드시 소인으로부터 비롯되니, 그것을 잘하는 것이라 여기고 소인으로 하여금 국가를 다스리게 하면 재앙과 해로움이 아울러 이르게 되나니라. 비록 훌륭한 자가 있어도 어찌할 수 없으리니 이를 일러 "나라는 이로움을 이로움으로 삼지 않고 의로움을 이로움으로 삼는다."하나니라.

菑: 재앙 재 並: 아우를 병

주자 「대학장구」 해설

피위선지(彼爲善之)는 이 구절의 상하에 의심컨대 궐문이나 오자가 있는 듯하다. 자(自)는 '말미암을 유(由)'이다. 소인으로 말미암아 인도됨을 말한 것이

---

[222] 『주역(周易)』 계사하전 제1장: 天地之大德 曰生이오 聖人之大寶 曰位니 何以守位오 曰仁이오, 何以聚人고 曰財니 理財하며 正辭하며 禁民爲非 曰義라.

다. 이 한 구절은 이(利)로써 이(利)를 삼는 해로움을 깊이 밝히고, 거듭 말함으로써 맺으니 그 정녕한 뜻이 간절하다.[223]

경전해설

앞 절에서 상하간의 인의(仁義)를 설명하여 군자의 도를 예시한 것과는 정반대로 국가의 어른이 되어 국고를 탕진하는 소인의 큰 병폐를 말하였다. 소인이 나라의 어른이 되면 사사로운 욕심만 추구하고 불인한 짓을 함부로 하여, 국고의 재산을 함부로 착복하고 탕진한다. 그 폐해가 온 나라에 미쳐 재앙이 이르므로, 다스림에 있어서 이로움을 이롭게 여기기보다 먼저 의로움을 이롭게 삼아야한다고 한 것이다.

지어지선 제3절에 "『시경』에 이르길 '오호라! 앞서가신 임금을 잊지 못한다.' 하니, 군자는 그 어질게 했던 바를 어질게 여기며 그 친애했던 바를 친애하고, 소인은 그 즐거운 바를 즐겁게 여기며 그 이로운 바를 이롭게 여긴다." 고 하였으니, 이로움을 이롭게 여김은 소인의 도이다. 『논어』에 "군자는 의리[義]에 밝고 소인은 이득[利]에 밝다."고 하신 말씀에서도 이를 알 수 있다.[224]

「장구본」의 맹헌(孟獻)절 아래에 있던 것을 이곳에다 고정하였다. 그 이유는 국가재정의 이재(理財)를 위한 인의에 대한 내용으로, 앞 절과 상하선후로 그 뜻이 연계되기 때문이다.

---

223. 「대학장구(大學章句)」 주(註): 彼爲善之 此句上下 疑有闕文誤字 自 由也 言由小人導之也 此一節 深明以利爲利之害 而重言以結之 其丁寧之意 切矣. 闕: 빠질 궐 誤: 그릇할 오
224. 『논어(論語)』 이인(里仁)편: 子曰 君子는 喩於義하고 小人은 喩於利니라.

56. 是故로 財聚則民散하고 財散則民聚니라
    시고   재취즉민산   재산즉민취

이런 까닭에 재물을 모으면 백성이 흩어지고, 재물을 흩어놓으면 백성이 모이느니라.

주자「대학장구」해설

외본내말(外本內末)한 까닭에 재물이 모이고, 쟁민시탈(爭民施奪)한 까닭에 백성이 흩어지니, 이와 반대로 하면 '유덕(有德)'하고 '유인(有人)'할 것이다.[225]

경전해설

제4문단의 마지막 절로 윗사람이 재물을 어떻게 다루고 다스리는가에 따라 백성이 모이고 흩어짐을 말하였다. 제3문단의 제3절에 인자·불인자(仁者·不仁者)의 '이재발신·이신발재(以財發身·以身發財)'를 말하였던 것과 같다. 인자(仁者)는 의로움으로써 이로움을 삼기 때문에 재물을 흩어 민심을 모으고, 불인자(不仁者)는 이로움으로써 이로움을 삼기 때문에 재물모음에 힘써 민심이 흩어지게 된다.

「장구본」외본(外本)절 아래에 있던 것을 여기에 고정하여 놓았다.

---

[225]. 「대학장구(大學章句)」주(註): 外本內末故 財聚 爭民施奪故 民散 反是則有德而有人矣.

제4문단 총설

생재(生財)와 이재(理財)

　제4문단에서는 제3문단에 이어 민생안정의 기틀이 되는 생재·이재(生財·理財)를 상하의 인의(仁義)에 견주어 설명하고 있다. '이의위리(以義爲利)'가 덕본재말의 도임을 강조하여, 백성의 취합·이산(聚合·離散)이 재물을 모으고 나누는 데에서 좌우됨을 말하였다.

　제1절목에서는 생재(生財)의 도를 생산과 소비, 능률과 절약으로 대비하고, 제2절목에서는 윗사람이 인(仁)이 있어야 아랫사람이 의(義)로써 쫓게 되어 이재(理財)의 도가 행해짐을 설명하였다. 이는 이재(理財)에 있어 인이 근본, 의가 그 끝이 됨을 보인 것이다.

　천지가 교통(交通)하는 태(泰)괘에 "천지가 사귀어 만물이 통하며, 상하가 사귀어 그 뜻이 같아진다."고 하였으며, "천지가 사귐이 태(泰)이니, 후(后)가 이로써 천지의 도를 재단하여 이루며 천지의 마땅함을 떠받치고 도와서 백성을 좌지우지한다."고 하였으니, 이는 생재이재·상하인의(生財理財·上下仁義)의 도에 상응하는 내용이다.[226]

地天泰

　안에서 생(生)하는 건(☰)은 인(仁), 밖에서 성(成)하는 곤(☷)은 의(義)에 합하므로, 천지의 본말이 곧 사람의 인본의말(仁本義末)로 나타남을 볼 수 있다.

雷澤歸妹

　또한 안의 호(互)괘를 살펴보면 귀매(歸妹)괘로서, 위에는 진(☳)괘가 처하여 앞장서 나아가고 아래에는 태(☱)괘가 기쁜 마음으로 쫓는 상이다.

　팔괘의 방위로 살피면 진(☳)은 동방의 인(仁), 태(☱)는 서방의 의(義)에 속하

---

[226]. 『주역(周易)』 태(泰)괘: 象曰 泰小往大來吉亨은 則是天地 交而萬物이 通也며 上下 交而其志 同也라. / 象曰 天地交 泰니 后 以하야 財成天地之道하며 輔相天地之宜하야 以左右民하나니라.

므로, 아랫사람이 윗사람의 인(仁)을 쫓아 의(義)를 행하는 상인하의(上仁下義)의 인사적인 도리가 나타난다. 귀매괘에 "귀매는 천지의 큰 뜻이다. 천지가 사귀지 못하면 만물이 일어나지 못하니, 귀매는 사람의 종(終)과 시(始)이다."고 하여 이를 설명하고 있다.[227]

대군유명(大君有命)과 소인물용(小人勿用)

제3절목에서는 소인에게 나라의 중책을 맡기면 생재(生財)에는 관심이 없고 오직 재용(財用)에 힘쓸 뿐이므로 재해(災害)가 일어남을 경계하고, 나라를 다스리는 데는 마땅히 '이의위리(以義爲利)'해야 함을 강조하였다. 뒤이어 끝 절목에서는 앞 문단의 덕본재말을 다시 강조하여, 백성의 이합집산이 재물을 어떻게 다루는가에 달려있음을 설명하였다.

무리를 이끄는 사(師)괘에 "사(師)는 굳게 바름을 지키면 길하니, 장인(丈人)이라야 길하고 허물이 없을 것이다."하고, 대장부이어야 "백성을 포용하고 무리를 기를 수 있다."는 '용민휵중(容民畜衆)'을 말씀하였다. 그리고 "대군이 (논공행상의) 명을 두니, 나라를 열고 집안을 계승하는 '개국승가(開國承家)'에 소인은 쓰지 말라."고 하였으니, 모두 나라의 중책을 맡김에 있어 신중해야 하며, 소인은 쓰지 말고 덕이 있는 군자는 등용해야 함을 강조한 것이다.[228]

地水師

---

227. 『주역(周易)』 귀매(歸妹)괘: 象曰 歸妹는 天地之大義也니 天地不交而萬物이 不興하나니 歸妹는 人之終始也라.
228. 『주역(周易)』 사(師)괘: 師는 貞이니 丈人이라야 吉코 无咎하리라. / 象曰 地中有水 師니 君子 以하야 容民畜衆하나니라. / 上六은 大君이 有命이니 開國承家애 小人勿用이니라. 象曰 大君有命은 以正功也오 小人勿用은 必亂邦也 ㄹ새라.

	주자 장구본 전문(傳文)		야산 착간고정본 전문(傳文)
	치국평천하(治國平天下)		치국평천하(治國平天下)
17	好人之所惡 惡人之所好 是謂拂人之性 菑必逮夫身	17	楚書 曰楚國 無以爲寶 惟善 以爲寶
18	是故 君子 有大道 必忠信以得之 驕泰以失之	18	舅犯 曰亡人 無以爲寶 仁親 以爲寶
19	生財 有大道 生之者衆 食之者寡 爲之者疾 用之者舒 則財恆足矣	19	孟獻子 曰畜馬乘 不察於雞豚 伐冰之家 不畜牛羊 百乘之家 不畜聚斂之臣 與其有聚斂之臣 寧有盜臣 此謂國 不以利爲利 以義爲利也
20	仁者 以財發身 不仁者 以身發財	20	是故 言悖而出者 亦悖而入 貨悖而入者 亦悖而出

제 5문단

57. 楚書에 曰楚國은 無以爲寶ㅣ요 惟善을 以爲寶ㅣ라 하니라
　　　초서　　왈초국　　무이위보　　　　유선　　이위보

초서에 이르기를 "초나라는 보배로 삼을 것이 없고, 오진 선인(착함)을 보배로 삼는다."라고 하니라.

주자「대학장구」해설

「초서(楚書)」는 「초어(楚語)」이다. 금(金)과 옥(玉)을 보배로 여기지 말고, 선인(善人)을 보배로 여기라는 말이다.[229]

---

229. 「대학장구(大學章句)」 주(註): 楚書 楚語 言不寶金玉而寶善人也.

경전해설

　제3문단에서는 근본인 덕(德), 제4문단에서는 끝인 재(財)를 위주로 설명하고 있다.

　제5문단에서는 보배가 선(善)과 인(仁)임을 밝히고, 재화의 생산과 출입에 대해 전체적인 설명을 하고 있다. 앞 문단과 상대적인 차별을 두고자 재(財)가 아닌 보(寶)와 화(貨)로써 표현하고 있음이 나타난다.

　이 절은 초나라의 격언을 인용하여 선(善)이 보배임을 강조하고 있다. 그 유래를 살펴보면, 진(秦)나라가 초(楚)나라를 무너뜨리고자 사자를 보내어 보배가 무엇인지를 알아보도록 하였다. 초나라 백성들은 하나같이 "보배라고 하면 인군이 덕을 숭상하다보니 나라에 현인이 많다."고 하였다. 사자가 돌아가 "현인이 많아 무너뜨리기 어렵겠습니다."라고 보고하였다는 말이 전한다.

　삼강령의 마지막 궁극목표는 지어지선(止於至善)이다. 『중용』에 선에 밝아야 몸을 성실하게 하고, 나아가 부모에게 효순하고 벗에게 미더우며, 윗사람의 마음을 얻어 마침내 천하국가도 다스릴 수 있다고 하였으니, 이 선(善)보다 더 큰 보배는 없을 것이다.[230] 「장구본」 제2문단 4절목에 있던 것을 제5문단의 머리절로 고정하였다.

58. 舅犯이 曰亡人은 無以爲寶ㅣ요 仁親을 以爲寶ㅣ라 하니라
　　　구 범　　왈 망 인　　무 이 위 보　　　인 친　　이 위 보

　외삼촌 범이 이르기를 "망명한 사람은 보배로 삼을 것이 없고 어버이 사랑함을 보배로 삼는다."하니라.

　舅: 외삼촌 구　**犯**: 범할 범

---

[230] 『중용(中庸)』 제20장: 在下位하야 不獲乎上이면 民不可得而治矣리라. 獲乎上이 有道하니 不信乎朋友면 不獲乎上矣리라. 信乎朋友 有道하니 不順乎親이면 不信乎朋友矣리라. 順乎親이 有道하니 反諸身不誠이면 不順乎親矣리라. 誠身이 有道하니 不明乎善이면 不誠乎身矣리라.

주자「대학장구」해설

구범(舅犯)은 진(晉)나라 문공(文公)의 외삼촌 호언(狐偃)이니, 자(字)는 자범(子犯)이다. 망인(亡人)이란 문공이 공자(公子)일 적에 망명하여 국외에 있었을 때를 말한다. 인(仁)은 '사랑 애(愛)'이니, 이 일은 『예기(禮記)』「단궁(檀弓)」편에 보인다. 이 두 절[楚書, 舅犯]은 또한 '외본내말(外本內末)'하지 않는 뜻을 밝힌 것이다.[231]

경전해설

초서(楚書)절에서 선(善)을 언급하였으므로, 이 절에서는 선행(善行) 가운데 으뜸인 부모를 사랑하는 '인친(仁親)'을 강조하고 있다. 앞 절에서 인용한 『중용』의 글에서도 선에 밝아야 몸을 성실히 하고 나아가 부모에게 효순(孝順)하는 이가 될 수 있다고 하였다.

위 글은 『예기』 단궁편에 나오는 기록으로 진(晉)나라 문공이 태자였을 때의 일이다. 문공의 어머니가 호희(狐姬)이므로, 구범(舅犯)은 외삼촌인 호언(狐偃)을 일컫는다. 태자인 중이(重耳)가 아버지 헌공의 비인 여희(驪姬)의 참소로 미움을 받아 진(秦)나라에서 망명생활을 하고 있을 때다. 헌공(獻公)이 죽자, 진(秦)나라 목공(穆公)이 사람을 보내 빨리 고국으로 돌아가 뒤를 이으라고 권하였다. 이에 외삼촌을 찾아가 상황을 얘기하자, "나라 얻음을 보배로 삼지 말고, 사랑하는 부친의 상(喪)을 당한 사람으로서 애통함을 보배로 삼아라."고 경계시켰다. 사람이라면 부친상을 당하여 마땅히 애통해야 하거늘, 인군자리에 눈이 멀어 자식이 된 도리를 저버려서야 되겠는가? 근본도리가 효(孝)이니, 마땅히 근신하여야 한다고 충고한 것이다.

「장구본」또한 초서(楚書)절 아래에다 이 절을 두었다.

---

231. 「대학장구(大學章句)」 주(註): 舅犯 晉文公舅狐偃 字 子犯 亡人 文公 時爲公子 出亡在外也 仁 愛也 事見檀弓 此兩節 又明不外本而內末 之意. 狐: 여우 호 偃: 쓰러질 언 檀: 박달나무 단

59. 孟獻子ㅣ曰畜馬乘은 不察於鷄豚하고
　　　　맹헌자　왈휵마승　　불찰어계돈

伐氷之家는 不畜牛羊하고
　벌빙지가　　　불휵우양

百乘之家는 不畜聚斂之臣하나니
　백승지가　　　불휵취렴지신

與其有聚斂之臣으론 寧有盜臣이라 하니
　여기유취렴지신　　　영유도신

此謂國은 不以利爲利요 以義爲利也ㅣ니라
　차위국　　불이리위리　　이의위리야

맹헌자 이르길 "네 마리 말을 기르는 사람[士]은 닭과 돼지를 보살피지 않고, 얼음을 치는 집[大夫]에서는 소와 양을 기르지 않고, 백승(작은제후)의 집은 취렴하는(세금을 가혹하게 거두는) 신하를 두지 않나니, 취렴하는 신하를 두느니 차라리 도적질하는 신하를 두는 게 낫다."고 하니, 이를 일러 "나라는 이로움을 이로움으로 삼지 않고 의로움을 이로움으로 삼는다."고 하니라.

孟: 맏 맹 獻:바칠 헌 鷄: 닭 계 盜: 도둑질 도 豚: 돼지 돈 畜: 기를 휵, 쌓을 축 乘: 수레 승, 탈 승
聚: 모을 취 斂: 거둘 렴 寧: 차라리 영

주자「대학장구」해설

맹헌자(孟獻子)는 노나라의 어진 대부 중손멸(仲孫蔑)이다. 휵마승(畜馬乘)은 선비가 처음 시험을 봐서 대부(大夫)가 된 자이다. 벌빙지가(伐氷之家)는 경대부(卿大夫) 이상이니 상사(喪事)와 제사(祭祀) 때에 얼음을 쓸 수 있는 자이다. 백승지가(百乘之家)는 채지(采地)를 갖고 있는 자이다. 군자는 차라리 자기의 재물을 잃을지언정, 차마 백성의 노력을 상하게 할 수는 없다. 차라리 도둑질하는 신하를 둘지언정, 세금을 가혹하게 거둬들이는 신하는 기르지 않는다. 차위(此謂) 이하는 맹헌자의 말을 해석한 것이다.[232]

---

[232] 「대학장구(大學章句)」 주(註): 孟獻子 魯之賢大夫 仲孫蔑也 畜馬乘 士初試爲大夫者也 伐氷之家 卿大夫以上 喪祭用氷者也 百乘之家 有采地者也 君子寧亡己之財 而不忍傷民之力 故 寧有盜臣 而不畜聚斂之臣 此謂以下 釋獻子之言也.
仲: 버금 중 孫: 손자 손 蔑: 업신여길 멸 采: 채지 채

경전해설

앞의 글에서 선(善)과 인친(仁親)이 보배임을 말하였다. 이 절에서는 재화생산에 있어 상하간의 의리를 지켜 경제적 영역을 엄격히 구분 통제하고, 백성에게 세금이나 뇌물을 가혹하게 거둬들이는 중간의 '취렴지신(聚斂之臣)'을 막아 민생안정에 힘써야 함을 강조하였다. 옛적의 경대부는 가신(家臣)을 두어 세금을 거둬들였는데, 직접적으로 백성의 고혈을 짜는 취렴지신을 두느니 차라리 윗사람의 재물을 훔치는 도신(盜臣)이 더 낫다는 얘기다.

『맹자』에도 양(梁)혜왕이 맹자에게 장차 이 나라를 이롭게 해주시렵니까? 하니 답하기를 "왕은 하필 이(利)를 말하십니까? 인의(仁義)만이 있을 뿐입니다. 왕이 어떻게 하면 내 나라를 이롭게 할까 하면 대부는 어떻게 하면 내 집을 이롭게 할까 하며, 선비와 서민 또한 어떻게 하면 내 몸을 이롭게 할까 하여, 상하가 이익을 쟁취하고자 다툰다면 나라는 위태로움에 빠지게 됩니다. 만승(萬乘)의 천자를 죽이는 자는 반드시 천승(千乘)의 제후요, 천승(千乘)의 제후를 죽이는 자는 반드시 백승(百乘)의 제후입니다. 만이 천을 취하고 천이 백을 취함이 많은 것은 아니지만, 진실로 의(義)를 뒤로하고 이(利)를 앞세운다면 빼앗지 않고는 만족하지 않습니다. 어진 자가 부모를 버리는 일은 없으며, 의로운 이가 인군을 뒤로하는 일은 없습니다."라고 답하였다.[233]

봉건왕조 사회에서는 신분지위를 휵마승(畜馬乘), 벌빙지가(伐氷之家), 백승지가(百乘之家), 천승지가(千乘之家), 만승지가(萬乘之家)로 분류했다. '휵마승'은 말을 기르고 수레를 탄다는 뜻이다. 선비가 대부(大夫) 벼슬을 받게 되면, 네 마리 말이 끄는 수레를 탈 수 있도록 나라에서 허용해주었으므로, 벼슬아치인

---

[233]. 『맹자(孟子)』 양혜왕(梁惠王) 상편: 孟子曰梁惠王하신대 王曰 叟不遠千里而來하시니 亦將有以利吾國乎잇가 孟子對曰 王은 何必曰 利잇고 亦有仁義而已矣니이다. 王曰何以利吾國고 하시면 大夫曰何以利吾家오하며 士庶人曰何以利吾身고 하여 上下交征利면 而國危矣리이다. 萬乘之國에 弑其君者는 必千乘之家요 千乘之國에 弑其君者는 必百乘之家니 萬取千焉하며 千取百焉이 不爲不多矣 언마는 苟爲後義而先利면 不奪하여는 不饜이니이다. 未有仁而遺其親者也며 未有義而後其君者也니이다.

'대부'를 이른다. '벌빙지가'는 초상을 치르거나 제사지낼 때, 얼음을 쓸 수 있는 특수계층으로 대부보다 높은 벼슬인 '경대부(卿大夫)' 이상을 말한다. 백승지가・천승지가는 전쟁이 일어나면 백 대 또는 천 대의 수레를 출동시킬 수 있는 '제후', 만승지가는 만대 이상 수레를 출동시킬 수 있는 '천자'를 일컫는다. 일승(一乘)에는 말 네 마리, 백 명의 병력이 따랐다. 그러므로 만승지국은 천자의 나라, 천승지국은 제후의 나라, 백승지국은 대부의 영지를 일컫는다.

　이 절이 「장구본」에서는 미유(未有)절목 다음에 있던 것인데, 제5문단의 제3절로 고정하였다. 「고정본」의 제4문단의 제3절에도 "차위국(此謂國)은 불이리위리(不以利爲利)요 이의위리야(以義爲利也)니라."고 하여 두 문단이 서로 연계 대비된다.

60. 是故로
　　시 고

言悖而出者는 亦悖而入하고
언 패 이 출 자　　역 패 이 입

貨悖而入者는 亦悖而出이니라.
화 패 이 입 자　　역 패 이 출

이런 까닭으로 말이 거슬러 나간 것은 또한 거슬러 들어오고,
재물이 거슬러 들어온 것은 또한 거슬러 나가느니라.

悖: 어그러질 패, 거스를 패

주자 「대학장구」 해설

　패(悖)는 '거스를 역(逆)'이다. 이는 말의 출입으로 재화의 출입을 밝힌 것이다. '선근호덕(先謹乎德)' 이하로부터 여기까지는 재화로 인하여 능히 혈구(絜矩)

한 자와 못한 자의 득실을 밝힌 것이다.[234]

경전해설

 이 절은 제5문단을 마치는 곳이다. 말과 재화의 출입에 대해 서로 뒤바뀐 표현을 하여 글 뜻을 대비시킴으로써 앞 절목의 '이의위리(以義爲利)'를 보다 강조하고 있다. "가는 말이 고와야 오는 말이 곱다."하고 "되로 주고 말로 받는다."는 속담이 있듯이, 말이 잘못 나가면 상대로부터 더욱 더해져 그릇되게 돌아온다. 마찬가지로 재화의 출입에 있어서도 그릇된 방법으로 벌어들인 돈은 더욱 잘못된 용도로 나가기 마련인 것이다.

 「장구본」의 "시고(是故)로 재취즉민산(財聚則民散)하고 재산즉민취(財散則民聚)니라(「고정본」제4문단 마지막 절)." 아래에 있던 것을 여기로 고정하였다.

---

[234] 「대학장구(大學章句)」주(註): 悖 逆也 此 以言之出入 明貨之出入也 自先謹乎德以下 至此 又因財貨 以明能絜矩與不能者之得失也.

제5문단 총설

변상하(辯上下) 정민지(定民志)

제5문단은 끝인 재물보다는 사람의 근본도리인 선(善)과 인친(仁親)을 보배로 삼아야 함을 강조했다. 그 다음 생재(生財)에 있어서 상하를 구분하여 생산영역을 설정하고 중간 벼슬아치가 가혹하게 세금을 거둬들이는 일은 없어야 함을 말하여 민생안정을 위한 경제정책을 논하였다.

상하분별의 예(禮)를 보여주는 리(履)괘에 "위는 하늘, 아래는 못이니, 군자가 이로써 상하를 분별하여 백성의 뜻을 안정케 한다."고 이른바는 상하간의 경계를 설정하여 예를 지키게 함으로써, 백성이 안정된 삶을 도모할 수 있도록 해야 함을 설명한 것이기도 하다.[235]

절제를 뜻하는 절(節)괘에도 "절로써 법도를 지어서 재물을 상하게, 백성을 해롭게 하지 아니하니라."하였으니, 경제제도에 있어서 마땅히 상하 간에 지켜야 할 절도와 예가 있음을 가르친 것이다.[236]

신언어(愼言語) 절음식(節飮食)

마지막 절목에서는 말이 어긋나게 나가면 그릇되게 들어오듯이, 재화의 출입 또한 부정한 방법으로 벌어들이면 부정한 용도로 쓰이게 됨을 경계하였다.

이(頤)괘는 그쳐있는 위턱과 움직이는 아래턱으로 음식물을 씹어 먹음으로써 몸을 기르는 형상이다. 이 괘에서 바르게 길러야 길하다는 '정길(貞吉)'과 스스로 먹고살기 위해 구실을 구한다는 '자구구실(自求口實)', 언어를 삼가고 음식을 절제한다는 '신언어 절음식(愼言語 節飮食)'을

---

235. 『주역(周易)』 리(履)괘: 象曰 上天下澤이 履니 君子 以하야 辯上下하야 定民志하나니라.
236. 『주역(周易)』 절(節)괘 단전: 天地節而四時成하나니 節以制度하야 不傷財하며 不害民하나니라.

말씀하였다. 이 또한 출입에 있어 진실하고 바르게 하여야 자신과 백성을 기를 수 있음을 알 수 있다.

  소인이 윗자리에 앉으면 욕심을 절제하지 못하여 비리(非理)를 저지른다. 자신뿐만 아니라 나라까지도 망치는 반면, 성인은 그 출입에 있어 오로지 백성과 더불어 근심을 같이 할 뿐이다[出入 與民同患].

	주자 장구본 전문(傳文)		야산 착간고정본 전문(傳文)
	치국평천하(治國平天下)		**치국평천하**(治國平天下)
21	未有上好仁而下不好義者也 未有好義 其事不終者也 未有府庫財 非其財者也	21	秦誓 曰若有一个臣 斷斷兮 無他技 其心 休休焉 其如有容焉 人之有技 若己有之 人之彥聖 其心好之 不啻若自其口出 寔能容之 以能保我子孫黎民 尚亦有利哉 人之有技 媢疾以惡之 人之彥聖 而違之 俾不通 寔不能容 以不能保我子孫黎民 亦曰殆哉
22	孟獻子 曰畜馬乘 不察於雞豚 伐冰之家 不畜牛羊 百乘之家 不畜聚斂之臣 與其有聚斂之臣 寧有盜臣 此謂國 不以利爲利 以義爲利也	22	唯仁人 放流之 迸諸四夷 不與同中國 此謂唯仁人 爲能愛人 能惡人
3	長國家而務財用者 必自小人矣 彼爲善之 小人之使爲國家 菑害並至 雖有善者 亦無如之何矣 此謂國 不以利爲利 以義爲利也	23	見賢而不能擧 擧而不能先 命也 見不善而不能退 退而不能遠 過也
		24	此謂 平天下 在治其國

제 6문단

61. 秦誓에 曰若有一个臣이 斷斷兮요 無他技나
　　　진서　왈약유일개신　　단단해　　무타기

其心이 休休焉한지 其如有容焉이라
기 심　휴휴언　　기여유용언

人之有技를 若己有之하며 人之彥聖을 其心好之ㅣ
인지유기　　약기유지　　　인지언성　　기심호지

不啻若自其口出이면 寔能容之라 以能保我子孫黎民이니
불시약자기구출　　식능용지　　이능보아자손여민

尙亦有利哉ᆫ저
상역유리재

人之有技를 媢疾以惡之하며 人之彦聖을 而違之하야
인지유기　모질이오지　　　인지언성　　이위지

俾不通이면 寔不能容이라 以不能保我子孫黎民이니
비불통　　식불능용　　　이불능보아자손여민

亦曰殆哉ᆫ저
역왈태재

　진서에 이르길 "만약 한 신하가 있어서 성실하고 한결같으며, 별다른 재주는 없으나 그 마음이 아름다워서인지 남을 포용함이 있는 것 같은지라. 남의 재주 있음을 자기가 가진 듯하며, 남의 아름답고 어진 성품을 그 마음으로 좋아함이 그 입으로만 칭찬함이 아니면, 진실로 능히 (남을) 포용할 수 있는 사람으로서 능히 우리 자손과 백성을 보전하게 하리니 오히려 또한 이로움이 있을진저.
　남의 재주 있음을 시기하고 미워하며 남의 아름답고 어진 성품을 어기어 통하지 못하게 한다면, 이는 능히 (남을) 포용할 수 없는 사람으로서 능히 우리 자손과 백성을 보전할 수 없을지니 또한 위태롭게 할진저."

介: 낱 개(個) 休: 아름다울 휴 技: 재주 기 容: 담을 용 啻: 뿐 시, 다만 시 寔: 이 시, 진실로 식
黎: 검을 려 媢: 강샘할 모 疾: 질투(嫉妬)할 질 俾: 하여금 비, 시킬 비 殆: 위태할 태

주자「대학장구」해설

　진서(秦誓)는「주서(周書)」이다. 단단(斷斷)은 성실하고 한결같은 모양이다. 언(彦)은 아름다운 선비이고, 성(聖)은 통하여 밝은 것이다. 상(尙)은 '거의'라는 서기(庶幾)의 뜻이다. 모(媢)는 '꺼릴 기(忌)'이고, 위(違)는 거슬리고 어기는 것이다. 태(殆)는 '위태할 위(危)'이다.[237]

---

[237].「대학장구(大學章句)」주(註): 秦誓 周書 斷斷 誠一之貌 彦 美士也 聖 通明也 尙 庶幾也 媢 忌也 違 拂戾也 殆 危也.
誓: 맹세할 서 忌: 꺼릴 기 拂: 떨칠 불, 거스를 불 戾: 어그러질 려

경전해설

　치국평천하장의 마지막 제6문단 머리 절이다. 주로 경제적 문제를 다룬 앞 문단과 달리, 전체적으로 위정(爲政)에 관계된 내용이며 천하국가를 평치함에 있어서 '인재등용의 중요성'을 강조하고 있다.

　진(秦)나라 목공(穆公)이 충신(忠臣)의 간언을 듣지 않고 정(鄭)나라와 싸워 대패하였다. 이를 참회하며 신하와 백성들에게 맹서(盟誓)한 내용이 『서경』「주서(周書)」진서편에 나오는데, 원문과는 조금 차이가 있다.

　내용인 즉 비록 큰 재주가 없더라도 성품자체가 성실하고 한결같으며, 훌륭한 인재의 재주 있음을 진심으로 기뻐하고 포용할 수 있는 덕 있는 신하라면 오히려 천하백성에게는 이로울 수 있다. 그 반대로 남의 재주와 능력을 지나치게 시기 질투하여 경륜과 포부를 펴지 못하게 어기는 소인배를 신하로 두면, 종묘사직과 천하백성의 안녕을 이루는데 큰 해악이 됨을 경계하였다.

　『서경』고요모(皐陶謨)편에도 고요가 우임금에게 정치를 잘하려면 반드시 지인(知人)과 안민(安民)이 필요함을 역설하자, 우임금이 인재를 알아볼 수 있는 명철한 안목이 있다면 그 능력에 따라 적재적소의 지위에 임명할 수 있고, 백성을 안정시키는 은혜로운 덕을 베풀 수 있다면 모든 이들이 부모처럼 여겨 따를 것이라고 답한 기록이 전한다.[238]

　「장구본」의 구범(舅犯)절에 있던 것을 이곳에 고정해놓았다.

---

62. 唯仁人이야 放流之하야 迸諸四夷하야 不與同中國하나니
　　　유인인　　　방류지　　　병저사이　　　불여동중국

此謂唯仁人이야 爲能愛人하며 能惡人이니라
　　차위유인인　　위능애인　　　능오인

---

[238]. 『서경(書經)』 고요모(皐陶謨)편: 皐陶曰都 在知人 在安民 禹曰吁 咸若時 惟帝 其難之 知人則哲 能官人 安民則惠 黎民 懷之.
　　　吁: 탄식할 우

오직 어진 사람이어야 악한 사람을 추방하여 사방(변방이민족)의 나라로 내쫓아 나라 안에 같이 살지 못하게 하나니, 이를 일러 "오직 어진 사람이어야 능히 사람을 사랑할 수 있고, 사람을 미워할 수 있다."고 하나라.

放: 추방할 방, 내쫓을 방 迸: 흩어져 달아날 병, 물리칠 병

주자「대학장구」해설

병(迸)은 '내쫓을 축(逐)'과 같다. 여기에 지나치게 시기하고 질투하는 사람이 있어 현인(賢人)을 방해하고 나라를 병들게 한다면, 어진[仁] 사람이 반드시 깊이 미워하고 통렬히 끊어내야 한다. 지공무사(至公無私)함으로, 능히 호오의 바름을 얻는다는 것이 이와 같다는 말이다.[239]

경전해설

여기서는 앞 절의 내용을 이어서, 오직 어진 사람이어야만 능히 호오(好惡)의 바름을 얻어 소인을 단호히 물리치고 백성과 더불어 호오(好惡)를 같이 한다고 하였다.

어진 자가 좋아함은 사람의 어진 일이며, 미워함은 불인한 짓이다. 그 좋아하고 미워함이 사람의 본연성품에 그대로 합하므로, 천하백성들이 즐거이 좇으니, 『맹자』의 '인자무적(仁者無敵)'과 같은 말이다. 『논어』 이인(里仁)편에 공정무사(公正無私)한 "오직 어진 자라야 능히 사람을 좋아하고 능히 사람을 미워할 수 있다."[240]고 하신 공자 말씀도 같은 맥락이다.

앞의 절목에서는 어진 자의 호오(好惡)를 언급하고, 이 절목에서는 '능애·능오(能愛·能惡)'를 말하였는데, 내용이 전후로 연계됨을 살필 수 있다.

---

239. 「대학장구(大學章句)」 주(註): 迸 猶逐也 言有此媢疾之人 妨賢而病國 則仁人 必深惡而痛絶之 以其至公無私故 能得好惡之正 如此也. 放: 내칠 방 痛: 아플 통 絶: 끊을 절
240. 『논어(論語)』 이인(里仁)편: 子曰 惟仁者아 能好人하며 能惡人이니라.

63. 見賢而不能擧하며 擧而不能先이 命也ㅣ오
　　　견 현 이 불 능 거　　　거 이 불 능 선　　명 야

見不善而不能退하며 退而不能遠이 過也ㅣ니라
　　견 불 선 이 불 능 퇴　　　퇴 이 불 능 원　　과 야

현인을 보고도 능히 천거하지 못하며, 천거하고도 능히 먼저 쓰이도록 하지 못함은 게으름이고, 불선함을 보고도 능히 물리치지 못하며, 물리치고도 능히 멀리하지 못함은 허물이 되느니라.

擧: 들 거, 천거(薦擧)할 거　過: 허물 과

주자「대학장구」해설

명(命)을 정현(鄭玄)은 "마땅히 '게으를 만(慢)'으로 지어야 한다."하고, 정자(程子)는 "마땅히 '게으를 태(怠)'로 지어야 한다."고 하니, 누가 옳은지 상세하지 않다. 이와 같은 자는 사랑하고 미워하는 바를 알면서도 능히 애오(愛惡)의 도리를 다하지 못하니, 대개 군자이면서도 인(仁)하지 아니한 자이다.[241]

경전해설

앞의 절에서는 '능애·능오(能愛·能惡)'를 언급하였다. 이 절에서는 보다 더 부연하여, 현신(賢臣)을 천거하고 등용함에 있어서 게을리 해서는 아니 되고, 소인을 단호하게 물리쳐 주변에 얼씬거리지 못하도록 해야 함을 강조하고 있다.

『논어』에 공자께서 "무릇 어진 자는 자신이 서고자 함에 남도 세울 수 있어야 하며, 자신이 달하고자 함에 남도 통달할 수 있도록 도와야 한다."[242]고 하였다. 이는 현인을 천거하고 등용함에 있어 자기보다 재주나 능력이 뛰어나면, 능히 그를 앞세울 수 있어야 어진 군자가 될 수 있음을 말씀한 것이다.

---

[241] 「대학장구(大學章句)」 주(註): 命 鄭氏云當作慢 程子云當作怠 未詳孰是 若此者 知所愛惡矣而未能盡愛惡之道 蓋君子而未仁者也.
詳: 자세할 상　孰: 누구 숙　是: 옳을 시
[242] 『논어(論語)』 옹야(雍也)편: 夫仁者는 己欲立而立人하고 己欲達而達人이니라.

순임금과 탕임금이 어진 신하인 고요 · 이윤(皐陶·伊尹)을 들어 올려 등용함으로써, 부정한 자가 저절로 떨어져나가 멀리할 수 있었으므로 천하국가를 평치할 수 있었다. 『논어』에 공자께서 "정직한 이를 들어서 굽은 이의 위에 두면, 능히 굽은 이를 올곧게 할 수 있다."고 하신 말씀이 바로 이것이다.[243]

64. 此謂平天下ㅣ 在治其國이니라
_{차위평천하   재치기국}

이를 일러 "천하를 고르게 함은 그 나라를 다스림에 있다."고 하니라.

경전해설

전문 10장 64절을 마치는 곳으로, 이상의 제6문단 24절이 모두 천하국가를 평치하는 내용임을 밝히고 있다. 본래 이 절의 원문은 실전된 구절로서 「고본」과 「장구본」에 수록되어 있지 않으며, 정자와 주자 또한 이에 대해 별다른 언급을 하지 않고 있다. 다만 야산 선생은 여기의 글이 궐문(闕文)되었다고 보아 특별히 이 아홉 글자를 지어 넣었다.

전문 7장 이후로 각 장의 머리 절이 소위(所謂)로 시작되고 끝 절이 모두 차위(此謂)로 마치는 것을 고찰하면, 이곳에 차위(此謂)절을 둠이 지극히 당연하다.

---

[243]. 『논어(論語)』 안연(顏淵)편: 子曰 擧直錯諸枉이면 能使枉者直이니라.

제6문단 총설

비태(否泰)와 통색(通塞)

 마지막 이 문단은 정치적인 내용으로 인재등용에 대해 구체적으로 논하고 있다. 제1절목에서는 포용력이 있는 어진 이를 등용하면 다른 사람의 재주와 능력을 펼 수 있도록 도와주므로 나라가 평치되고, 시기 질투하는 불인한 이를 등용하면 뛰어난 사람의 출세를 가로막고 전횡하므로 나라가 혼란케 됨을 설명하였다.

 소인이 물러가고 군자의 도가 길어지는 태(泰)괘를 보면 앞이 트여 통하고, 군자가 물러나고 소인의 도가 길어지는 비(否)괘를 보면 꽉 막힌 상이다. 사람 또한 태괘의 형상이다. 위에 있는 눈 둘·귀 둘·콧구멍 둘은 상곤(上坤, ☷)에 해당하고, 아래의 입·대소변기관 각 하나는 하건(下乾, ☰)에 해당한다.

 비괘는 이와는 정반대이다. 괘사에도 '비지비인(否之匪人)'이라고 하여 사람의 상이 아니라고 하였다.

 또한 태괘는 음력 정월괘로서 봄이 시작하여 만물이 생육하는 때인 반면, 비괘는 음력 7월괘로서 가을이 시작하여 만물이 소멸하는 때이다. 만물의 출입통색(出入通塞)과 길흉득실(吉凶得失)이 이에 따른다.

 본래 군자와 소인은 양립할 수 없으며, 어진 군자를 등용하면 나라와 백성이 태평(泰平)하고, 불인한 소인을 등용하면 나라와 백성이 비색(否塞)해지기 마련이다.

군자도장(君子道長)과 소인도우(小人道憂)

 제2절목에서는 어진 자라야 능히 사람의 어진 바를 좋아하고 불인한 짓을

미워할 수 있다고 하였다. 제3절목에서는 어진 이를 보면 능히 천거하고 자신보다 훌륭한 사람이 있으면 앞세울 수 있어야 하며, 불선한 이를 보면 과감하게 물리치고 또한 멀리하여야만 치국평천하를 이룰 수 있다고 하였다.

☰ 이는 모두 소인을 결단해야 함을 강조한 것이다.『주역』의 태(泰)괘에 "군자도장 소인도소(君子道長 小人道消)."를 말씀하였는데, 그 대미
澤天夬 (大尾)는 "쾌(夬)는 결단함이다. 강이 유를 결단하니, 군자의 도는 길어지고 소인의 도는 근심이 되느니라."는 문장이다. 마지막 남은 음(陰) 소인마저 척결하면 마침내 양(陽) 군자만 남아있는 지선한 세계를 이룬다. 즉 미제(未濟)된 음마저 완전히 척격하면 순전한 양인 건(乾)이 되므로, 지어지선(止於至善)한 하늘의 도에 합한다.[244]

『대학』이나『주역』을 마치는 문단내용이 똑같이 소인의 척결을 내세운 것은, 궁극적 목표가 대동중정(大同中正)한 지선세계를 이루는데 있음을 알 수 있다.

---

[244]. 『주역(周易)』잡괘전: 夬는 決也라. 剛決柔也니 君子道長이오 小人道憂也라.

전문 10장 치국평천하 총설

右는 傳之十章이니 釋治國平天下 二十四節이라
우   전지십장   석치국평천하   이십사절

우는 전문의 10장이니 치국평천하를 해석한 24절이라.

주자「대학장구」해설

이 장의 뜻은 백성과 더불어 호오(好惡)를 같이하여 그 이득을 전횡(專橫)하지 않는데 힘씀이니, 모두 혈구(絜矩)의 뜻을 미루어 넓힌 것이다. 능히 이와 같이한다면 친·현·락·리(親·賢·樂·利)하여 제각기 그 바를 얻고 천하가 평안해지리라.[245]

고정논지

전문 마지막 10장은 『주역』의 소성팔괘인 24효, 1년의 24절기에 상응하는 총 24절로 각기 4절목씩 6문단을 이루고 있으며, 각 문단의 끝에 '시고(是故)'를 두어 중간 결론을 맺고 있다. 다만 제6문단의 끝인 제24절을 '차위(此謂)'로 하여, 「고본」·「장구본」에 빠져있던 "차위평천하 재치기국(此謂平天下 在治其國)."을 넣어 마치고 있다는 점이 다르다.

본래 「장구본」은 전체 전문이 총 62절로 되어있다. 「착간고정본」에는 앞에서 언급한 차위(此謂)절로 보궐하고, 「장구본」 전문 9장에 있는 요순(堯舜)절 후반부의 시고(是故)이하를 분리하여 독립된 절로 삼았으므로, 총 64절의 구성체계를 이루고 있다. 이 10장의 경우 「장구본」과 비교할 때 절목과 차례가 매우 많은 차이가 나타난다.

---

[245]. 「대학장구(大學章句)」 주(註): 此章之意 務在與民同好惡而不專其利 皆推廣絜矩之意也 能如是則親賢樂利 各得其所而天下平矣.

제1문단은 치국평천하의 요체가 혈구(絜矩)의 도에 있음을 말한 후, 사람의 호오(好惡)를 살펴 남이 싫어하는 바를 행하지 않는 충서(忠恕)가 곧 혈구(絜矩)의 도임을 요순·걸주의 예를 들어 설명하였다. 제2문단은 『시경』과 「강고」의 글을 인용하여 천하국가의 득실을 논하고, 군자의 도를 충신(忠信)과 교태(驕泰)로써 말하였다.

　제3문단은 덕(德)과 재(財)를 본과 말로 삼아 내본외말의 법도를 밝히고, 군자가 근본인 덕을 앞세우기에 재용(財用)의 의(義)가 있음을 강조하였다. 제4문단은 생재(生財)와 이재(理財)를 논하고, 의(義)로써 이(利)를 삼아야 백성의 마음을 모을 수 있음을 밝혔다.

　제5문단은 보배가 재물이 아닌 선하고 어짊에 있음을 초서·구범(楚書·舅犯)의 말을 인용하여 설명하고, 다시 재물을 얻는데 바른 법도로써 행하여 의(義)로써 이(利)를 삼아야 함을 강조하였다. 마지막 제6문단은 선정이 이루어질 수 있도록 어진 신하를 얻고, 소인배를 멀리함이 천하국가를 평치하는 길임을 밝혀 전문 10장을 끝맺고 있다.[246]

　「고정본」에서는「장구본」의 제9장에 있던 요순절을 제10장의 제1문단 3절에, 제10장에 있던 낙지·호인(樂只·好人)절을「고정본」의 제9장 3절과 제8장 3절에 각기 고정하였다.

---

[246]. 치국평천하장은 4절목씩 6문단으로 대성패인 육효(六爻)의 위(位)를 이루고 있으며, 전체 절목이 총 24절목이다. 제가치국장은 집안의 가르침을 나라에 이루는 내용으로 민(民), 이 장은 천하국가를 경륜(經綸)하고 만백성을 치교(治敎)하는 내용으로 통치권자인 상(上)을 위주로 설명하고 있다. 전체적으로 제1문단은 상(上)이 천하국가를 평치함이 충서(忠恕)에 의한 혈구(絜矩)의 도임을, 제2문단은 상(上)의 선과 불선에 따라 정해지는 나라의 득실을, 제3문단은 덕(德)과 재(財)의 본말에 따른 내본외말(內本外末)을, 제4문단은 생재(生財)의 방법과 재용(財用)의 의(義)를, 제5문단은 선(善)과 인친(仁親)을 귀중한 보배로 여겨 의롭게 재물을 출입해야 함을, 제6문단은 소인을 멀리 하고 인재를 등용하는 방책을 밝힌 것이다.

부록

- 야산 선생의 『대학착간고정서기』
- 주자의 『대학장구서』
- 주자의 『대학장구본』과 야산선생의 『착간고정본』 원문 대조표
- 『대학착간고정』 경전원문(**총 1763자**)
- 삼강령도(**三綱領圖**), 팔조목도(**八條目圖**) 1·2
- 야산선생의 『대학경전도덕도(**大學經傳道德圖**)』
- 오세재윤법(**五歲再閏法**) ⇒ 팔세삼윤법(**八歲三閏法**)
- 대법홍범(**大法洪範**)과 대학강목(**大學綱目**)
- 야산 이달 선생의 생애 및 주요학설(**乾九五圖說** 등)

야산 선생의 『大學錯簡攷正叙記』
대학 착 간 고 정 서 기

夫大學之書는 先儒之說이 明白且盡하니
부 대 학 지 서   선 유 지 설   명 백 차 진

何敢加疊이리오마는 然而有曰 錯簡云이라
하 감 가 첩   연 이 유 왈   착 간 운

故로 寓格所致에 有此攷正之道하니
고   우 격 소 치   유 차 고 정 지 도

雖於道統之傳에 不敢妄議나 其於孔門傳受之法과
수 어 도 통 지 전   불 감 망 의   기 어 공 문 전 수 지 법

先儒俟後之方엔 不可默閉라 故로 略記如左하노라
선 유 사 후 지 방   불 가 묵 폐   고   략 기 여 좌

무릇 『대학』의 글은 선유들의 설명이 명백하고 또한 극진한데 어찌 감히 덧붙이겠는가? 그러나 착간 되었다는 말이 있기에 생각해보고 깨우친 바가 있어 이러한 고정을 하게 되었으니, 비록 도통의 전함에 대해 감히 망령되이 의논할 수 없으나 공문(孔門)에 전수된 법도와 선유(先儒)가 후인을 기다린 뜻을 생각하면 가히 침묵할 수만은 없어서 간략히 다음과 같이 글을 적는다.

[자의] 疊 : 쌓을 첩 寓 : 부칠 우 攷(考의 古字) : 상고할 고 格 : 이를 격

해설

　착간(錯簡)은 순서가 뒤섞여 본내용과 다른 글을 말하고, 고정(攷正)은 '상고할 고(攷)'가 고(考)의 고자(古字)이므로 잘 고찰(考察)하여 바로잡았다는 뜻이다. 우격소치(寓格所致)는 우(寓)가 '머무르다, 붙여 살다'는 뜻이므로, 『대학』에 격(格)을 부쳐 앞에 이르렀다는 의미다. 즉 격물치지(格物致知)하여 알아냈다는 말씀이다.
　공문전수(孔門傳受)는 공자 이후 유학의 도통연원(道統淵源)을 말한다. 본래는 요·순·우·탕·문·무·주공(堯·舜·禹·湯·文·武·周公)으로부터 전승되었다. 공자는 멀리로는 요·순의 도를 조종(祖宗)으로 삼아 전술하시고, 가까이로는 문왕·

무왕의 법을 문장(文章)하시어 유도를 완성했다.[247] 그 이후 공자문하의 증자(曾子)와 손자인 자사(子思)에게로 도가 이어져 체계가 확립되었다.

공자가 십익(十翼)을 달아 집대성한 『주역』은 유학경전의 최고봉인데, 두 날개에 해당하는 글이 증자의 『대학』과 자사의 『중용』이라 할 수 있다. 『주역』의 '대동중정(大同中正)' 사상을 표방하여, 서명을 『대학』·『중용』으로 지은 것이다. 공자의 도가 증자·자사에게로 전승되었다는 근거를 여기에서도 찾을 수 있다.

그 이후로 자사의 문인학파에 들어가 사숙(私淑)했던 맹자에게 전승된다. 맹자이후 도맥이 1,000년 간 이어지지 않다가, 송대(宋代)에 들어와 주렴계(周濂溪)·장횡거(張橫渠)·소강절(邵康節)·정명도(程明道)·정이천(程伊川)·주회암(朱晦庵) 등에 의해 다시 중흥기를 맞이하게 된다.

특히 정이천 선생은 역(易)을 의리(義理)적으로 풀이한 「전의(傳義)」를 짓고, 『예기(禮記)』 속에 들어 있던 『대학』·『중용』을 독립시켜 유학경전의 철학적 기초를 바로 세웠다. 정자를 사숙한 주자는 역(易)을 점서(占筮)적으로 풀이한 「본의(本義)」를 짓고, 『대학』·『중용』의 장구(章句)를 지어 성리학(性理學)을 기초로 한 정주학(程朱學) 시대를 열어놓았다.

『대학』은 본래 원문이 뒤섞인 상태에서 발견되었으므로, 이를 정자가 처음으로 나름대로 고정하였으나 부족한 부분이 있다하여 주자가 다시 고정하였다. 「대학장구」 서문 말미에 '사후지군자(俟後之君子)'를 말씀하였는데, 다 못한 일의 마무리를 후세군자가 나와서 해주기를 기다린다는 뜻이다.

或問曰 大學之書는 於宋朝에 先儒頗多正錯이로대
혹문왈 대학지서 어송조 선유파다정착

猶有補闕이어늘 而今吾子ㅣ 訂定이 極詳하니
유유보궐 이금오자 정정 극상

---

247. 『중용』 제30장: 仲尼는 祖述堯舜하시고 憲章文武하시며 上律天時하시고 下襲水土하시니라

然則吾子ㅣ 過程朱ㅣ 遠矣샷다.
연 즉 오 자　　과 정 주　　원 의

曰惡ㅣ라 是何言也ㅣ오 不揣本而齊末이면 寸木이
왈 오　　　시 하 언 야　　　불 췌 본 이 제 말　　　촌 목

可使高於岑樓라 譬之藏物於十階梯之上컨댄 程朱子는
가 사 고 어 잠 루　　비 지 장 물 어 십 계 제 지 상　　　정 주 자

已造九階段而予ㅣ 賴此着力하야 僅得一階하니
이 조 구 계 단 이 여　　뇌 차 착 력　　　근 득 일 계

則惡得有其一하야 以慢其九哉리오
즉 오 득 유 기 일　　　이 만 기 구 재

是皆推之於先儒末餘之力也ㅣ니라.
시 개 추 지 어 선 유 말 여 지 력 야

혹자(어떤 이)가 묻기를 "『대학』의 글은 송나라 때에 선유들이 많이 착간을 바로잡았는데도 오히려 보충하고 빼야 할 것이 남아 있거늘, 이제 우리 선생께서 정정하신 글이 지극히 자세하니 우리 선생께서 정자와 주자보다도 훨씬 앞서셨습니다." 말하기를 "아니다. 이 무슨 말인가? 근본을 헤아리지 못하고서 끝만을 견준다면 한 치의 나무를 가지고 멧부리보다도 높다고 할 수 있으니, 물건을 열 계단의 사닥다리 위에 숨겨둔 데 비유한다면, 정자와 주자께서 이미 아홉 계단을 만드시고 내가 이에 힘입어 겨우 한 계단을 얻은 데 불과하니 어찌 그 하나를 얻었다고 해서 그 아홉을 무시하랴! 이「착간고정」은 선유께서 끝까지 행하신 여력에 의해 추진된 것이다."

[자의] 頗 : 자못 파 錯 : 어긋날 착 闕 : 빠질 궐 訂 : 바로잡을 정 惡 : 그릇될 오 揣 : 잴 췌 岑 : 멧부리 잠
樓 : 다락 루 階 : 섬돌 계 梯 : 사다리 제 惡 : 어찌 오

해설

　문답형식으로 이루어지고 있다. 첫 번째로 "『대학』이라는 글이 송나라를 비롯한 수많은 선유들이 착간을 바로잡았는데도 오히려 보궐(補闕)할 부분이 있었다. 그런데 지금의 선생께서 정정한「착간고정본」은 지극히 상세하니, 그렇다면 정자·주자보다도 선생의 공이 훨씬 높은 것이 아닌가?"라고 여쭙자, 아

산 선생이 『맹자』[248]에 나오는 글을 인용하여 "한 마디의 나무막대기를 산봉우리 위에다 올려놓으면 그 산보다 나무막대기가 더 높아 보이기는 하겠지만, 어떻게 나무가 산보다 높을 수 있겠는가? 그 근본을 헤아리지 않고서 결과만 따진다면, 마치 산꼭대기에 나무막대기를 올려놓고 산보다 더 높다고 우기는 꼴이다. 물건을 열 계단 위에 감추어 놓았다고 비유해보자. 정자·주자는 이미 아홉 단계를 지으셨고, 나는 이것에 힘입어 겨우 그 위에다 한 개를 얹어 올려놓았을 뿐이다. 어찌 하나를 얹었다고 해서 감히 차곡차곡 쌓아온 아홉 계단에 대하여 자만할 수 있겠는가? 내가「착간고정」을 한 것은 모두 선유들께서 끝까지 노력한 여력에 힘입어서 겨우 이룬 것이다."고 답하셨다.

又問 格物章內에 以本爲主는 何也ㅣ오
우문 격물장내 이본위주 하야

曰夫物은 自外來者也ㅣ니 格而至於知者는
왈부물 자외래자야 격이지어지자

在吾心意誠正如何而修身然後에 可以立本이라
재오심의성정여하이수신연후 가이입본

故로 壹是皆以修身爲本이라 하니 若非修身이면
고 일시개이수신위본 약비수신

則心意无所主而家國天下도 亦无所由也ㅣ니라
즉심의무소주이가국천하 역무소유야

또 묻기를 "격물장 안에 본(本)으로써 주장을 삼음은 어째서입니까?" 답하되 "무릇 물(物)은 밖으로부터 온 것이요, 격(格)하여 앎에 이르는 것은 내 마음과 뜻이 정성하고 바른가의 여하에 달려 있으니, 몸을 닦은 뒤에라야 근본을 세울 수 있는 것이다. 그러므로 '모두가 다 한결같이 몸을 닦음으로써 근본을 삼는다.'고 하였으니, 만일 몸을 닦지 아니한다면 마음과 뜻이 주장할 바가 없어서 집안과 나라 그리고 천하도 연유할 바가 없게 된다."

---

248. 『맹자(孟子)』 고자장구(告子章句) 하편: 不揣其本而齊其末이면 方寸之木을 可使高於岑樓니라.

해설

또 "격물장 안에 본(本)으로써 주장을 삼는 것은 어째서 입니까?"하고 여쭙자, 다음과 같이 답하셨다.

"무릇 사물은 밖으로부터 내게 온다. 내가 사물에 이르러[格] 그 물(物)에 내재된 이치가 내게로 와 앎에 이르는 것은 마음을 바르게 하고 뜻을 성실히 하느냐 여하에 달려 있다. 그러므로 내 자신이 성의·정심함으로써 몸을 완전히 닦은 연후에 근본을 세웠다고 할 수 있으니, 이른바 '천자로부터 서인에 이르기까지 모두가 하나같이 수신으로써 근본을 삼는다.'고 한 것이다. 수신이 안 되면 안으로는 마음과 뜻이 주장할 바가 없고, 밖으로는 제가·치국·평천하 또한 말미암을 바가 없게 된다. 이는 뿌리가 튼튼해야 줄기·가지가 생기는 이치이다. 격(格)은 치(致), 치(致)는 성(誠)의 근본인데, 근본이 세워지는 것은 이 몸에 이르러서이다. 이렇게 몸에 이르러서야 근본이 세워지므로, 몸밖에 물건이 없다는 '신외무물(身外无物)'인 것이다"로 말씀하였다.

참고

	주자 장구본 전문(傳文)		야산 착간고정본 전문(傳文)
	본말(本末)		격물(格物)
1	子曰 聽訟 吾猶人也 必也使無訟乎 無情者 不得盡其辭 大畏民志 此謂知本	1	物有本末 事有終始 知所先後 則近道矣
		2	其本 亂而末治者 否矣 其所厚者 薄 而其所薄者 厚 未之有也
		3	故 自天子以至於庶人 壹是皆以修身爲本
		4	此謂物格

주자의 「장구본」에서는 전문 제4장을 본말장이라 하고, 제5장 격물치지의 빠진 글을 보충해설하기 위해서 보궐장을 지었다. 야산선생의 「대학착간고정본」에서는 이와 달리 전문 제4장을 격물장, 제5장을 치지장에 두었다. 그런데 「착간고정」의 격물장에는 본(本)을 위주로 설명하고 있고, '수신위본(修身爲本)'을 강조하고 있다. 여기의 글 내용은 그 연유에 대한 질문과 답변이다.

대개 물(物)은 저 밖에 존재한다. 그 물(物)을 올바로 인식하고 내재된 이치를 알려면, 내가 물(物)에 이르러 궁구(窮究)해야 한다. 이렇게 알게 되면 외물(外物)이 내게 이르는 것인데, 그러려면 먼저 성의·정심해서 수신해야만 하는 것이다. 성실한 뜻과 바른 마음이 없는데 어떻게 사물을 제대로 관찰하여 그 깊은 이치를 터득하겠는가? 오직 자신의 정성과 바름 여하에 달려 있을 뿐이다. 성의·정심·수신이 된 뒤에야 진실로 근본이 확립되어, 물건이 저절로 내게 와 앎에 통달하게 된다. 수신을 근본으로 삼는 것도 이러한 까닭이다.

身者는 萬事之本也ㅣ오 物者는 致知於吾身之本也ㅣ라
신자   만사지본야   물자   치지어오신지본야

故로 曰 本立而道生이라 하니라 蓋格은 爲致之之本이요
고 왈 본립이도생   개격   위치지지본

致는 爲誠之之本이니 至於身而本立이라
치   위성지지본   지어신이본립

故로 身外에 无物也ㅣ니라.
고 신외   무물야

몸은 만사의 근본이고 물(物)은 내 몸에 근본해서 앎에 이른 것이다. 그러므로 근본이 서야 길이 생기니, 대개 격(格)은 치(致)의 근본이요 치(致)는 성(誠)의 근본이 된다. 몸에 이르러서야 근본이 세워지는 까닭에 몸밖에 물건이 없는 것이다.

해설

몸이 없으면 안으로 뜻과 마음을 담는 그릇이 없고 밖으로 집·나라·천하도 연유할 근본이 없어지므로, 신(身)이 만사의 근본이다. 한편 외물(外物)은 내 몸에 근본해서 알게 되는 끝이다. 즉 물건을 인식·판단할 수 있는 것은 이 몸이 있기 때문인데, 만일 없다면 근본주체가 없으므로 물(物)의 존재자체가 무의미해진다. 그러므로 『논어』에 말하기를 "근본이 서야 길이 생긴다."고 하였다.

대개 격(格)은 치지, 치(致)는 성의의 근본이 된다. 그 성(誠)은 정심, 정(正)은 수신의 근본이 되는데, 이 몸에 이르러서야 근본이 세워지므로 몸밖에 물건이 없다는 '신외무물(身外无物)'이다. 이것은 이 한 몸이 만물의 주인공이고, 이 몸이 있고 난 다음에 사물의 존재를 인식할 수 있음을 의미한다.

다시 말하면 만물 가운데 가장 신성한 존재로서 '천상천하 유아독존'인 내 몸에 이르러서야 물(物)자체의 근본이 똑바로 세워진다는 뜻이다. 만물의 근본, 만사의 근본이 내 몸이므로 내가 있고 물건이 있는 것이다.

又問 經에 曰親民而傳에 作新하고
우 문 경   왈 친 민 이 전   작 신

經條一節에 曰致知而二節에 作知至라 하야늘
경 조 일 절   왈 치 지 이 이 절   작 지 지

今子釋註中에 舊本新民은 依經作親民하고
금 자 석 주 중   구 본 신 민   의 경 작 친 민

而致知則依舊는 何也ㅣ오
이 치 지 즉 의 구   하 야

또한 묻기를 "경문에는 친민(親民)이라고 하였는데 전문에는 신(新)으로 되어 있고, 경문의 팔조목 1절에는 치지(致知)라고 하였는데 2절에는 지지(知至)로 되어 있습니다. 이제 선생께서 풀이한 「착간고정본」 주(註) 가운데 옛 주자의 「장구본」의 신민

(新民)은 경문에 의거하여 친민(親民)이라 지었고, 치지(致知)는 그대로 옛 「장구본」에 의거하였으니 어째서입니까?"

해설

　삼강령에 대한 『대학』 경문에서는 친민(親民), 전문에서는 신민(新民)에 대한 문장들로 이루어져 있으며, 팔조목에 대한 경문의 제1절목에서는 치지(致知), 제2절목에서는 지지(知至)라고 하였다. 그런데 경문의 친민을 신민으로 풀이한 「장구본」과 달리 「착간고정본」에서는 경문의 친민 그대로, 치지·지지에 대해서는 「장구본」대로 풀이하고 있다. 즉 정자가 "친(親)은 당작신(當作新)이라." 한 내용을 인용해서 친민을 마땅히 신민으로 고쳐야한다고 주장한 주자의 「장구본」과 다르게, 야산 선생께서 풀이한 「착간고정본」의 주(註)에는 "우(右)는 전지이장(傳之二章)이니 석친민(釋親民)하다."는 친민(親民)으로 해놓았다. 또 팔조목의 치지는 「장구본」의 풀이를 그대로 따르고 있다. 그 연유가 무엇인지에 대한 질문이다.

曰我之明德이 自親親而及於仁民則經之親民이
왈 아 지 명 덕　　자 친 친 이 급 어 인 민 즉 경 지 친 민

非誤也ㅣ며 蓋我之親愛而民이 見化於仁則當自新矣리니
비 오 야　　　개 아 지 친 애 이 민　　　견 화 어 인 즉 당 자 신 의

傳에 作新도 可也ㅣ며 註之釋親은 依經也ㅣ니라
전　　작 신　　가 야　　　주 지 석 친　　　의 경 야

　말하기를 "나의 밝은 덕이 친한 이를 친애함으로부터 백성을 사랑하는 데에까지 미치므로 경문의 친민(親民)이 틀리지 않고, 대개 내가 친애하여 백성이 어진 데로 변화한다면 의당 자연히 새롭게 되니 전문에 신(新)이라 지은 것도 맞다. 내가 주(註)에 친(親)으로 풀이한 것은 경문에 의지한 것이다."

해설

먼저 나의 밝은 덕으로 백성을 친한 뒤에야 그 덕화에 힘입어 자연 새롭게 되므로, 경문에는 선본(先本)인 친민, 전문에는 그 후말(後末)인 신민을 놓은 것이다.

친한 이를 친애함으로부터 백성을 사랑하는 데까지 미치게 되니 경문의 친민이 그릇된 것이 아니며, 또 밝은 덕을 밝히어 백성을 친애하면, 윗사람의 그 친애(親愛)함을 보고서 백성들이 저절로 교화되고 어질게 화하여 스스로 새로워지니 전문의 신민도 맞다. 친(親)도 옳고 신(新)도 옳다는 말씀이다. 둘 다 맞는 표현이라면 경문 그대로 풀이하는 것이 마땅하므로, 야산 선생께서는 경문에 의거해서 주(註)에 친(親)으로 풀이한 것이다.

其曰致知而反曰知至者는 蓋我欲知之則謂致요
기 왈 치 지 이 반 왈 지 지 자   개 아 욕 지 지 즉 위 치

旣知則知自至矣리니 彼一節은 則知在格物之前이라
기 지 즉 지 자 지 의   피 일 절   즉 지 재 격 물 지 전

故로 曰先致요 二節은 則知在物格之後라
고   왈 선 치   이 절   즉 지 재 물 격 지 후

故로 曰至而註之釋致는 依舊ㅣ 可也ㅣ니라
고   왈 지 이 주 지 석 치   의 구   가 야

그 1절에 치지(致知)라 말하고 2절에 뒤집어 지지(知至)라고 말한 것은 대개 내가 알고자 하면 '이를 치(致)'라 하고 이미 알면 앎이 자연히 이르리니(至), 저 앞의 1절은 지(知)가 격물(格物) 앞에 있는 까닭에 '先致'[先致其知 知 在格物]라고 하였고, 2절은 지(知)가 물격(物格) 뒤에 있는 까닭에 '至'[物格而後 知至]라고 하였다.
그러므로 「착간고정본」 주에서 치(致)로 풀이한 것은 옛 「장구본」에 의지함이 좋다.

해설

「착간고정본」의 경문은 삼강령 1절과 팔조목 2절로 되어있다. 팔조목의 제1절목에는 "치지(致知)는 재격물(在格物)하니라."로 끝맺고, 제2절목에는 "물격이후(物格而后)에 지지(知至)하고"로 시작하고 있다.

대개 내가 알고자 노력해서 이루는 것이 치(致), 앎이 스스로 이르는 것은 지(至)다. '이룰 치(致)'는 목적지까지 도달하기 위해 노력하는 과정, '이를 지(至)'는 이미 정점에 이른 상태를 의미한다.

앞 절의 "치지(致知)는 재격물(在格物)하니라."는 "앎을 이루는 것은 물(物)을 격(格)하는데 있다."는 뜻으로서 격물(格物)하기 이전이므로 치지(致知), 뒷 절의 "물격이후(物格而后)에 지지(知至)하고"는 "물(物)이 나에게 격하여 이미 앎이 이른다."는 뜻으로서 물격(物格)한 이후이므로 지지(知至)로 표현한 것이다.

竊惟此書中에 曰親而新과 曰致而知者는
절 유 차 서 중　　왈 친 이 신　　왈 치 이 지 자

最有意味字處也ㅣ니라 若不親則民何以新이며
최 유 의 미 자 처 야　　　　약 불 친 즉 민 하 이 신

不致則知何以至리오 學者ㅣ 當深察其文理之所在하고
불 치 즉 지 하 이 지　　학 자　　당 심 찰 기 문 리 지 소 재

明辨其字義之所分然後에 漸見自得之智矣리라
명 변 기 자 의 지 소 분 연 후　　점 견 자 득 지 지 의

予ㅣ 故로 曰大學之要는 在於新民而新民之要는
여　　고　　왈 대 학 지 요　　재 어 신 민 이 신 민 지 요

在於知之一智字而已라 하노라
재 어 지 지 일 지 자 이 이

그윽이 유념해보건대, 이 『대학』의 글 속에 "친하여 새롭게 한다."와 "이르러 안다."고 한 것은 가장 의미가 담긴 곳이다. 친하지 않으면 백성이 어떻게 새로워지며 이루지[致] 아니하면 앎이 어떻게 이르겠는가. 배우는 자가 마땅히 그

문리가 있는 바를 깊이 살피고 그 글자가 나뉜 바를 밝게 가린 뒤에야, 점차 스스로 얻는 지혜가 있게 됨을 볼 것이다. 나는 그러기에 『대학』의 긴요함은 신민(新民)에 있고, 신민의 요체는 지(知)라는 한 지혜로운 글자에 있을 뿐이라고 본다.

[자의] 竊 : 그윽할 절, 도둑 절 惟 : 생각 유, 오직 유

해설

　야산 선생은 『대학』에서 가장 의미가 담긴 곳이 삼강령의 '친이신(親而新)'과 팔조목의 '치이지(致而知)'라고 하였다.

　"백성을 친애하면 따르게 되고 모두 다 개화(改化)하여 저절로 신민(新民)이 되니, 친(親)해서 신(新)하는 것이다. 또 내가 사물에 내재된 이치를 알고자 하면 이르도록 노력해야 하고, 앎을 이루면 마침내 지(知)를 체득하게 되니, 치(致)해서 지(知)하는 것이다. 그러므로 『대학』을 배우는 자는 마땅히 그 문리를 깊이 살피고, 그 글자 뜻이 나뉜 바를 밝게 분별한 뒤에야, 점차 스스로 얻는 지혜가 밝아지리라."고 말씀하였다.

　또 이르시기를 "『대학』의 요점은 신민(新民)에 있고, 그 백성을 새롭게 하는 신민의 요처는 '알아야 주장할 수 있다.'는 '지(知)'라고 하는 지혜로운 한 글자에 들어있다." 즉 내가 치지(致知)하지 못하면 백성을 가르칠 수 없고, 가르치지 못하면 신민(新民)이 될 수 없다는 말씀이다.

　글자 상으로도 '친할 친(親)'에서 '새 신(新)'이 나오고, '알 지(知)'에서 '지혜 지(智)'가 나온다. 친(親)하지 않고서 신(新)하지 못하고, 지(知)를 얻지 못하고서 지(智)가 열리지 않는 법이다. 결국 『대학』의 요점은 신민(新民)인데, 이루어지려면 지(知)를 체득하지 않고서는 안 된다는 말씀이다.

春秋麟筆 二千四百三十八年 丁酉元旦에
춘 추 린 필 이 천 사 백 삼 십 팔 년 정 유 원 단

後學易子 李達은 復하노라.
후 학 역 자 이 달   복

춘추린필 2438년 음력 정유년 새아침(설)에 후학역자 이달은 기록하노라.

[자의] 麟 : 기린 린 復 : 사뢸 복

해설

 공자가 쓴 『춘추(春秋)』는 노(魯)나라 은공(隱公)에서 애공(哀公)까지의 242년간의 역사를 기록한 글이다. 노나라 서쪽들에서 기린이 잡혔다는 소식을 듣고 자신의 천명이 다했음을 탄식하시며, '서수획린(西狩獲麟)'이라는 글귀로 『춘추』를 마친 데에서 '춘추절필(春秋絶筆)' 또는 '춘추린필(春秋麟筆)'이라는 말이 전해온다.

 공자께서 『춘추』를 절필한 경신년(庚申年: 기원전 481)을 춘추린필의 원년으로 삼는데, 「대학착간고정」이 완성된 춘추린필 2438년은 서기 1957년 정유(丁酉)년으로 선사께서 작고하시기 한 해 전이다.

야산선생께서 「착간고정」을 지으신 후에 그 감회를 읊은 시

乾坤開闔從方便이오
건 곤 개 합 종 방 편

妙在其神甲在庚이라
묘 재 기 신 갑 재 경

綱領德之止於善이오
강 령 덕 지 지 어 선

條目物乃及於平이라
조 목 물 내 급 어 평

건곤의 문을 여닫음은 방편을 따름이고

묘함은 그 신에 있고 갑은 경에 있음이라

강령은 명명덕으로부터 지어지선에 머물고

조목은 격물로부터 평천하까지 미침이라

주자의 『大學章句序』
대 학 장 구 서

大學之書는 古之大學에 所以教人之法也ㅣ라
대학지서　　고지태학　　소이교인지법야

蓋自天降生民으로 則既莫不與之以仁義禮智之性矣언마는
개자천강생민　　　즉기막불여지이인의예지지성의

然이나 其氣質之稟이 或不能齊 글새 是以로
연　　　기기질지품　　혹불능제　　　시이

不能皆有以知其性之所有而全之也ㅣ라
불능개유이지기성지소유이전지야

蓋: 대개 개 降: 내릴 강 既: 이미 기 稟: 줄 품 齊: 가지런할 제

『대학』의 글은 옛적 태학(太學)에서 사람을 가르친 법이다. 대개 하늘이 살아 있는 백성을 내려주심으로부터 이미 인의예지의 성품을 주지 않음이 없건마는, 그러나 그 기질의 천품(天稟)이 혹 능히 똑같지 않기 때문에, 이로써 능히 모두 그 성품의 소유(所有)를 알아서 온전함이 있지는 못함이라.

一有聰明叡智能盡其性者ㅣ 出於其間이면 則天必命之하사
일유총명예지능진기성자　　　출어기간　　　즉천필명지

以爲億兆之君師하사 使之治而教之하야 以復其性케 하시니
이위억조지군사　　　사지치이교지　　　이복기성

此伏羲神農黃帝堯舜所以繼天立極하야 而司徒之職과
차복희신농황제요순소이계천입극　　　이사도지직

典樂之官을 所由設也ㅣ시니라
전악지관　　소유설야

聰: 귀 밝을 총 叡: 밝을 예 極: 다할 극 司: 맡을 사

총명예지해서 능히 그 성품을 다하는 자가 있어 그 가운데 나오면, 곧 하늘이 반드시 그 사람에게 명하사 억조창생의 임금과 스승으로 삼으셔서, 그로 하여금 다스리고 가르치게 해서 그 성품을 회복케 하시니, 이는 복희·신농·황제·요·순 임금이 써한 바 하늘을 잇고 극을 세워서 사도(司徒)의 직책과 전악(典樂)의 벼슬을 말미암아 베푸시는 바이니라.

三代之隆에 其法이 寢備然後에 王宮國都로 以及閭巷히
삼대지융　기법　침비연후　왕궁국도　이급여항

莫不有學하야 人生八歲어든 則自王公以下로
막불유학　　인생팔세　　즉자왕공이하

至於庶人之子弟히 皆入小學하야
지어서인지자제　개입소학

而敎之以灑掃應對進退之節과 禮樂射御書數之文하고
이교지이쇄소응대진퇴지절　예악사어서수지문

及其十有五年이어든 則自天子之元子衆子로
급기십유오년　　즉자천자지원자중자

以至公卿大夫元士之適子와 與凡民之俊秀히 皆入大學하야
이지공경대부원사지적자　여범민지준수　개입태학

而敎之以窮理正心脩己治人之道하니
이교지이궁리정심수기치인지도

此又學校之敎 大小之節이 所以分也 ㅣ라
차우학교지교　대소지절　소이분야

隆: 높을 융 寢: 잠길 침, 점점 침 備: 갖출 비 閭: 마을의 문 려 巷: 거리 항 灑: 물 뿌릴 쇄 掃: 쓸 소
應: 응할 응 對: 대답할 대 射: 궁술 사 御: 말 몰 어 適: 갈 적, 맏 적 窮: 다할 궁

삼대가 융성할 적에 그 법이 점점 갖추어진 연후에, 왕이 사는 궁궐과 나라의 수도로부터 시골 마을에 이르기까지 학교가 있지 않음이 없어서, 사람이

태어나서 8살이 되거든, 곧 왕궁이하로 서인의 자제에 이르기까지 다 『소학』에 들어가서 물 뿌리고 청소하고 응하고 대답하고 나아가고 물러나는 절차와 예용(禮容)과 음악, 궁술(弓術)과 마술(馬術), 서도(書道)와 수학(數學)의 글을 가르치고, 15세에 이르거든 천자의 맏아들과 이외의 모든 아들로부터 공·경·대부·원사의 맏아들과 더불어 뭇 백성들의 준수한 이에 이르기까지 다 태학에 들어가서, 이치를 궁구하여 마음을 바로하고 몸을 닦아 사람을 다스리는 도로써 가르치니 이 또한 학교의 가르침이 크고 작은 절차가 써 나뉜 바이다.

夫以學校之設이 其廣이 如此하고 敎之之術이
부 이 학 교 지 설   기 광   여 차   교 지 지 술

其次第節目之詳이 又如此하니 而其所以爲敎는
기 차 제 절 목 지 상   우 여 차   이 기 소 이 위 교

則又皆本之人君躬行心得之餘ㅣ오
즉 우 개 본 지 인 군 궁 행 심 득 지 여

不待求之民生日用彛倫之外라
부 대 구 지 민 생 일 용 이 륜 지 외

詳: 자세할 상 躬: 몸 궁 餘: 남을 여 彛: 떳떳할 이

무릇 써 학교의 베풂이 그 넓이가 이와 같고, 가르치는 방법이 그 차례와 절목의 자세함이 또한 이와 같으니, 그 써 가르치는 바는 또한 모두 본래 인군이 궁행하고 심득한 나머지를 기본하고, 민생이 날로 쓰는 떳떳한 윤리 밖에서 구하지 않았다.

是以로 當世之人이 無不學하고 其學焉者는
시 이   당 세 지 인   무 불 학   기 학 언 자

無不有以知其性分之所固有와 職分之所當爲 而各俛焉하야
무불유이지기성분지소고유   직분지소당위 이각면언

以盡其力하니 此는 古昔盛時에 所以治隆於上하고
이진기력   차   고석성시   소이치융어상

俗美於下하야 而非後世之所能及也ㅣ러니 及周之衰하야
속미어하   이비후세지소능급야   급주지쇠

賢聖之君이 不作하고 學校之政이 不脩하야 敎化ㅣ陵夷하고
현성지군   부작   학교지정   불수   교화   능이

風俗이 頹敗하니 時則有若孔子之聖이사도
풍속   퇴패   시즉유약공자지성

而不得君師之位하사 以行其政敎실새 於是에
이부득군사지위   이행기정교   어시

獨取先王之法하사 誦而傳之하야 以詔後世하시니
독취선왕지법   송이전지   이조후세

若曲禮少儀內則弟子職諸篇은 固小學之支流餘裔요
약곡례소의내칙제자직제편 고소학지지류여예

而此篇者는 則因小學之成功하야 以著大學之明法하니
이차편자   즉인소학지성공   이저대학지명법

外有以極其規模之大하며 而內有以盡其節目之詳者也ㅣ라
외유이극기규모지대   이내유이진기절목지상자야

三千之徒ㅣ蓋莫不聞其說이언마는 而曾氏之傳이
삼천지도 개막불문기설   이증씨지전

獨得其宗일새 於是에 作爲傳義하사 以發其意러시니
독득기종   어시   작위전의   이발기의

及孟子沒而其傳이 泯焉하니 則其書雖存이나 而知者ㅣ鮮矣라
급맹자몰이기전   민언   즉기서수존   이지자   선의

俛: 힘쓸 면 陵: 언덕 릉, 무너질 릉 夷: 상할 이 頹: 무너질 퇴 詔: 가르칠 조 裔: 후손 예, 끝 예 泯: 망할 민, 빠질 민

이로써 당시 세상 사람이 배우지 않는 이가 없고, 그 배우는 자가 써 그 성질의 고유한 바와 직분의 마땅히 해야 할 바를 알아서 각각 힘써서 그 힘

을 다하니, 이는 옛적 성할 때에 써한 바 다스림은 위에서 융성(隆盛)하고 풍속은 아래에서 아름다워 후세에 능히 미칠 바가 아니었다. 그러더니 주나라의 쇠함에 미쳐서는 어진 성인군자가 일어나지 아니하고, 학교의 정책이 닦이지 아니해서 교화가 점점 쇠퇴하고 풍속이 퇴폐해졌다. 이때에 공자 같은 성인이 계셨어도 인군·스승의 위를 얻어 그 정사와 가르침을 행하지 못하였으므로, 이에 홀로 선왕의 법을 취하시어, 외워서 전하여 후세를 가르치시니, 곡례·소의·내칙·제자직과 같은 여러 책들은 진실로 『소학』에서 갈려 나와 흐른 나머지 끝이요, 이 책은 곧 『소학』이 이룬 공으로 인하여 『대학』의 밝은 법을 드러냈으니, 밖으로는 그 규모의 큼을 다하고 안으로는 그 절목의 자세함을 다하였다.

삼천의 무리가 대개 그 말씀을 듣지 않음이 없었건마는, 그 중에도 증자의 전함이 홀로 그 종통(宗通)을 얻었기 때문에, 이에 전·의(傳·義)를 지으시어 그 뜻을 발하시더니, 맹자가 죽음에 이르러서는 그 전함이 없어지니 곧 그 글이 비록 전하나, 아는 자가 적었다.

自是以來로 俗儒記誦詞章之習이 其功이
자시이래 속유기송사장지습 기공

倍於小學而無用하고 異端虛無寂滅之敎ㅣ 其高ㅣ
배어소학이무용 이단허무적멸지교 기고

過於大學而無實하고 其他權謀術數 一切以就功名之說과
과어대학이무실 기타권모술수 일체이취공명지설

與夫百家衆技之流ㅣ 所以惑世誣民하고 充塞仁義者ㅣ
여부백가중기지류 소이혹세무민 충색인의자

又紛然雜出乎其間하야 使其君子로
우분연잡출호기간 사기군자

不幸而不得聞大道之要하고 其小人으로
불행이부득문대도지요 기소인

不幸而不得蒙至治之澤하야　晦盲否塞하고　反覆沈痼하야
불행이부득몽지치지택　　회맹비색　　　반복침고

以及五季之衰而壞亂이 極矣라
이급오계지쇠이괴란　　극의

記: 기록할 기 誦: 욀 송 詞: 글 지을 사 章: 문장 장 諲: 속일 무 塞: 막힐 색 紛: 어지러울 분 晦: 그믐 회
否: 막힐 비 覆: 뒤집힐 복 沈: 가라앉을 침 痼: 고질 고 壞: 무너질 괴

　　이로부터 이래로 세속의 선비가 기억하여 암송하고 시·문장을 짓는 학습은 그 공이『소학』보다 배가 되어도 쓸데없고, 이단·허무·적멸의 가르침은 그 높이가『대학』보다 과해도 실지가 없고, 기타 권모술수 일체는 공명(功名)으로 나아가고, 무릇 여러 학파 무리의 재주 흐름들은 써한 바 혹세무민하고, 인의를 막는 자는 또한 그 사이에 분연(紛然)히 섞여 나와서, 그 군자로 하여금 불행히도 대도의 요점을 듣지 못하게 하고, 그 소인으로 하여금 불행히도 지극한 다스림의 혜택을 입지 못하게 해서, 어두워 보이지 않고 꽉 막혀 반복하여 고질이 되어, 오계(五季: 후량·후당·후진·후한·후주)의 쇠함에 이르러서는 무너지고 어지러움이 극도에 달하였다.

天運이 循環하사 無往不復일새 宋德이 隆盛하사
천운　순환　　　무왕불복　　　송덕　융성

治敎ㅣ 休明하시니 於是에 河南程氏兩夫子出하사
치교　 휴명　　　　어시　 하남정씨양부자출

而有以接乎孟氏之傳하사 實始尊信此篇而表章之하시며
이유이접호맹씨지전　　　실시존신차편이표장지

旣又爲之次其簡編하야 發其歸趣然後에
기우위지차기간편　　　발기귀취연후

古者大學敎人之法과 聖經賢傳之指ㅣ 燦然復明於世하니
고자태학교인지법　　성경현전지지　　찬연부명어세

雖以熹之不敏으로도 亦幸私淑而與有聞焉이라
수 이 희 지 불 민   역 행 사 숙 이 여 유 문 언

循: 돌 순 環: 고리 환 簡: 대쪽 간 編: 엮을 편 趣: 달릴 취 燦: 빛날 찬

　천운이 순환하여 가면 돌아오지 않음이 없으니, 송나라 덕이 융성하여 다스림과 가르침이 아름답고 밝으시니, 이에 하남의 두 정부자(程夫子)가 나오셔서 써 맹자의 전함을 접하시어 실로 비로소 이 책을 존경하고 믿어서 표장하시며, 이미 또한 이를 위하여 차례로 그 간편하게 엮어서 그 돌아가는 취지를 발한 뒤에야, 옛적 태학에서 사람 가르치는 법과 성경현전의 지침(指針)이 찬연히 다시 세상을 밝히시니, 비록 주자의 불민함으로도 또한 다행히 사숙해서 참여하여 들음이 있게 되었다.

顧其爲書ㅣ 猶頗放失일새 是以로 忘其固陋하고
고 기 위 서   유 파 방 실   시 이   망 기 고 루

采而輯之하며 間亦竊附己意하야 補其闕略하야
채 이 집 지   간 역 절 부 기 의   보 기 궐 략

以俟後之君子하노니 極知僭踰無所逃罪나 然이나
이 사 후 지 군 자   극 지 참 유 무 소 도 죄   연

於國家化民成俗之意와 學者脩己治人之方엔
어 국 가 화 민 성 속 지 의   학 자 수 기 치 인 지 방

則未必無小補云이라
즉 미 필 무 소 보 운

淳熙己酉二月甲子에 新安朱熹는 序하노라
순 희 기 유 이 월 갑 자   신 안 주 희   서

顧: 돌아볼 고 頗: 자못 파 陋: 좁을 루 輯: 모을 집 竊: 도둑 절, 그윽할 절 附: 붙을 부 闕: 빠질 궐 俟: 기다릴 사
僭: 참람할 참 踰: 넘을 유 逃: 달아날 도 淳: 순박할 순

그 글됨을 돌아보건대, 오히려 자못 내쳐지고 잃어버렸기에 이에 그 고루함을 망각하고 캐서 모으며, 그 사이에 또한 나의 뜻을 붙여서 그 궐략(闕略)함을 보충하여 써 후세의 군자를 기다리노니, 참람하고 넘어서 죄를 피할 바가 없음을 지극히 알지만, 그러나 국가가 백성을 교화시키고 풍속을 이루는 뜻과 배우는 자가 수기치인(修己治人)하는 법도에는 곧 반드시 조금 도움이 없지는 않을 것이다.

순희[249] 기유(己酉)년 2월 갑자(甲子)일에 신안의 주희(朱熹)는 서(序)하노라.

---

[249]. 신안(新安)은 주자가 살던 지명. 주자는 송대의 유학자로 본명은 주희(朱熹), 자(字)는 원회(元晦)·중회(仲晦), 호(號)는 회암(晦庵)·회옹(晦翁)이다. 성리학의 대가로 주자학을 집대성하였으며, 조선시대의 유학에 큰 영향을 끼쳤다. 저서에 「근사록」, 「주역본의」, 「역학계몽」, 「사서집주」, 「논맹집주혹문」 등이 있다.

주자의 『대학장구본』과
야산선생의 『착간고정본』 원문 대조표

	주자 장구본 경문(經文)		야산 착간고정본 경문(經文)
1	大學之道 在明明德 在親民 在止於至善	1	大學之道 在明明德 在親民 在止於至善
2	知止而后 有定 定而后 能靜 靜而 后 能安 安而后 能慮 慮而后 能得	2	古之欲明明德於天下者 先治其國 欲治其國者 先齊其家 欲齊其家者 先修其身 欲修其身者 先正其心 欲正其心者 先誠其意 欲誠其意者 先致其知 致知 在格物
3	物有本末 事有終始 知所先後 則近道矣	3	物格而后 知至 知至而后 意誠 意誠而后 心正 心正而后 身修 身修而后 家齊 家齊而后 國治 國治而后 天下平
4	古之欲明明德於天下者 先治其國 欲治其國者 先齊其家 欲齊其家者 先修其身 欲修其身者 先正其心 欲正其心者 先誠其意 欲誠其意者 先致其知 致知 在格物		
5	物格而后 知至 知至而后 意誠 意誠而后 心正 心正而后 身修 身修而后 家齊 家齊而后 國治 國治而后 天下平		
6	自天子以至於庶人 壹是皆以修身爲本		
7	其本 亂而末治者 否矣 其所厚者 薄 而其所薄者 厚 未之有也		

주자 장구본 전문(傳文)		야산 착간고정본 전문(傳文)	
1. 명명덕(明明德)		1. 명명덕(明明德)	
1	康誥 曰克明德	1	康誥 曰克明德
2	太甲 曰顧諟天之明命	2	太甲 曰顧諟天之明命
3	帝典 曰克明峻德	3	帝典 曰克明峻德
4	皆自明也	4	皆自明也
2. 신민(新民)		2. 친민(親民)	
1	湯之盤銘 曰苟日新 日日新 又日新	1	湯之盤銘 曰苟日新 日日新 又日新
2	康誥 曰作新民	2	詩曰 周雖舊邦 其命維新
3	詩曰 周雖舊邦 其命維新	3	康誥 曰作新民
4	是故 君子 無所不用其極	4	是故 君子 無所不用其極
3. 지어지선(止於至善)		3. 지어지선(止於至善)	
1	詩云 邦畿千里 惟民所止	1	詩云 緡蠻黃鳥 止于丘隅 子曰於止 知其所止 可以人而不如鳥乎
2	詩云 緡蠻黃鳥 止于丘隅 子曰於止 知其所止 可以人而不如鳥乎	2	詩云 邦畿千里 惟民所止
3	詩云 穆穆文王 於緝熙敬止 爲人君 止於仁 爲人臣 止於敬 爲人子 止於孝 爲人父 止於慈 與國人交 止於信	3	詩云 穆穆文王 於緝熙敬止 爲人君 止於仁 爲人臣 止於敬 爲人子 止於孝 爲人父 止於慈 與國人交 止於信
4	詩云 瞻彼淇澳 菉竹猗猗 有斐君子 如切如磋 如琢如磨 瑟兮僩兮 赫兮喧兮 有斐君子 終不可諠兮 如切如磋者 道學也	4	詩云 於戲 前王不忘 君子 賢其賢而親其親 小人 樂其樂而利其利 此以沒世不忘也

4	如琢如磨者 自修也 瑟兮僴兮者 恂慄也 赫兮喧兮者 威儀也 有斐君子終不可諠兮者 道盛德至善 民之不能忘也	4	
5	詩云 於戱 前王不忘 君子 賢其賢而親其親 小人 樂其樂而利其利 此以沒世不忘也		
	4. 본말(本末)		**4. 격물**(格物)
		1	物有本末 事有終始 知所先後 則近道矣
1	子曰 聽訟 吾猶人也 必也使無訟乎 無情者 不得盡其辭 大畏民志 此謂知本	2	其本 亂而末治者 否矣 其所厚者 薄 而其所薄者 厚 未之有也
		3	故 自天子以至於庶人 壹是皆以修身爲本
		4	此謂物格
	5. 격물치지(格物致知)		**5. 치지**(致知)
1	此謂知本	1	知止而后 有定 定而后 能靜 靜而 后 能安 安而后 能慮 慮而后 能得
2	此謂知之至也	2	詩云 瞻彼淇澳 菉竹猗猗 有斐君子 如切如磋 如琢如磨 瑟兮僴兮 赫兮喧兮 有斐君子 終不可諠兮 如切如磋者 道學也 如琢如磨者 自修也 瑟兮僴兮者 恂慄也 赫兮喧兮者 威儀也 有斐君子終不可諠兮者 道盛德至善 民之不能忘也
		3	子曰 聽訟 吾猶人也 必也使無訟乎 無情者 不得盡其辭 大畏民志 此謂知本

		4	此謂知之至也
	6. 성의(誠意)		**6. 성의(誠意)**
1	所謂誠其意者 毋自欺也 如惡惡臭 如好好色 此之謂自謙 故 君子 必愼其獨也	1	所謂誠其意者 毋自欺也 如惡惡臭 如好好色 此之謂自謙 故 君子 必愼其獨也
2	小人 閒居 爲不善 無所不至 見君 子而后 厭然揜其不善 而著其善 人之視己 如見其肺肝 然則何益矣 此謂誠於中 形於外 故 君子 必愼其獨也	2	小人 閒居 爲不善 無所不至 見君 子而后 厭然揜其不善 而著其善 人之視己 如見其肺肝 然則何益矣 此謂誠於中 形於外 故 君子 必愼其獨也
3	曾子 曰十目所視 十手所指 其嚴乎	3	康誥 曰如保赤子 心誠求之 雖不中 不遠矣 未有學養子而后 嫁者也
4	富潤屋 德潤身 心廣體胖 故 君子 必誠其意	4	富潤屋 德潤身 心廣體胖 故 君子 必誠其意
	7. 정심수신(正心修身)		**7. 정심수신(正心修身)**
1	所謂修身 在正其心者 身 有所忿懥則不得其正 有所恐懼則不得其正 有所好樂則 不得其正 有所憂患則不得其正	1	所謂修身 在正其心者 身 有所忿懥則不得其正 有所恐懼則不得其正 有所好樂則 不得其正 有所憂患則不得其正
2	心不在焉 視而不見 聽而不聞 食而不知其味	2	曾子 曰十目所視 十手所指 其嚴乎
3	此謂修身 在正其心	3	心不在焉 視而不見 聽而不聞 食而不知其味
		4	此謂修身 在正其心
	8. 수신제가(修身齊家)		**8. 수신제가(修身齊家)**
1	所謂齊其家 在修其身者 人 之其所親愛而辟焉 之其所賤惡而辟焉	1	所謂齊其家 在修其身者 人 之其所親愛而辟焉 之其所賤惡而辟焉

1	之其所畏敬而辟焉 之其所哀矜而辟焉 之其所敖惰而辟焉 故 好而知其惡 惡而知其美者 天下 鮮矣	1	之其所畏敬而辟焉 之其所哀矜而辟焉 之其所敖惰而辟焉 故 好而知其惡 惡而知其美者 天下 鮮矣
2	故 諺 有之 曰 人 莫知其子之惡 莫知其苗之碩	2	故 諺 有之 曰 人 莫知其子之惡 莫知其苗之碩
3	此謂身不修 不可以齊其家	3	好人之所惡 惡人之所好 是謂拂人之性 菑必逮夫身
		4	此謂身不修 不可以齊其家

9. 제가치국(齊家治國)

1	所謂治國 必先齊其家者 其家 不可教 而能教人者 無之 故 君子 不出家而成教於國 孝者 所以事君也 弟者 所以事長也 慈者 所以使衆也	1	所謂治國 必先齊其家者 其家 不可教 而能教人者 無之 故 君子 不出家而成教於國 孝者 所以事君也 弟者 所以事長也 慈者 所以使衆也
2	康誥 曰如保赤子 心誠求之 雖不中 不遠矣 未有學養子而后 嫁者也	2	一家 仁 一國 興仁 一家 讓 一國 興讓 一人 貪戾 一國 作亂 其機如此 此謂一言 僨事 一人 定國
3	一家 仁 一國 興仁 一家 讓 一國 興讓 一人 貪戾 一國 作亂 其機如此 此謂一言 僨事 一人 定國	3	詩云 樂只君子 民之父母 民之所好 好之 民之所惡 惡之 此之謂民之父母
4	堯舜 帥天下以仁 而民 從之 桀紂 帥天下以暴 而民 從之 其所令 反其所好 而民 不從 是故 君子 有諸己而後 求諸人 無諸己而後 非諸人 所藏乎身 不恕 而能喻諸人者 未之有也	4	故 治國 在齊其家
5	故 治國 在齊其家	5	詩云 桃之夭夭 其葉蓁蓁 之子于歸 宜其家人 宜其家人而后 可以教國人

6	詩云 桃之夭夭 其葉蓁蓁 之子于歸 宜其家人 宜其家人而后 可以敎國人	6	詩云 宜兄宜弟 宜兄宜弟而后 可以敎國人
7	詩云 宜兄宜弟 宜兄宜弟而后 可以敎國人	7	詩云 其儀不忒 正是四國 其爲父子兄弟 足法而后 民 法之也
8	詩云 其儀不忒 正是四國 其爲父子兄弟 足法而后 民 法之也	8	此謂治國 在齊其家
9	此謂治國 在齊其家		

	10. 치국평천하(治國平天下)		10. 치국평천하(治國平天下)
1	所謂平天下 在治其國者 上 老老而民 興孝 上 長長而民 興弟 上 恤孤而民 不倍 是以 君子 有絜矩之道也	1	所謂平天下 在治其國者 上 老老而民 興孝 上 長長而民 興弟 上 恤孤而民 不倍 是以 君子 有絜矩之道也
2	所惡於上 毋以使下 所惡於下 毋以事上 所惡於前 毋以先後 所惡於後 毋以從前 所惡於右 毋以交於左 所惡於左 毋以交於右 此之謂絜矩之道	2	所惡於上 毋以使下 所惡於下 毋以事上 所惡於前 毋以先後 所惡於後 毋以從前 所惡於右 毋以交於左 所惡於左 毋以交於右 此之謂絜矩之道
3	詩云 樂只君子 民之父母 民之所好 好之 民之所惡 惡之 此之謂民之父母	3	堯舜 帥天下以仁 而民 從之 桀紂 帥天下以暴 而民 從之 其所令 反其所好 而民 不從
4	詩云 節彼南山 維石巖巖 赫赫師尹 民具爾瞻 有國者 不可以不愼 辟則爲天下僇矣	4	是故 君子 有諸己而後 求諸人 無諸己而後 非諸人 所藏乎身 不恕 而能喩諸人者 未之有也
5	詩云 殷之未喪師 克配上帝 儀監于殷 峻命不易 道得衆則得國 失衆則失國	5	詩云 節彼南山 維石巖巖 赫赫師尹 民具爾瞻 有國者 不可以不愼 辟則爲天下僇矣
6	是故 君子 先愼乎德 有德 此有人 有人 此有土 有土 此有財 有財 此有用	6	詩云 殷之未喪師 克配上帝 儀監于殷 峻命不易 道得衆則得國 失衆則失國

7	德者 本也 財者 末也	7	康誥 曰惟命 不于常 道善則得之 不善則失之矣
8	外本內末 爭民施奪	8	是故 君子 有大道 必忠信以得之 驕泰以失之
9	是故 財聚則民散 財散則民聚	9	德者 本也 財者 末也
10	是故 言悖而出者 亦悖而入 貨悖而入者 亦悖而出	10	外本內末 爭民施奪
11	康誥 曰惟命 不于常 道善則得之 不善則失之矣	11	仁者 以財發身 不仁者 以身發財
12	楚書 曰楚國 無以爲寶 惟善 以爲寶	12	是故 君子 先愼乎德 有德 此有人 有 人 此有土 有土 此有財 有財 此有用
13	舅犯 曰亡人 無以爲寶 仁親 以爲寶	13	生財 有大道 生之者衆 食之者寡 爲之者疾 用之者舒 則財恆足矣
14	秦誓 曰若有一个臣 斷斷兮 無他技 其心 休休焉 其如有容焉 人之有 技 若己有之 人之彦聖 其心好之 不啻若自其口出 寔能容之 以能保我子孫黎民 尚亦有利哉 人之有技 媢疾以惡之 人之彦聖 而違之 俾不通 寔不能容 以不能保我子孫黎民 亦曰殆哉	14	未有上好仁而下不好義者也 未有好義 其事不終者也 未有府庫財 非其財者也
15	唯仁人 放流之 迸諸四夷 不與同中國 此謂唯仁人 爲能愛人 能惡人	15	長國家而務財用者 必自小人矣 彼爲善之 小人之使爲國家 菑害並至 雖有善者 亦無如之何矣 此謂國 不以利爲利 以義爲利也
16	見賢而不能擧 擧而不能先 命也 見不善而不能退 退而不能遠 過也	16	是故 財聚則民散 財散則民聚
17	好人之所惡 惡人之所好 是謂拂人之性 菑必逮夫身	17	楚書 曰楚國 無以爲寶 惟善 以爲寶

18	是故 君子 有大道 必忠信以得之 驕泰以失之	18	舅犯 曰亡人 無以爲寶 仁親 以爲寶
19	生財 有大道 生之者衆 食之者寡 爲之者疾 用之者舒 則財恆足矣	19	孟獻子 曰畜馬乘 不察於雞豚 伐冰之家 不畜牛羊 百乘之家 不畜聚斂之臣 與其有聚斂之臣 寧有盜臣 此謂國 不以利爲利 以義爲利也
20	仁者 以財發身 不仁者 以身發財	20	是故 言悖而出者 亦悖而入 貨悖而入者 亦悖而出
21	未有上好仁而下不好義者也 未有好義 其事不終者也 未有府庫財 非其財者也	21	秦誓 曰若有一个臣 斷斷兮 無他技 其心 休休焉 其如有容焉 人之有技 若己有之 人之彥聖 其心好之 不啻若自其口出 寔能容之 以能保我子孫黎民 尚亦有利哉 人之有技 媢疾以惡之 人之彥聖 而違之 俾不通 寔不能容 以不能保我子孫黎民 亦曰殆哉
22	孟獻子 曰畜馬乘 不察於雞豚 伐冰之家 不畜牛羊 百乘之家 不畜聚斂之臣 與其有聚斂之臣 寧有盜臣 此謂國 不以利爲利 以義爲利也	22	唯仁人 放流之 迸諸四夷 不與同中國 此謂唯仁人 爲能愛人 能惡人
23	長國家而務財用者 必自小人矣 彼爲善之 小人之使爲國家 菑害並至 雖有善者 亦無如之何矣 此謂國 不以利爲利 以義爲利也	23	見賢而不能舉 舉而不能先 命也 見不善而不能退 退而不能遠 過也
		24	此謂 平天下 在治其國

『역경(易經)』체계를 본뜬 대학경전

전체적으로 「대학착간고정」은 주자의 「대학장구」같이 경문1장과 전문10장의 체계를 그대로 따른다. 「대학장구」와 확연히 다른 점은 경문 1장을 3강령 1절과 8조목 2절의 총 3절로만 구성하였다는 점이다. 태극 원리에 따라 천·지·인 삼재(天地人三才)가 1·2·3으로 열리는 자연한 흐름을 쫓아 대학경문이 구성되었음을 밝혀낸 것이다.

『대학』은 전체 전문이 춘하추동 4시 운행변화에 따라 4절목씩 기본문단을 이루면서 기승전결(起承轉結)의 형식체계를 갖추고 있다.[250] 총 10장으로 된 대학전문이 모두 16문단 64절목이다.

구체적으로 살피면 전문 제1~8장까지 4절씩 8문단으로 총 32절, 전문 제9장~10장이 4절씩 8문단으로 총 32절을 이루어, 내외가 대비된다.

「대학착간고정」은 경문이 모두 123(=41×3)자이며, 전문 1640(=41×40)자를 포함하여 전체가 모두 1763(=41×43)자이다.

경문의 삼강령 1절 16자가 마침 4절목으로 전개되는 전문의 16문단에 상응한다. 나아가 경문의 팔조목 제1절 64자는 전문의 64절목에, 제2절 43자는 전체 원문 1763자가 41자씩 총 43행을 이루는 것과 절묘하게 합치한다. 전체에 천지자연인 역의 조화가 흐른다고 하겠다.

[250.] 「대학착간고정」은 「고본대학」의 본문보다 10글자가 추가되었다. 격물장의 "(故) 自天子以至於庶人 壹是皆以修身爲本, 마지막 치국평천하장에 유실된 (此謂平天下 在治其國)"이 그것이다.

『대학착간고정』경전원문 (총 1763자)

배울수록 능해지고[能], 물을수록 알아진다[知]. 배우고 묻는 학문(學問)을 통하여 사람의 지능(知能)도 계발된다. 이간(易簡)한 법도로 지능을 베푸는 부모가 천지자연이다.

『대학(大學)』 공부도 하늘을 본받고 땅을 법하는 '효천법지(效天法地)'가 그 기본바탕이다. 정직하고 광활한 땅을 설명한 곤괘(坤卦)의 2효에 '직방대(直方大)'가 나온다. 강건한 건도(乾道)를 곤도(坤道)가 유순히 계승하여 펼친다는 뜻이다.

문장체계도 세로 41자씩 가로 43행으로 정확히 직방대체(直方大體)를 이룬다. 그 중 앞의 3행 123자는 3강령·8조목에 대한 경문이고, 나머지 40행 1640자는 64절목으로 3강령·8조목을 설명한 전문이다.

야산선생의 삼강령도(三綱領圖)와 팔조목도(八條目圖) 1·2

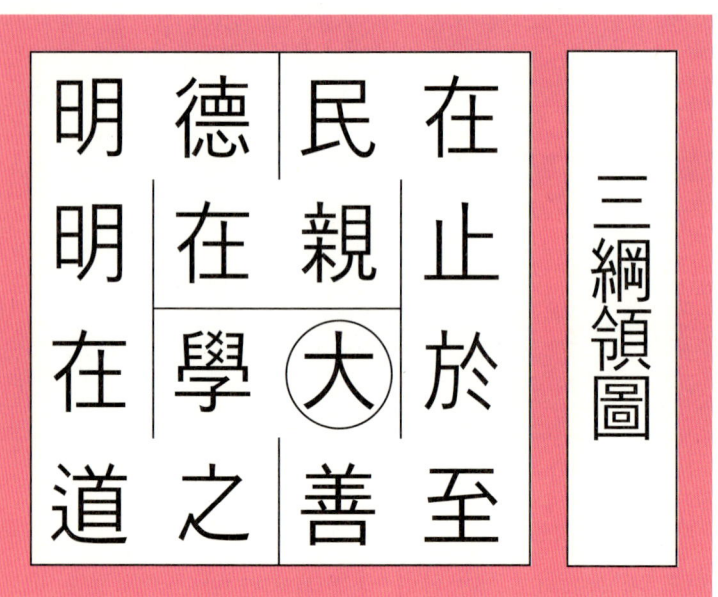

八條目圖 [其一]

先齊其家身者先正其心誠其意者先致其知
者者欲其心欲意誠
國先齊修者正者誠其
其修其身欲其其其意
治欲家欲物心意
欲明之格先誠先
國明於在致
其治天知
下者

（古）

八條目圖 [其二]

誠而后心正身修身修而
意正心正而后而后齊而
誠心后知家齊家齊而后
意后至而至齊國治國治而
后而知后國治后天后
而至知后平下治
而下

（物）

야산선생의 『대학경전도덕도(大學經傳道德圖)』

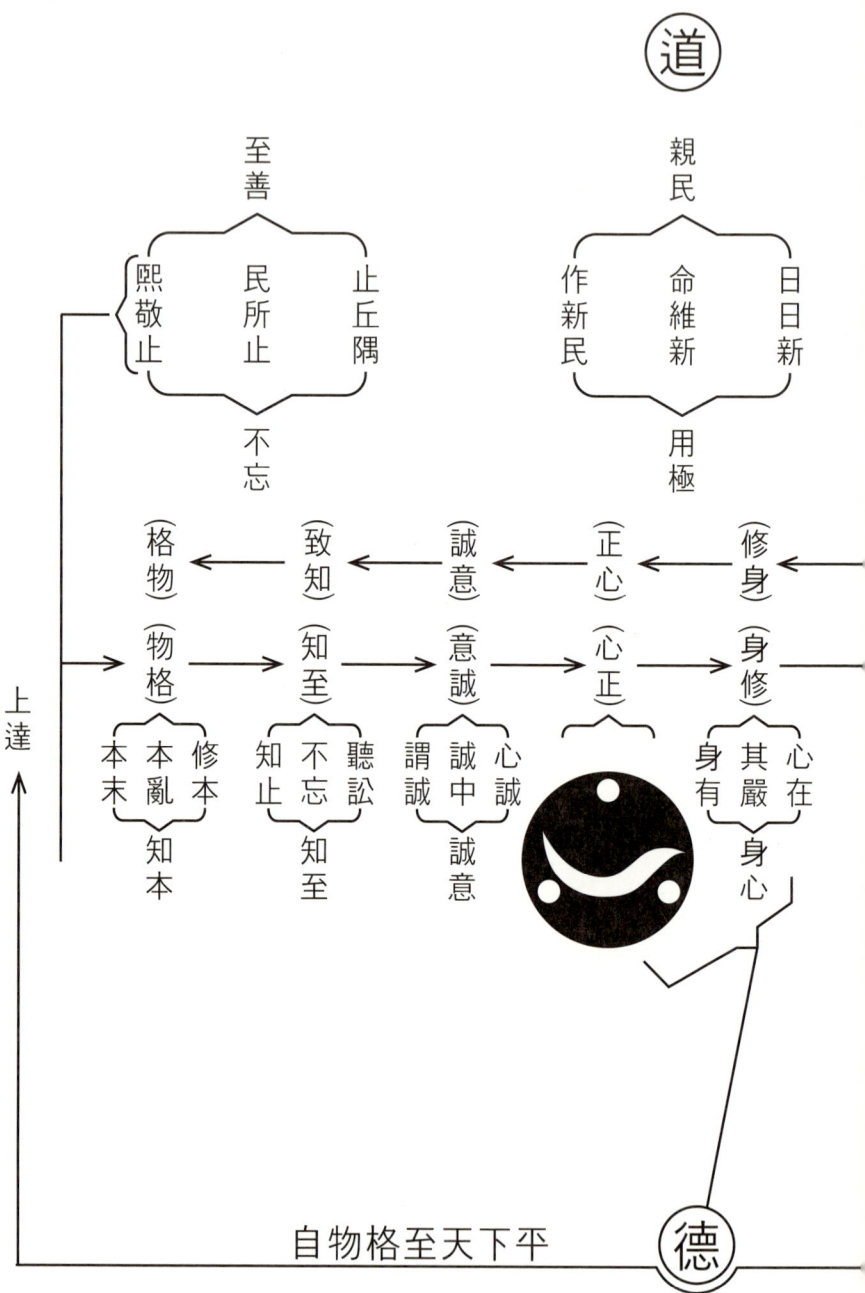

大學錯簡攷正

大學經傳道德圖

```
         明德
    明     天    克
    峻     明    明
    德     命    德
         自明
                    ↓
(齊家)← (治國)← (天下)← 下學
                  (天下平)
→(家齊)→(國治)→
```

人之身家 — 諺有夫身家

國家 定國 國家 — 四國 國人 國人 國家

父母 — 大道 長國

絜矩 — 德本外末 — 財聚財散

以仁治 — 仁者以財 — 楚書

有仁 — 慎德 — 孟獻

節南殷 — 生財好仁 — 言悖

道善 — 監 — 秦誓

平治天下國 — 見賢 — 唯仁

物格至下天自

오세재윤법(五歲再閏法) → 팔세삼윤법(八歲三閏法)

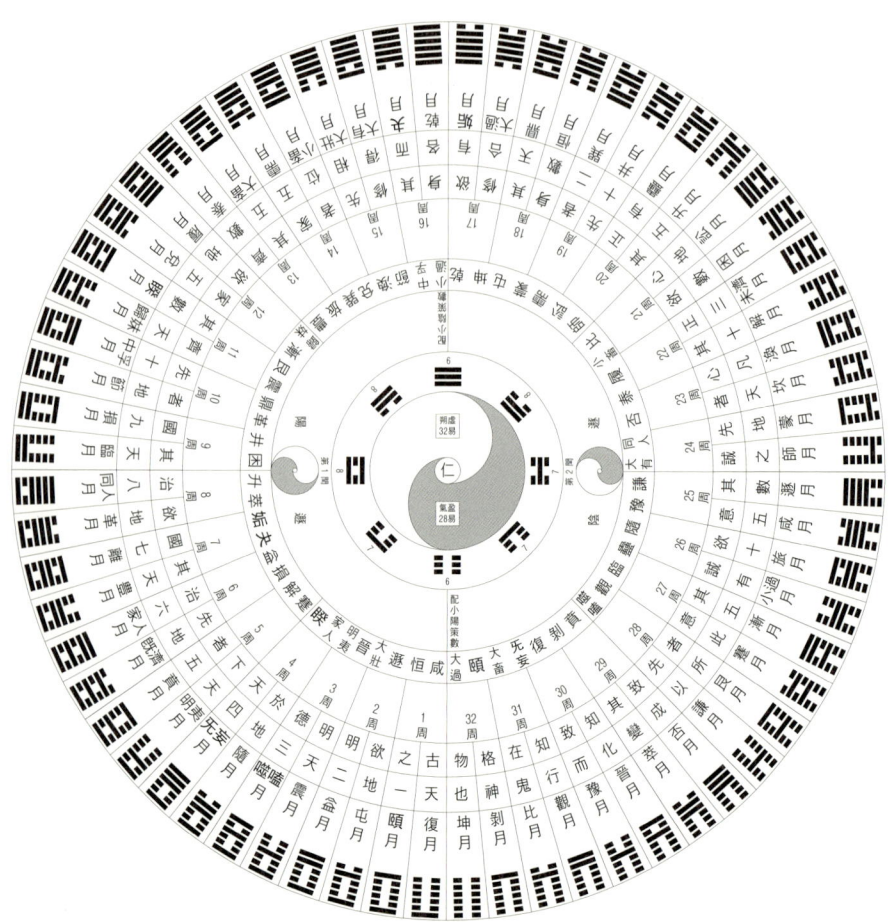

『대학』은 『주역』의 관문이다. 위 그림도표를 살피면 64자로써 하도의 10수를 풀이한 『주역』과 64자로써 팔조목 제1절을 풀이한 『대학』의 글이 문장의 격식(格式)을 동일하게 취하고 있음이 분명히 드러난다. 두 문장 모두 공자의 말씀이다.

고대의 역법은 5세 재윤법을 기초로 8세3윤법과 19세7윤법(章法)으로 전개되는데, 그 가운데 50대연(大衍)의 태극수리가 깊이 내장되어 있다.

> 달력은 대략 두 달이 59일[朋]로 짝하며 돌아간다.
> 삭망주기를 면밀히 살피면, 32개월 단위로 삭망윤일 하루가 늘어나 945일(=1×3×5×7×9)이 됨을 알 수 있다. 이를 기준으로 대략 29일(기영14일 + 삭허15일)의 기삭(氣朔)이 발생하여 1개월의 윤달을 두어야 하는데, 64개월 주기로 2개월, 96개월 주기로 3개월의 윤달이 붙는다.
> 요순(堯舜) 시대에 이미 고대동양에서는 순태음 8년(96개월) 주기로 3개월의 윤달을 가산하는 '8세3윤(八歲三閏)'의 이치를 알았다.
> 윤달을 포함, 99개월로 돌아가는 '8세3윤법'이 3변하여 8괘를 이루는 태극의 '3·8목도(木道)'와 통한다는 사실은 고대 역(易)의 신비를 푸는 핵심열쇠가 된다. 서죽(筮竹) 50개비를 사용하여 64괘를 펼치는 오십대연(五十大衍)의 이치도 '8세3윤법'을 근본토대로 한다.
> 이는 『대학』의 3강령·8조목과도 그대로 연계된다.
> 달력이치로 보면 전문 64절목과 경문 8조목의 선후(先后) 2절목은 평달 64개월 및 이를 기준으로 생성되는 2개월의 윤달에 각기 상응한다. 경문 첫머리 3강령 1절목은 태극본체로 볼 수 있다.

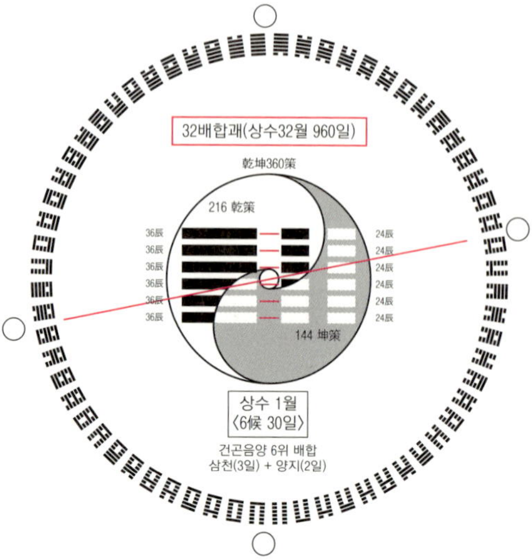

삭망주기: 29와 499/940日
대월소월: 59와 58/940日(=朋)
16朋: 944와 928/940日(32삭망월)
* 945日 〈삭망윤일 1日 가산〉
→ 1・3・5・7・9 (천수相乘)

기영   168辰
삭허   180辰
삭망윤일 12辰

32배합괘(상수32월 960일)
乾坤360策
216 乾策
36辰
36辰
36辰
36辰
36辰
36辰
24辰
24辰
24辰
24辰
24辰
24辰
144 坤策
상수 1월
〈6候 30일〉
건곤음양 6위 배합
삼천(3일) + 양지(2일)

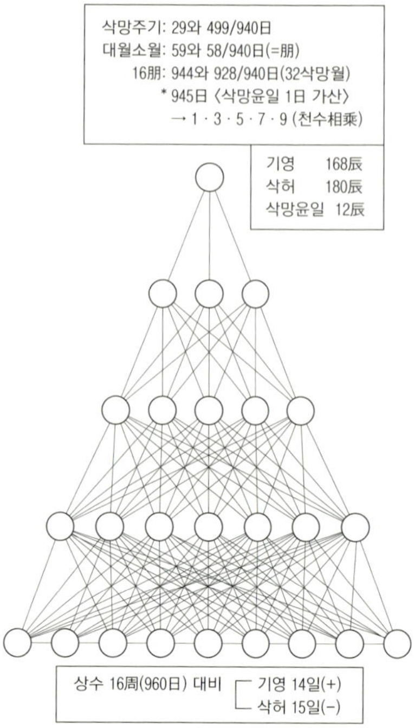

상수 16周(960日) 대비 ─ 기영 14일(+)
                    └ 삭허 15일(-)

8歲 3閏 기삭도(氣朔圖)

기영과 삭허는
음양의 씨눈격

艮(氏+目)은 태극의
씨눈으로 날의 씨
즉 기영과 삭허의
日氏를 상징

상하 中間의 관문<門>에
대한 뜻도 내포

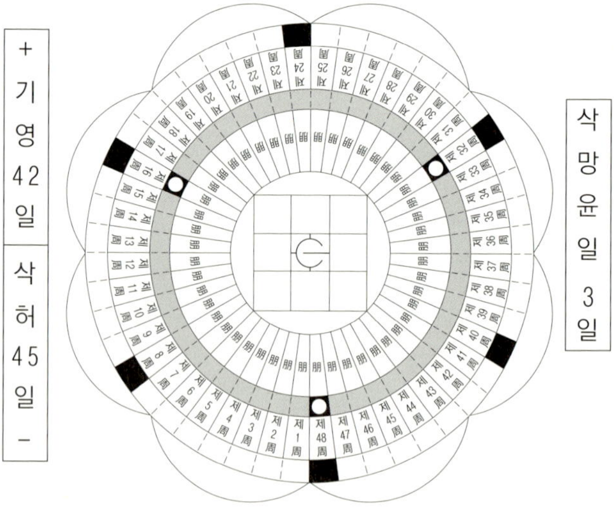

+ 기영 42일
− 삭허 45일

삭망윤일 3일

주천상수(48周 2880昜)

대법홍범(大法洪範)과 대학강목(大學綱目)

　하(夏)나라 은(殷)나라에 뒤이어 주(周)나라가 들어섰다. 주나라 무왕(武王)이 은나라의 후손 기자(箕子)를 방문하여 천하를 다스리는 떳떳한 도리를 묻자, 이에 답하여 가르친 내용이 『시경(書經)』 홍범(洪範)에 자세히 실려 있다.
　홍범에는 순(舜)의 뒤를 이어 하(夏)나라를 연 우(禹)가 낙서 구궁수를 본받아 황극(皇極)의 중정무사(中正無私)한 법도로써 세상을 대동평치(大同平治)하는 아홉 가지[九疇] 정치대법을 오행이치에 의거 설명한다.[251]

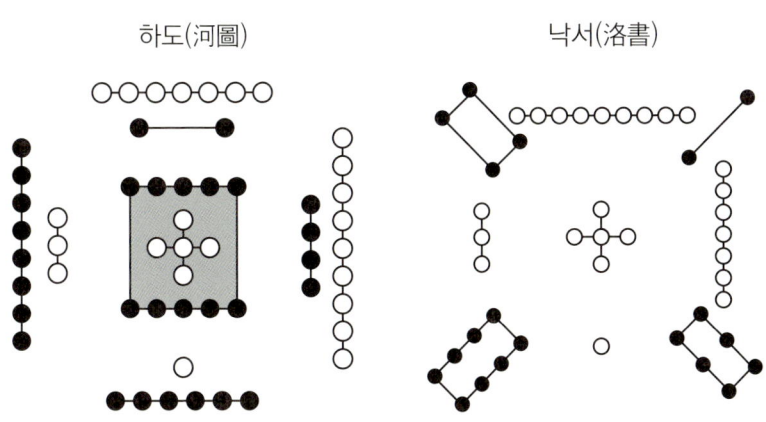

하출도(河出圖)
→ 용마부도(龍馬負圖) * 복희(伏羲)의 획역(畫易)
　 음양지도(陰陽之道) * 천원(天圓) - 본체[선천]

낙출서(洛出書)
→ 신구배문(神龜背文) * 하우(夏禹)의 작범(作範)
　 오행지리(五行之理) * 지방(地方) - 작용[후천]

---

[251] 구주는 5황극을 중심으로 내본(1~4)과 외말(6~9)의 선후체용으로 나뉜다. 왕도정치를 통하여 대동세계의 구현을 가르친 홍범은 대학경전의 강목(綱目)인 삼강령 · 팔조목과 밀접한 관련을 맺고 있다.

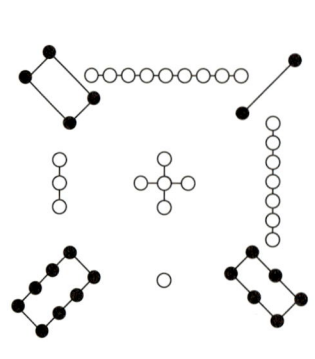 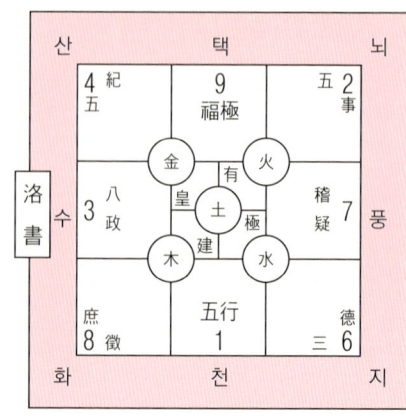

홍범(洪範) 경문에 실린 구주(九疇)

초일(初一)은 왈오행(曰五行)이오

　수 · 화 · 목 · 금 · 토(水·火·木·金·土) 자연원리

차이(次二)는 왈경용오사(曰敬用五事)요

　모 · 언 · 시 · 청 · 사(貌·言·視·聽·思) 인사법도

차삼(次三)은 왈농용팔정(曰農用八政)이오

　식 · 화 · 사 · 사공 · 사도 · 사구 · 빈 · 사(食·貨·祀·司空·司徒·司寇·賓·師) 정치대강

차사(次四)는 왈협용오기(曰協用五紀)요

　세 · 월 · 일 · 성신 · 역수(歲·月·日·星辰·曆數) 천문관측

차오(次五)는 왈건용황극(曰建用皇極)이오

　황건유극(皇建有極) / 회귀유극(會歸有極) 중정표본

차육(次六)은 왈예용삼덕(曰乂用三德)이오

　정직 · 강극 · 유극(正直·剛克·柔克) 내외덕치

차칠(次七)은 왈명용계의(曰明用稽疑)요

　복서(卜筮) 길흉예측

차팔(次八)은 왈염용서징(曰念用庶徵)이오

　휴징 · 구징(休徵·咎徵) 조짐관찰

차구(次九)는 왈향용오복(曰嚮用五福)이오 위용육극(威用六極)이니라

　오복– 수 · 부 · 강녕 · 유호덕 · 고종명(壽·富·康寧·攸好德·考終命) 권선(勸善)

　육극– 흉단절 · 질 · 우 · 빈 · 악 · 약(凶短折·疾·憂·貧·惡·弱) 징악(懲惡)

① 오행사상에 기본을 둔 홍범은 동양 정치학의 원조(元祖)로서, 음양학이자 자연철학인 『주역』과 체용합일을 이룬다. 필자의 학문적 견해로는 그 수리바탕은 하도와 선천팔괘에 기인한 낙서의 구궁수인데, 일명 '오행팔괘'라 불리는 문왕 후천팔괘의 토대이기도 하다.

② 구궁수는 선천에서 후천으로 건너가는 '중천'에 때맞춘 가교역할을 한다. '맞출 중(中)'은 천하의 대본(大本)이다. 선후체용의 조화를 이루려면, 선후가 교통하는 중간법도[卍][252]가 반드시 필요하다.

③ 인사적인 측면으로는 남녀가 부부되기 이전은 선천, 짝하여 가정을 이룸은 중천, 사랑으로 자녀를 낳음은 후천이다. 천도적인 측면으로는 지난 과거가 선천, 닥칠 미래가 후천, 과거와 미래가 교차(交叉)하는 현재가 중천이다.

④ 팔괘의 선후변화도 '중천교역'에 의하며, 선천팔괘로부터 후천팔괘로 변화하는 중간(중천)에 낙서의 교역법도가 쓰인다.

팔괘의 교통왕래 → 중천의 선후교역

선천남녀가 서로 왕래하여 부부로 교합하는 구궁교역으로 인하여 건곤의 1·6 합수, 진손의 2·7 합화, 감리의 3·8 합목, 간태의 4·9 합금을 거쳐서, 일월양극(日月兩極) 즉 천극지극에 해당하는 중앙의 5·10 합토가 이루어

---

252. 卍: 낙서의 교역교통을 상징. 불가에서는 불상 가슴의 길상으로 표시

진다. <오용십작(五用十作)>

　토는 뿌리면 거두는 가색(稼穡) 즉 씨앗이 싹터 열매가 달린 후 다시 땅에 떨어지는 작용을 한다. 이러한 자연원리로부터 오행의 흐름이 상극에서 상생운행으로 반전되는 신묘한 조화가 일어난다. 극기복례(克己復禮)와 수기치인(修己治人)의 정치법도가 이를 바탕으로 한다.

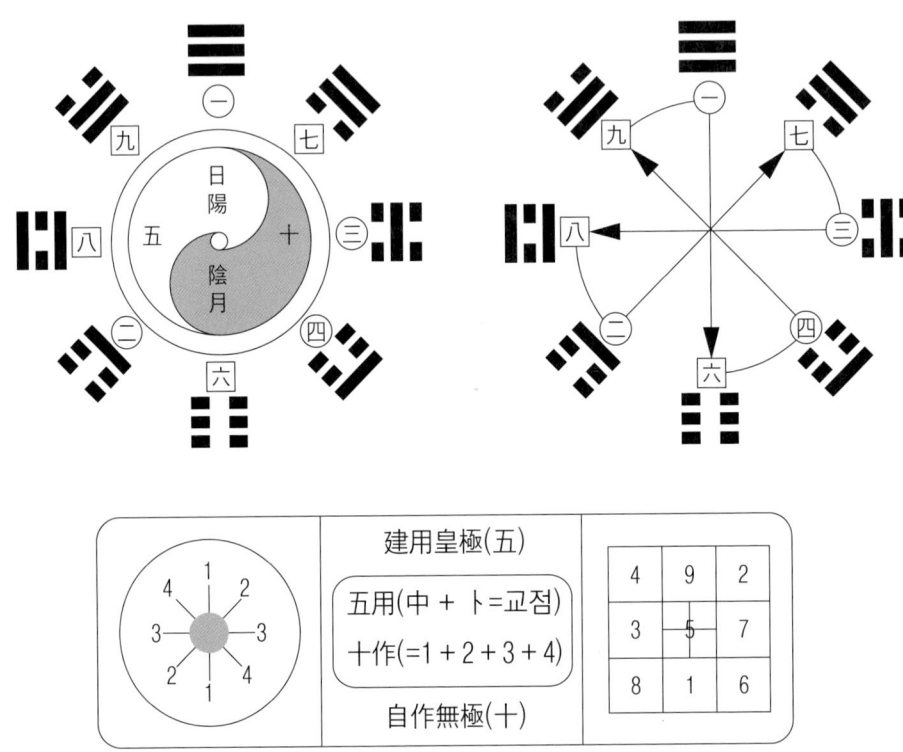

　구궁으로 배합된 일명 '교역팔괘'에서 아래 건·곤(1·6)과 왼편 감·리(3·8)는 반대편(밖)에서 보아도 괘의 형상이 바뀜이 없지만, 위 간·태(4·9)와 오른편 진·손(2·7)은 괘의 형상이 뒤바뀐다.
　즉 출입반복(出入反覆)의 측면에서 보면, 일명 정괘(正卦)인 건·곤·감·리(☰☷☵☲)의 모습은 그대로지만, 반괘(反卦)인 간·진·태·손(☶☳☱☴)은

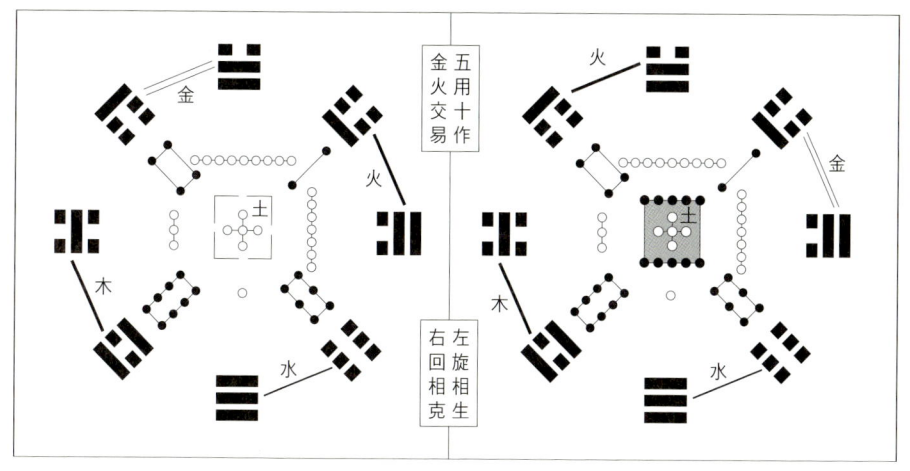

진·간·손·태(☳☶☴☱)로 형태가 반대로 뒤집어진다.[253]

안이 아닌 밖에서 살피면 위의 간·태(4·9)는 진·손(2·7), 오른편에 있던 진·손(2·7)은 간·태(4·9)로 뒤바뀌고, 4·9금(金)과 2·7화(火) 또한 서로 위치가 바뀌게 되는데, 이를 '금화교역(金火交易)'이라 이른다.

음은 양, 양은 음을 낳듯이, 극(克)은 생, 생(生)은 극을 낳는다. 심고 거두는 (稼穡) 출입반복의 자연이치에서 금화교역이 필연적으로 일어나게 되는데, 이로써 안으로는 우회하며 오행상극, 밖으로는 좌선하며 오행상생의 운행이 진행되는 신묘한 조화가 펼쳐진다.

'다스릴 극, 이길 극(克)'은 '다스릴 치(治)'와 통한다. 오행이 서로 극하는 가운데 오히려 상생의 조화가 펼쳐지듯이, 지공무사한 중심법도를 세운 임금이 자신부터 다스려 대동의 상생조화를 펼쳐나가는 것이 고대정치 홍범의 요체이다. 구궁낙서에 기인한 '홍범구주'로부터 팔괘의 오행원리를 이끌어내어 『주역』의 괘사를 지은 성인이 곧 주나라 문왕이다.

---

[253] 영정조 시대의 역학자 괴담(槐潭) 배상열(裵相說: 1759~1789) 선생의 괴담유고(槐潭遺稿)를 보면 「복희선천팔괘방위도」의 사방 정위(正位)에 처한 '건곤감리'를 정괘(正卦)로, 사방 우위(隅位)에 처한 '진손간태'를 반괘(反卦)로 표명하였다.

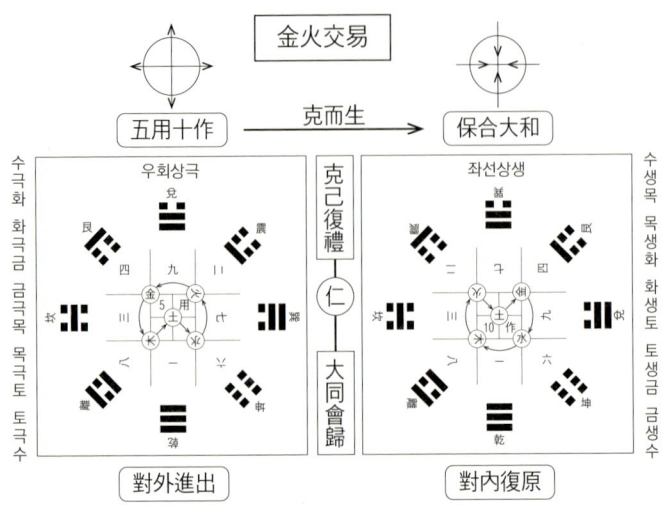

황극의 도

홍범의 5황극(皇極)은 태극의 큰 중심으로서 지공무사(至公無私)한 하늘의 도이고, 유극(有極)은 만유(萬有)의 표준으로서 인(仁)을 체득한 성인(聖人)을 말한다. 즉 천명을 받아 세상을 다스리는 제왕에 해당한다. 홍범의 핵심은 '황건유극'에 의한 '회귀유극'으로 집약된다.

① 황건유극(皇建有極) → 하늘이 사표(師表)가 되는 표준 법도를 세상에 펼치도록 천부지성을 다하는 성인을 세움

② 회귀유극(會歸有極) → 지공무사(至公無私)한 하늘의 도에 따라 탕평정직(蕩平正直)의 왕도(王道)를 세상에 베풀어 천하민심이 함께 회귀(會歸)함.

안자(顔子)가 인(仁)을 여쭙자, 공자께서 극기복례(克己復禮)로 답하며 "하루라도 자신의 사사로움을 이기고 예로 회복하면 온 천하가 인(仁)으로 돌아온다."[254]는 천하귀인(天下歸仁)을 말씀한 바와도 같다. <무위이치(無爲而治)>

---

254. 『논어(論語)』 안연(顔淵)편: 顔淵이 問仁한대 子曰 克己復禮 爲仁이니 一日克己復禮면 天下歸仁焉하리니 爲仁由己니 而由人乎哉아

참고

정전법(井田法)

　홍범구주(洪範九疇)에서 연원한 주나라의 정전법은 900묘(畝)의 토지를 아홉으로 정분(井分)한 뒤에 바깥 800묘의 땅은 여덟 농가에 100묘씩 사전(私田)으로 분배하고, 중앙의 100묘 땅은 공전(公田)으로 정하여 여덟 농가가 공동(共同)으로 경작하게 한 토지제도이다.

　공전에서 경작한 수확물은 나라의 세금으로 내고, 사전의 수확물은 각 농가가 소유하게 하였는데, 『주역』 48번째 정(井)괘는 이 정전법의 기본토대가 되는 괘이다.

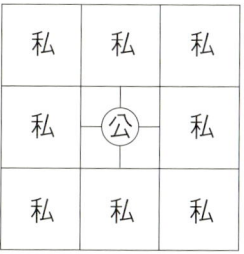

〈井田法〉 전답 900묘(畝)를 井으로 9등분하여 8農家에 각기 100畝씩 私田으로 배분하고 중앙의 100畝를 公田으로 정한 토지제도.
(公이란 八家가 共同경작하여 國稅로 내는 수확물을 이른다)

*同(한가지 동) / 異(다를 이)

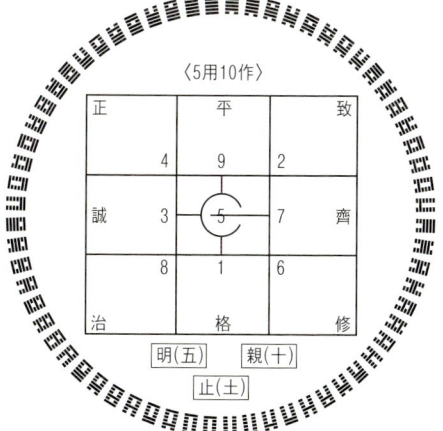

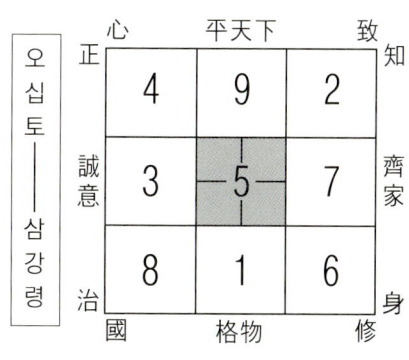

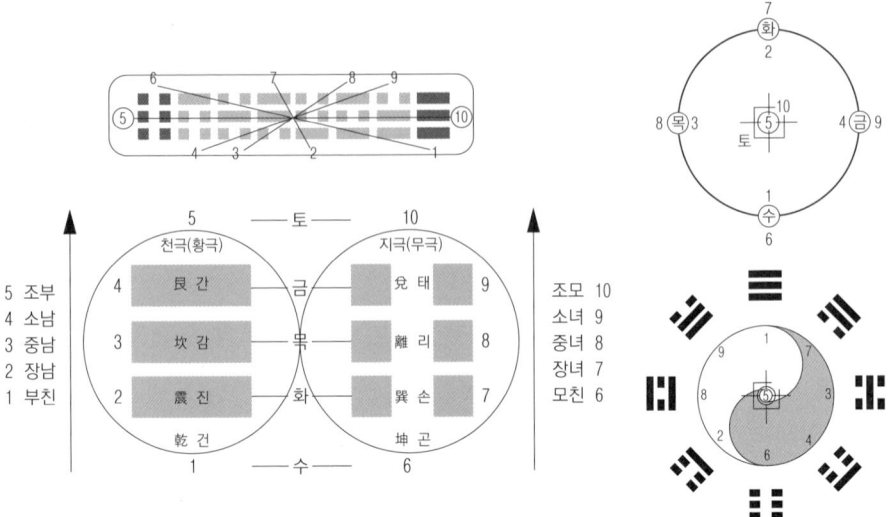

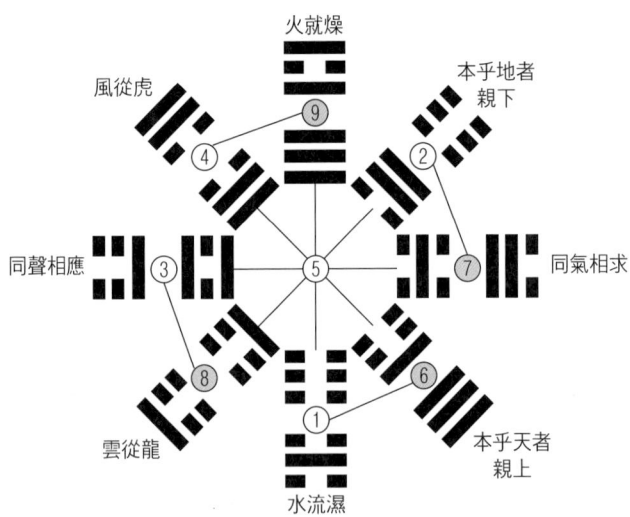

선천팔괘(음양원리) ⇒ 중천교역(부부배합) ⇒ 후천팔괘(오행작용)
남녀상대-부부교합-자녀생성

야산 이달 선생(1889~1958)의 생애 및 주요학설(乾九五圖說 등)

(1889 己丑 ~ 1958 戊戌)

단기 4222년(己丑年) 9월 16일(음) 경북금릉(慶北金陵. 김천시) 구성상원(龜城上院) 일명 마들이(馬杜里)에서 출생하였으며, 관향(貫鄕)은 연안(延安), 휘(諱)는 순영(洵永), 자(字)는 여회(汝會)이다.

탄생할 때 모친 태몽에 봉(鳳)이 대나무 위에 앉아 있어서 아명을 '봉'이라 불렀다. 젊은 시절 금강산에서 수도를 마치고 출산(出山)하면서 스스로의 이름을 '달(達)'이라 하였으며, 고향인 김천 대성동(大成洞)에서 훈몽(訓蒙)할 당시에 문득 깨달은 바 있어, '야산(也山)'이란 자호(自號)를 지었다고 한다.

수천여년에 걸쳐 복희씨·문왕·주공·공자에 의해 집대성된 역(易)의 도는 원시유학의 핵심이다. 분서갱유의 환란 속에 큰 어려움을 겪으면서 수많은 선현들의 연구와 노력에 힘입어 한때 유학이 부흥하였던 시기도 있었지만, 아직까지 본래의 진면목을 완전히 회복하지는 못하였다.

해방 이듬해인 1946년 가을 대둔산(大屯山) 석정암(石井庵)에서 야산선생은 홍역학(洪易學)을 창시하는 '부문(敷文)'을 짓고 108 제자를 양성하면서 '홍역학창립기성회'를 발족하였다. 이는 온 인류사회가 함께 대동하는 후천변혁의 시대를 예견하여 그 초석을 깔고 푯대를 세우고자 함이었다.

선생은 "동양학문은 태극에 근본을 둔 음양오행의 이치에서 비롯된다. 홍범과 주역을 학문적 중심으로 삼고 이를 범주로 해서 깊이 궁리하면, 동양학문의 핵심근원을 찾을 수 있다. 지구촌이 일가족이 되고 동서가 하나 되는 이 때, 홍역학에서 큰 힘을 찾을 수 있으리라."는 말씀을 하였다.

'홍역'이란 『서경』 '홍범'과 '주역'에서 음과 뜻을 취한 것인데, 홍역학이 태극이라면 주역과 홍범은 음양과 오행인 셈이다. 태극에서 음양오행이 비롯되고 음양을 본체로 오행의 작용이 펼쳐지므로, 주역과 홍범은 서로 체용일원(體用一源)이 된다.

홍범은 사람을 다스리는 치인(治人)의 정치학이며, 주역은 자신을 닦는 수기(修己)의 철학이다. 수기치인(修己治人)의 학문법도가 바로 '홍역학'인 셈이다.

선생의 유작(遺作) 가운데에서도 공자 이래 수천 년 세월에 걸쳐 유학의 큰 난제로 남았던 대학(大學)의 착간고정, 천지일월의 운행이치를 극진히 통찰하여 창제한 주역달력인 경원력(庚元曆) 등은 만세에 빛날 불후의 역작으로 손꼽힌다. 역설(易說)에 관련된 주요 내용을 소개하면 다음과 같다.

건구오도설(乾九五圖說)

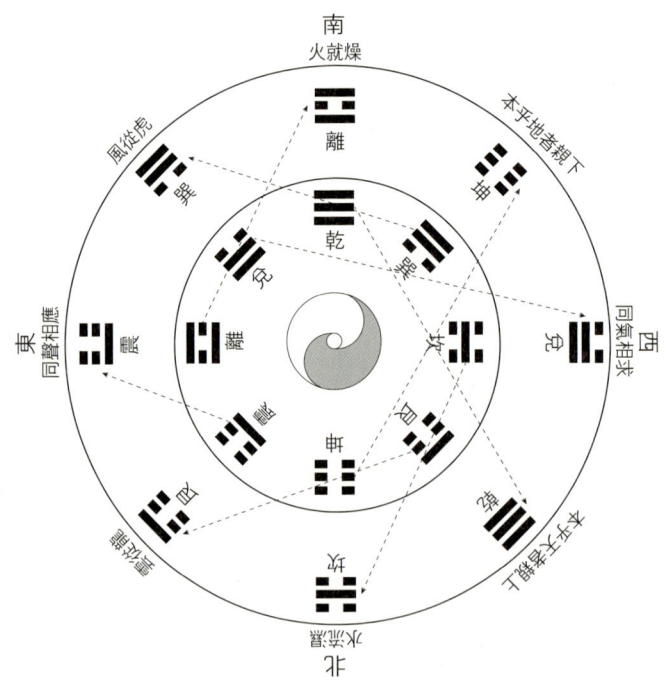

공자는 『역경(易經)』의 건문언전(乾文言傳) 구오(九五)를 풀이하면서, 선천에서 후천으로 바뀌는 천도운행의 신비를 팔괘의 선후천 변화로 비유하여 표현하였다. 공자 이후 그 누구도 풀지 못하였던 것을 도설(圖說)로써 극진히 밝히었다.

九五曰 飛龍在天利見大人은 何謂也오. 子曰

同聲相應하며 同氣相求하야 水流濕하며 火就燥하며 雲從龍하며 風從虎라. 聖人이 作而萬物이 覩하나니 本乎天者는 親上하고 本乎地者는 親下하나니 則各從其類也니라.

선후천고정설(先后天考定說)과 황역기시략초(皇易紀時略草)

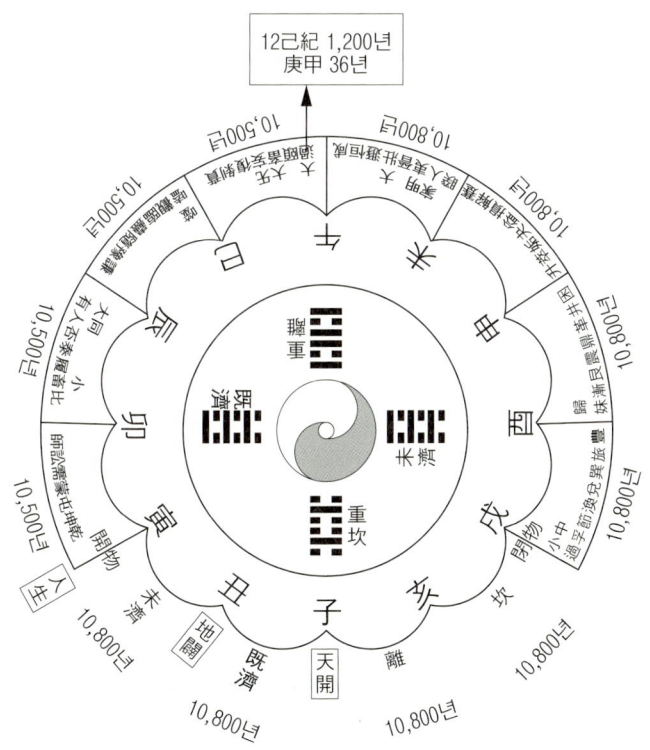

先後天 分解圖(一元)

천도가 바뀌는 선후의 중간 시기는 선천을 마치고 후천을 시작하는 때로서 모든 것을 바로잡는 때이다. 선생은 '중어선후(中於先後)와 정기종시(正其終始)' 즉 후천으로 넘어가는 중천교역기(中天交易期)에 때맞추어 과도한 일월(日月)의 역수법도를 바로 잡아야 한다고 보았다. 『역경』에서는 이 시기를 '이섭대천(利涉大川)'으로 표현한다.

공자께서 집필한 춘추(春秋) 242년의 도수에 주역의 손익법도를 연계하여 후천책력인 경원력(庚元歷) 창제시기를 밝히는 한편, 소자(邵子)의 황극경세연표로써 선천말기인 대과(大過)의 때를 구체적으로 조명하고, 36년의 경갑변도(庚甲變度)의 필연성을 상술하였다.

- 소자의 황극경세도는 〈복희 선천 64괘도〉에 기초하여 건곤(乾坤)과 감리(坎離)를 본체인 윤괘(閏卦)로 놓고 나머지 60괘를 활용하였다. 반면, 선생은 상경의 감리(坎離)와 하경의 기제미제(旣濟未濟)를 윤괘(閏卦)로 놓고, 나머지 60괘를 『역경』 괘서(卦序)대로 선천(상경28괘)과 후천(하경32괘)에 배분하였다.

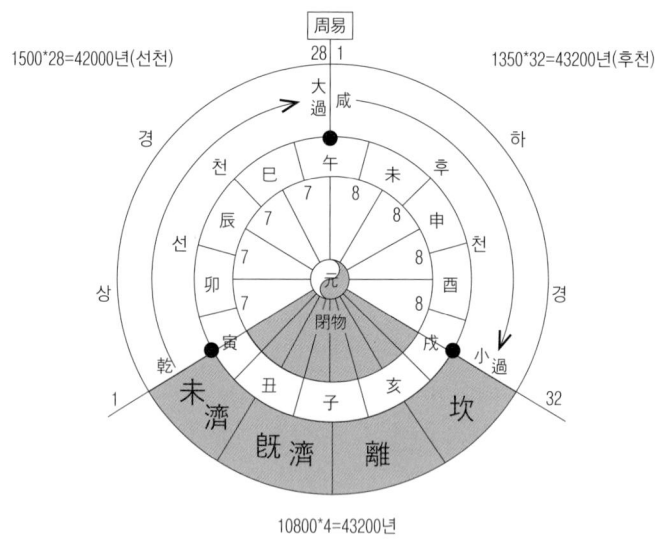

정전곤의(井田困義)

상고문자의 연원을 밝히는 한편, 훈민정음의 뿌리가 되는 우리민족 고유의 동방문자가 이미 고조선 시대에 실재하였음을 주역의 수풍정(水風井)과 택수곤(澤水困)에 의거하여 입증하였다.

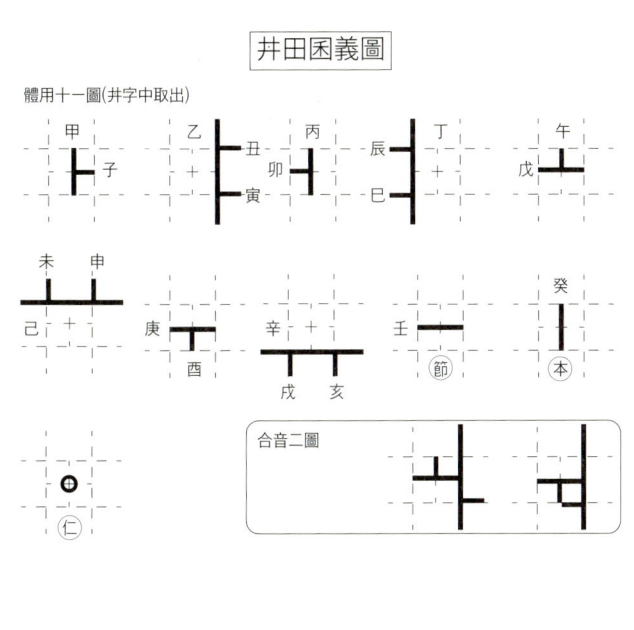

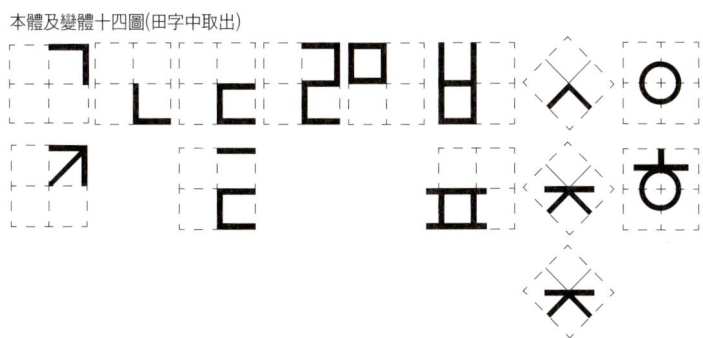

경원력(庚元歷)

　주역과 경세를 바탕으로 창제한 후천시대의 주역책력이다. 개력시점인 1944년 8월 24일(갑신년 임신월 경신일 갑신시)을 연월일시가 모두 경신(庚申)인 때로 바꾸었으며, 과도한 일월역수(대과와 소과)를 공제함으로써 천도의 중정(中正)을 회복하였다.

　주역에서 말하는 천도변혁의 구체적인 시기는 경원력에 의해 밝혀진다. 일월역수의 중천교역(中天交易)에 입각하여, 선후천고정(先后天考定)을 단행한 경원력은 인류세계의 영원한 등대이자 나침반이라 할 수 있다.

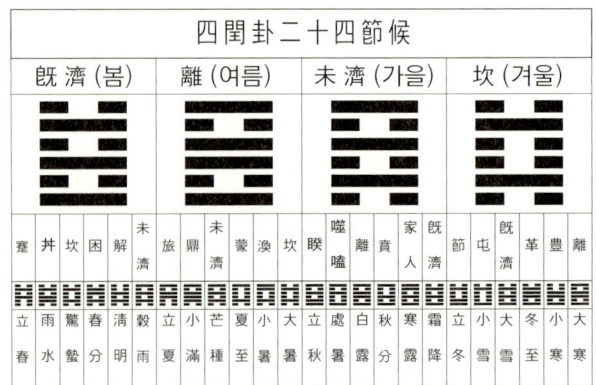

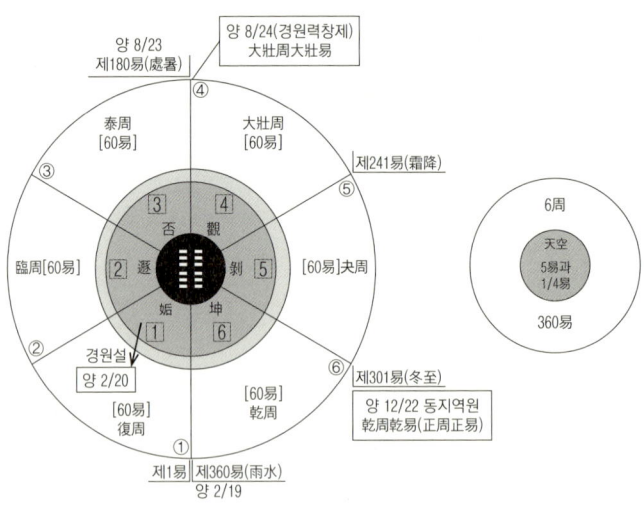

하락총백도(河洛總百圖)

 역의 본원핵심은 하도(선천본체)와 낙서(후천작용)이며, 1에서 10에 이르는 하도의 열 가지 수와 1에서 9에 이르는 낙서의 구궁수를 합쳐 '하락총백'이라 일컫는다. 하도의 총수 55(1~10)에다 낙서의 총수 45를 합친 총 100수를 하나의 그림으로 표현하였다.

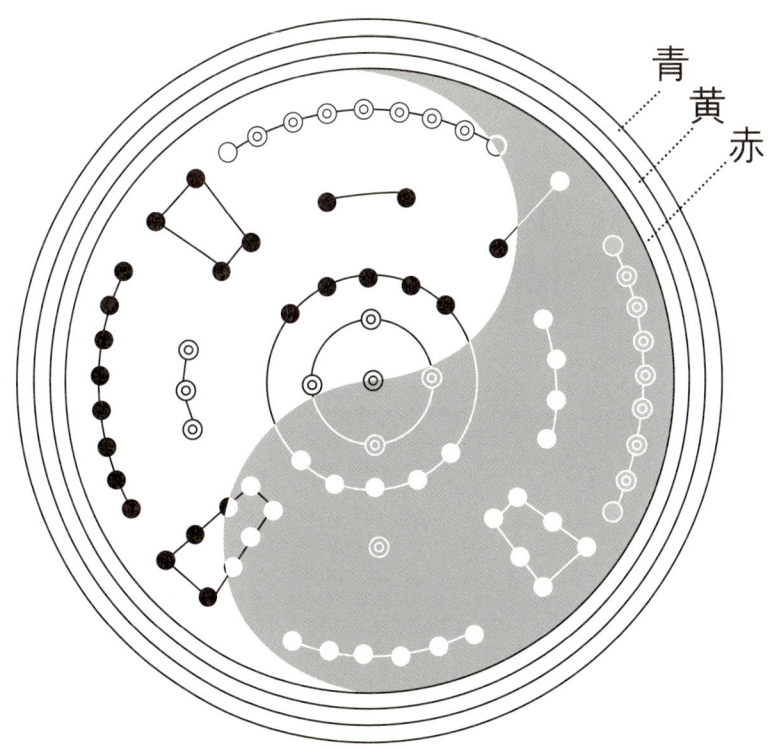

태극도(太極圖)

 64괘를 펼치는 근본인 태극(太極)의 사방에 건곤감리를 배포한 그림이다. 선천8괘방위도를 확대한 선천64괘방위도에서 네 정방을 대표하는 괘는 건곤(乾

坤)과 감리(坎離)이다.

밑의 그림은 수중에 지닐 수 있도록 만든 수기(手旗)이다. 태극 안의 작은 동그라미는 유극(有極)의 인(仁)을 상징한다. 그 다음 먼저 안의 적색은 하늘의 양(불빛), 바깥의 청색은 땅의 음(물빛), 중간의 황색은 사람에 각기 해당한다.

太極旗圖

手旗 四分之一圖

手旗寸法
全面四方七寸外圖二寸 青黃赤
分等爲三 內極直徑五寸 前後
同製成則 左右之極也
每人常常持携以使用時

青
黃
赤

찾아보기

ㄱ

가도(家道) 095 168 174 180 181 184 185

가이교국인(可以敎國人) 179

가이인이불여조호(可以人而不如鳥乎) 090 091 263

가인(家人) 095 167 168 170 174 178 181 182 184 185 266 267 276 292

가제(家齊) 022 038 055 057 171 187 262 273 275

간(艮) 027 030 032 094 097 101 119 129 130 147 157 158 159 276 278 284 286 288

간(簡) 004 005 018 019 020 022 024 034 035 046 047

강고(康誥) 065 070 071 074 080 083 084 100 139 199 201 202 239

강극(剛克) 076 758 280

강령(綱領) 020

강목(綱目) 010 011 018 021 024 026 031 047 059 060 063 113 142 181 279

강숙(康叔) 065 083 084

개자명야(皆自明也) 065 072 263

건(乾)괘 029 048 067 196

걸주(桀紂) 170 175 186 190 191 195 196 239 266 267

걸주솔 천하이포(桀紂帥 天下以暴) 170 186 190 266 267

격물(格物)

019 020 023 024 026 028 032 032 033 034 035 050 051 052 054 055 059 060 102 103 104 105 106 109 110 111 112 113 114 115 116 117 119 120 122 123 126 127 128 130 131 132 133 143 146 154 156 209 241 244 245 246 249 250 253 264 270

격치성정(格致誠正) 023 031 032 056 111 113

견불선이불능퇴 퇴이불능원 과야(見不善而不能退 退而不能遠 過也) 213 230 268 269

견현이불능거 거이불능선 명야(見賢而不能擧 擧而不能先 命也) 213 230 268 269

겸(謙) 061 078 079 135 136 190 276

경(經) 020

경세제민(經世濟民) 214

경일장(經一章) 022 038

계천입극(繼天立極) 254

고(孤) 187

고시천지명명(顧諟天之明命) 065 069

고요모(皐陶謨) 077 232

고정(攷正) 241

고지무지이진신(鼓之舞之以盡神) 088

고지욕명명덕어천하자(古之欲明明德於天下者) 022 038 072 262

곡례(曲禮) 257 258

곡척(曲尺) 187 188

곤괘(坤卦) 027 089 116 131 132 146 152 157 158 196 197 272 276 284 286 288

공구(恐懼) 149 156 157 158 161 204 205

공문전수(孔門傳受) 241

공야장(公冶長) 125

공자(孔子)

022 024 025 027 030 031 033 034 039 045 046 047 048 057 058 063 066 068 073 074 078 083 084 091 094 097 098 100 101 104 105 113 115 117 119 122 124 125 127 128 129 131 132 133 136 145 146 149 158 162 164 165 167 168 172 176 179 181 184 190 194 196 205 208 223 233 234 235 241 242 252 258 276 284 287 288 289 290

관(觀) 114 115 276 292

교태(驕泰) 198 202 203 205 221 239 268 269

구덕괘(九德卦) 78 113

구범(舅犯) 213 221 222 223 232 239 268 269

구우(丘隅) 090 091 263 274

구일신(苟日新) 054 080 087

국치(國治) 022 038 055 057 187 262 273 275

군사(君師) 201 254 257

찾아보기 297

군신(君臣) 040 041 057 069 094 095 099 181

군신유의(君臣有義) 095

군자 유대도(君子 有大道) 198 221 268 269

군자유혈구지도야(君子有絜矩之道也) 186 267

궁리정심(窮理正心) 042 255

귀매(歸妹) 219 220 276

균제방정(均齊方正) 187 188 189 194

극(極) 031 047 085 087

극기복례(克己復禮) 066 282 284

극명덕(克明德) 071 263 275

극명준덕(克明峻德) 065 071 263

극배상제(克配上帝) 198 201 267

기가 불가교 이능교인자 무지(其家 不可教 而能教人者 無之) 171

기본 난이말치자 부의(其本 亂而末治者 否矣) 038 102 106 245 262 264

기수(淇水) 121 122

기승전결(起承轉結) 028 052 075 098 270

기욕달이달인(己欲達而達人) 234

기욕립이립인(己欲立而立人) 234

기위부자형제(其爲父子兄弟) 170 267

기의불특(其儀不忒) 170 267

ㄴ

낙기락이이기리(樂其樂而利其利) 095

낙락(樂樂) 096

낙리(樂利) 096

낙지군자(樂只君子) 171 191

남산유대(南山有臺) 163 176

내본(內本) 026 034 041 051 052 054 056 060 097 106 107 207 208 279

내본외말(內本外末) 239

내칙(內則) 207 257 258

노(魯) 015 252

노로(老老) 187 188 195

논어(論語) 015 018 027 066 074 096 100 104 123 124 125 137 151 157 172 176 181 207 208 217 233 234 235 284

능득(能得) 038 118 119 120 123 126 128 130 147 262 264

능려(能慮) 038 118 119 123 128 130 262 264

능안(能安) 038 118 119 123 128 130 262 264

능애(能愛) 233 234

능오(能惡) 233 234

능정(能靜) 038 118 119 123 128 130 262 264

ㄷ

단궁(檀弓) 223

대동중정(大同中正) 017 113 237 242

대아(大雅) 082

대업(大業) 030 035 047 081 214

대외민지(大畏民志) 102 109 118 124 245 264

대인(大人) 045 048 059 066 068

대인지학(大人之學) 032 033 039 042 060

대축(大畜) 076 081 276

대학(大學) 015 030 042 045 051 063 271 288

대학장구(大學章句)

017 027 039 040 043 050 051 055 056 065 069 072 080 081 082 083 085 091 092 094 095 096 098 107 108 109 110 119 122 123 124 136 138 139 141 144 149 150 151 161 162 163 164 171

175 176 178 179 180 187 189 192 198 199 200 201 202 207 208 209 214 215 216 217 218 221 223 224 226 227 231 233 234 238 242 262 270

대학지도(大學之道) 022 038 039 042 046 049 061 062 262

대학지요(大學之要) 250

대학착간고정(大學錯簡考正) 010 011 019 020 024 025 027 028 033 043 063 240 246 252 270 271

대학착간고정서기(大學錯簡攷正敍記) 010 011 025 240 241

대학혹문(大學或問) 019

덕(德) 053 066 069 076 079 087 209 211 222 239

덕본재말(德本財末) 207 208 220

덕업(德業) 035 041 086 097 099

덕지본야(德之本也) 079 113 132

도(道) 021 044 046 047 056 066 076 094 100 102 104 122 143 181 200 201 202 214

도득중즉득국 실중즉실국(道得衆則得國 失衆則失國) 198 200 267

도선즉득지(道善則得之) 198 201 268

도신(盜臣) 225

도지요요 기엽진진(桃之夭夭 其葉蓁蓁) 170 178 266 267

도통지전(道統之傳) 241

도학(道學) 042 090 121 122 123 263 264

독(獨) 136 145

돈간(敦艮) 130 147

득지(得知) 119 129

리(履) 078 079 228 276 289

망인(亡人) 213 221 222 223 268 269

맹자(孟子) 015 016 039 072 095 101 157 225 233 242 244 257 258 260

맹헌자(孟獻子) 221 224 230 269

면만(緡蠻) 091

명(命) 070 168 234

명덕(明德) 039 050 066 068 069 070 075

명도(明道) 018

명명(明命) 065 069 071 075 263 275

명명덕(明明德)
021 022 026 031 033 038 039 040 043 050 051 060 061 062 063 065 070 074 086 262 263

명선성신(明善誠身) 023

목목문왕(穆穆文王) 090 093 263

몰세불망(沒世不忘) 090 095 263 264

무(武) 014 065 241 279

무소불용기극(無所不用其極) 084 089 099 263

무자기야(毋自欺也) 135 136 145 265

문리(文理) 250

문무(文武) 096 242

문왕(文王) 025 065 082 087 090 093 094 096 100 200 201 202 263

물(物) 050 059 070 103 104 109 111 114 143 147 244 245 246 247 250

물격(物格) 022 038 055 056 057 109 117 132 249 250 262 274

물본(物本) 024 131 104

물시어인(勿施於人) 164 192

물유본말(物有本末) 024 038 102 206 245 262 264

미유상호인이하불호의자야(未有上好仁而下不好義者也) 213 215 230 268 269

미유학양자이후 가자야(未有學養子而後 嫁者也) 135 139 146 170 265 266

미유호의 기사부종자야(未有好義 其事不終者也) 213 215 230 268 269

미유부고재 비기재자야(未有府庫財 非其財者也) 213 215 230 268 269

민(民) 164 191 195 239

민구이첨(民具爾瞻) 186 198 267

민지부모(民之父母) 150 169 170 176 186 191 266 267

민지소오 오지(民之所惡 惡之) 170 176 186 266 267

민지소호 호지(民之所好 好之) 170 176 186 266 267

ㅂ

반(胖) 141

방기(邦畿) 090 092 098 099 263

백승지가(百乘之家) 221 224 225 230 269

벌빙지가(伐氷之家) 224 225

벽즉위천하륙의(辟則爲天下僇矣) 186 198 267

병저사이 불여동중국(迸諸四夷 不與同中國) 213 230 232 268 269

보궐장(補闕章) 019 020 024 110 112 246

복희(伏羲) 025 254 279

본립이도생(本立而道生) 024 111 120

본말(本末) 031 102 110 113 125 127 216 245 264 274

본말종시(本末終始) 111 112 124 143

본의(本義) 242 261

부부유별(夫婦有別) 095

부윤옥 덕윤신(富潤屋 德潤身) 135 140 265

부자유친(父子有親) 095

분치(忿懥) 149 156 161

불망(不忘) 090 095 096 263 264 268

불선즉실지의(不善則失之矣)

불원의(不遠矣) 146

불이리위리 이의위리야(不以利爲利 以義爲利也) 213 216 221 224 226 230 268 269

불인자 이신발재(不仁者 以身發財) 206 208 221 268

불출가이성교어국(不出家而成教於國) 170 171 174 182 266

불췌본이제말(不揣本而齊末) 243

붕우유신(朋友有信) 095

비(比) 194 195 276

ㅅ

사군(事君) 170 171 190 266

사대(四代) 042

사도(司徒) 254 255 280

사리당연(事理當然) 040

사상(四象) 017 030 031 032 033 040 046 047 077 089 196 242 281

사서(四書) 014 015 016 020 098

사숙(私淑) 242 260

사유종시(事有終始) 038 102 206 245 262 264

사윤(師尹) 199

사장(事長) 171

사중(使衆) 171

사후지군자(俟後之君子) 242 260

삼강령(三綱領)

020 021 022 038 040 041 042 043 046 047 051 059 060 061 062 063 074 085 086 087 097 100 104 110 112 113 120 123 206 222 248 250 251 270 272 279

삼경(三經) 014 015 016 017 020 098

삼극(三極) 043 047 085

삼덕(三德) 076 158 280

삼왕(三王) 070

삼외(三畏) 125

삼재(三才) 021 027 030 043 046 047 049 062 155 270

삼재(三在) 047

상 노로이민 흥효(上 老老而民 興孝) 186 267

상달(上達) 051 056 112 274

상송현조(商頌玄鳥) 092

상 장장이민 흥제(上 長長而民 興弟) 186 267

상 휼고이민 불패(上 恤孤而民 不倍) 186 267

생재(生財) 213 214 215 216 219 220 228 239 268 269 275

생재 유대도(生財 有大道) 213 221 268 269

생지자중(生之者衆) 213 221 268 269

서(序) 260 261

서(恕) 164 187 191 192 195 196

서경(書經) 015 065 069 071 077 083 089 117 190 194 201 232 279

서수획린(西狩獲麟) 252

선본(先本) 104 111 119 249

선신호덕(先愼乎德) 198 206 209 210 267 268

성경현전(聖經賢傳) 024 052 259 260

성균관(成均館) 042

성기의(誠其意) 022 038 049 135 136 140 262 265

성덕지선(盛德至善) 090 118 121 123 127 264

성리학(性理學) 018 019 105 242

성신(誠身) 023 222

성어중 형어외((誠於中 形於外) 135 137 140 145 146 153 265

성의(誠意) 023 026 050 060 063 126 135 139 141 142 144 156 265 275 285

성인(聖人) 045 047 087 115 117 140 177 197 199 284 289

성인(成人) 042

소강절(邵康節) 114 242

소아(小雅) 091 176 179 198 199

소오어상 무이사하(所惡於上 毋以使下) 186 188 267

소오어우 무이교어좌(所惡於右 毋以交於左) 186 188 267

소오어전 무이선후(所惡於前 毋以先後) 186 188 267

소오어좌 무이교어우(所惡於左 毋以交於右) 186 188 267

소오어하 무이사상(所惡於下 毋以事上) 169 186 188 267

소오어후 무이종전(所惡於後 毋以從前) 186 188

소위(所謂) 136 153 155 235

소위성기의자(所謂誠其意者) 135 169 265

소위수신 재정기심자(所謂修身이 在正其心者) 148 150 265

소위제기가 재수기신자(所謂齊其家 在修其身者) 150 160 265

소위치국 필선제기가자(所謂治國 必先齊其家者) 150 171 171 266

소위평천하 재치기국자(所謂平天下 在治其國者) 150 186 267

소인(小人) 042 090 095 096 135 137 140 142 213 216 217 230 258 263 264 265 268 269

소축(小畜) 076 276

소학(小學) 042 255 257 258

손(損) 078 079 149 276

손(巽) 027 030 032 078 079 157 276 284 286 288

솔성지위도(率性之謂道) 048 066

송괘(訟卦) 125 276

쇄소응대진퇴지절(灑掃應對進退之節) 255

수기치인(修己治人) 023 042 066 164 169 202 261 282 288

수도지위교(修道之謂敎) 048 066 076

수신(修身) 023 026 054 060 063 081 103 111 113 153 154 164 168 274

수신위본(修身爲本) 024 031 038 102 108 111 113 131 132 156 244 245 246 262 264

수제치평(修齊治平) 026 031 032 056 060 111 113

순(舜) 014 046 069 070 092 162 241 279

순전(舜典) 071

순제(舜帝) 069

순희(淳熙) 260 261

슬혜훤혜(瑟兮僩兮) 090 118 121 263 264

시경(詩經)

015 016 082 091 092 093 094 095 098 121 122 137 165 176 177 178 179 180 198 199 200 206 217 239

시운오희(詩云於戱) 090 095 263 264

시이불견(視而不見) 148 151 265

시종(始終) 104 113

식이부지기미(食而不知其味) 148 151 265

식지자과(食之者寡) 213 221 268 269

신(新) 043 081 082 086 087 247 248 249 251

신(身) 054 104 131 149 150 161 274 276

신(信) 202 203

신농(神農) 254 255

신독(愼獨) 137 138 139 142 144 145 151

신민(新民) 026 040 043 060 080 082 083 086 096 126 247 248 250 251 263

신수(身修) 022 038 055 057 262 274

신외무물(身外无物) 104 111 156 245 247

심(心) 054 079 104 144 149 155 174 195 276

심광체반(心廣體胖) 135 140 141 265

심부재언(心不在焉) 148 151 265

심성구지 수부중 불원의(心誠求之 雖不中 不遠矣) 135 139 140 146 170 265 266

심정(心正) 022 038 055 057 262 274

십익(十翼) 015 017 024 025 057 058 242

ㅇ

안연(厭然) 135 137 138 265

안연(顔淵) 066 124 181 235 284

애공(哀公) 015 252

애긍(哀矜) 160 161 165 266

야산(也山) 014 017 019 020 287

약유일개신 단단혜 무타기 기심 휴휴언 기여유용언 (若有一个臣 斷斷兮 無他技 其心 休休焉 其如有容焉)
213 230 268 269

양명(陽明) 019 074

양의(兩儀) 030 031 033 043 060 089 131

양혜왕(梁惠王) 225

언(諺) 160 162 266

언패이출자 역패이입(言悖而出者 亦悖而入) 206 221 226 268 269

여기유취렴지신 영유도신(與其有聚斂之臣 寧有盜臣) 221 224 230 269

여보적자(如保赤子) 135 139 170 265 266

여오악취 여호호색(如惡惡臭 如好好色) 135 145 169 265

여절여차(如切如磋) 090 118 121 263 264

여탁여마(如琢如磨) 090 118 121 263 264

여희(驪姬) 223

역경(易經) 010 012 014 015 016 024 025 048 103 270 289 290

연문(衍文) 109 110 112

열문(烈文) 095 096

예기(禮記) 015 017 018 223 242

예악사어서수지문(禮樂射御書數之文) 042 108

오계(五季) 259

오달도(五達道) 040 041

오덕(五德) 076

오륜(五倫) 095 101

오이지기미(惡而知其美) 160 266

오즙희경지(於緝熙敬止) 090 093 263

오지(五止) 094

오타(敖惰) 160 161 165 166 266

오황극조(五皇極條) 089 190 201

옥루(屋漏) 137

왕양명(王陽明) 084

외경(畏敬) 160 161 165 166 266

외말(外末) 021 026 032 033 034 041 051 052 054 056 060 097 106 107 207 275 279

외본내말(外本內末) 198 206 207 208 211 214 218 223 268

요(堯) 014 069 070 071 072 117 241 255

요순(堯舜) 069 070 074 092 170 182 186 190 191 192 195 196 238 239 242 254 266 267 277

요순 솔천하이인(堯舜 帥天下以仁) 170 186 190 266 267

요요(夭夭) 170 178 266 267

요전(堯典) 071 117

요제(堯帝) 069

용지자서(用之者舒) 213 221 268 269

우(禹) 014 069 070 077 232 241 279

우격소치(寓格所致) 241

우서(禹書) 070 071

우순(虞舜) 070 071

우일신(又日新) 054 080 087 263

우일신지(又日新之) 081

우환(憂患) 148 149 156 161 265

원형이정(元亨利貞) 075

위기지학(爲己之學) 066

위(衛)나라 무공(武公) 122

위인지학(爲人之學) 066

위지자질(爲之者疾) 213 221 268 269

위풍(衛風) 기욱(淇澳)편 121

유(喩) 161 191 192 217

유국자 불가이불신(有國者 不可以不愼) 186 198 267

유극(有極) 059 076 089 280 284 294

유덕차유인(有德此有人) 198 206 209 267 268

유명불우상(惟命 不于常) 198 201 205 206 268

유민소지(惟民所止) 090 092 093 263

유비군자 종불가훤혜(有斐君子 終不可諠兮) 090 118 121 123 263 264

유신(維新) 082 083 084 088 263 274

유인인 방류지(唯仁人 放流之) 213 230 232 268 269

유인차유토(有人此有土) 198 206 209 267 268

유자(有子) 172

유재차유용(有財此有用) 198 206 209 267 268

유저기이후 구저인(有諸己而後 求諸人) 170 186 191 266 267

유정(有定) 038 118 119 123 128 129 130 262 264

유토차유재(有土此有財) 198 206 209 267 268

육구연(陸九淵) 019

육소(蓼蕭) 179

육합(六合) 195

윤씨(尹氏) 199 204

은공(隱公) 015 252

은지미상사(殷之未喪師) 198 200 267

음부경(陰符經) 152

음양(陰陽) 017 021 025 033 044 046 047 051 058 105 116 131 195 278 281 288

찾아보기 309

의(宜) 112 141 143 165 170 177 178 179 219 266 267

의(義) 015 016 100 157 212 214 216 217 219 220 225 238 258

의감우은(儀監于殷) 198 200 267

의기가인이후 가이교국인(宜其家人而後 可以敎國人) 170 178 266 267

의성(意誠) 022 038 055 057 244 262 274

의형의제이후 가이교국인(宜兄宜弟而後 可以敎國人) 170 179 267

이(利) 029 048 062 075 096 116 146 169 197 217 225 289

이능보아자손여민(以能保我子孫黎民) 213 230 231 268 269

이단(異端) 258 259

이달(李達) 011 020 240 252 287

이리(利利) 096

이민 종지(而民 從之) 170 186 190 266 267

이신발재(以身發財) 206 208 211 218 221 268 269

이언적(李彦迪) 019 020

이윤(伊尹) 069 235

이인(里仁) 027 096 176 207 217 233

이재(理財) 211 212 214 215 216 217 219 238

이재발신(以財發身) 206 208 211 218 221 268 269

이정자(二程子) 018

이제삼왕(二帝三王) 069

익(益) 074 078 079 110 122 135 137 138 192 201 202 265 276 289

인(人) 027 051 070 150 155 161 163 164 166 270

인(仁)
015 016 027 033 041 054 143 157 190 208 211 212 215 216 219 220 222 223 233 234 276 284 291 294

인도(人道) 035 047 059 073 097 144

인 막지기자지악 막지기묘지석(人 莫知其子之惡 莫知其苗之碩) 160 162 266

인의예지신(仁義禮智信) 076

인자무적(仁者無敵) 233

인자 이재발신(仁者 以財發身) 206 208 211 221 268 269

인재(人才) 042 047 077 232 236 239

인지언성 기심호지(人之彦聖 其心好之) 213 230 234 268 269

인지언성 이위지(人之彦聖 而違之) 213 230 231 268 269

인지유기 모질이오지(人之有技 媢嫉以惡之) 213 230 231 268 269

인지유기 약기유지(人之有技 若己有之) 213 230 268 269

일가양 일국흥양(一家讓 一國興讓) 170 174 266

일가인 일국흥인(一家仁 一國興仁) 170 174 266

일생이법(一生二法) 058

일시개이수신위본(壹是皆以修身爲本) 028 038 102 107 108 245 262 264 270

일신(日新) 081 088

일신기덕(日新其德) 081

일신지위성덕(日新之謂盛德) 035 081 088 214

일언분사(一言僨事) 170 175 266

일인탐려 일국작란(一人貪戾 一國作亂) 170 175 266

일일신(日日新) 054 080 087 263 274

일일신지(日日新之) 081

입즉효 출즉제(入則孝 出則弟) 172

ㅈ

자(慈) 090 093 171 174 183 188 263

자강불식(自彊不息) 063 073

자겸(自謙) 136

자기(自欺) 136

자로(子路) 124

자명(自明) 072 073 075 076 075

자범(子犯) 223

자사(子思) 017 142 242

자성(自誠) 073

자소(自昭) 073

자수(自修) 090 118 122 123 264

자신(自身) 072 075 154

자신(自新) 081 082 083 084 085 248

자연(自然) 046 073 124

자자 소이사중야(慈者 所以使衆也) 170 171 266

자천자이지어서인(自天子以至於庶人) 028 038 102 107 108 245 262 264 270

작극(作極) 089

작신민(作新民) 083 084 088 089 274

장국가이무재용자 필자소인의(長國家而務財用者 必自小人矣) 213 216 230 268 269

장유유서(長幼有序) 095

장장(長長) 187 188 195

장횡거(張橫渠) 242

재격물(在格物) 022 038 049 110 249 250 262

재명명덕(在明明德) 022 038 039 048 061 062 063 262

재산즉민취(財散則民聚) 206 213 218 227 268

재용(財用) 209 211 212 213 216 220 230 239 268 269

재자 말야(財者 末也) 198 206 268

재지어지선(在止於至善) 022 038 039 048 061 062 063 262

재취즉민산(財聚則民散) 206 213 218 227 258

재친민(在親民) 022 038 039 048 061 062 063 262

재필체부신(苗必逮夫身) 160 163 169 221 266 268

쟁민시탈(爭民施奪) 198 206 207 211 218 268

적자(赤子) 135 139 142 144 170 182 265 266

전문(傳文) 019 024 025 043 065 074 080 090 102 118 135 148 160 170 186 198 206 213 221 230 245 263

전악(典樂) 225

전왕불망(前王不忘) 090 095 263 264

절차탁마(切磋琢磨) 120 122 123 130

절피남산 유석암암(節彼南山 維石巖巖) 186 198 267

정(貞) 027 134 157 169 184 197 220

정명도(程明道) 242

정시사국(正是四國) 170 180 267

정심(正心) 023 031 032 033 034 035 050 052 053 054 059 104 113 152 153 154 155 156 157 158 245 246 247

정이천(程伊川) 019 242

정자(程子) 017 020 039 040 043 086 109 110 112 149 234 235 242 243 244 248

정주학(程朱學) 242

정직(正直) 076 137 158 190 194 280

정현(鄭玄) 018 161 234

정호(程顥) 018

제가(齊家) 023 026 031 032 033 034 035 050 051 052 054 059 060 063 089 104 107 113 154 162 164 165 166 171 172 177 180 182 183 185 245 275 285

제경공(齊景公) 181

제자 소이사장야(弟者 所以事長也) 170 171 266

제전(帝典) 065 071 074 263

조목(條目) 020 050 052 110 111 112 128 142 144 156 252 253

조풍(曹風) 시구(鳲鳩) 180

족법이후 민 법지야(足法而后 民 法之也) 170 180 267

주(紂) 083 200

주(周) 067 070 080 082 084 088 093 257 263 276 278 279 292

주공(周公) 014 024 025 048 065 083 084 110 241 287

주남(周南) 도요(桃夭) 178

주렴계(周濂溪) 047 242

주서(周書) 065 070 083 231 232

주송(周頌) 095 096

주수구방 기명유신(周誰舊邦 其命維新) 080 082 263

주역(周易)

017 021 024 030 033 035 045 046 047 060 068 070 073 075 076 079 081 085 087 088 094 095 097 099 101 112 113 114 115 116 117 126 131 132 133 134 145 146 152 158 159 167 168 169 174 177 184 185 192 194 195 197 199 201 203 204 205 216 219 220 228 237 290

주자(朱子)

010 011 012 017 019 020 024 025 042 043 055 066 070 084 092 098 109 110 112 120 123 125 127 136 242 243 244 246 247 248 254 260 261 262 270

주회암(朱晦庵) 242

주희(朱熹) 260 261

준명불이(峻命不易) 198 267

중(中) 034 049 099 139 140 142 146 149 153 154 156 162 164 166 167 189 191 281

중부(中孚) 184 276

중손멸(仲孫蔑) 224

중용(中庸)

012 015 016 017 019 020 021 023 040 041 045 046 047 048 066 072 073 074 075 076 095 099 101 117 130 137 138 140 141 142 143 144 145 146 147 149 152 156 161 162 164 165 167 177 179 181 190 192 206 207 222 223 242

중정(中正) 114 115 153 156 166 195 196 292

즉근도의(則近道矣) 038 102 106 132 206 245 262 264

증자(曾子) 017 024 025 027 142 144 150 151 154 157 242 258

증자왈 십목소시 십수소지 기엄호(曾子曰 十目所視 十手所指 其嚴乎) 135 148 150 265

지(知) 026 040 045 046 049 050 053 060 063 064 087 104 119 126 128 129 130 137 143 249 251

지(智) 041 157 251

지기소애긍이벽언(之其所哀矜而辟焉) 160 226

지기소오타이벽언(之其所敖惰而辟焉) 160 226

기기소외경이벽언(之其所畏敬而辟焉) 160 226

지기소천오이벽언(之其所賤惡而辟焉) 160 225

지기소친애이벽언(之其所親愛而辟焉) 150 160 265

지본(知本) 024 112 125 131 132 274

지성여신(至誠如神) 140

지성감천(至誠感天) 140

지소선후(知所先後) 038 102 106 112 119 206 245

지어경(止於敬) 090 093 263

지어신(止於信) 090 093 263

지어인(止於仁) 090 093 263

지어자(止於慈) 090 093 263

지어지선(止於至善) 021 040 090 096 097 098 101 120 115 222 237 263

지어효(止於孝) 090 093 263

지자우귀 의기가인(之子于歸 宜其家人) 170 178 266 267

지재(地才) 047

지지(知至) 022 038 055 056 057 109 126 127 132 247 248 249 250 262 274

지지이후 유정(知止而后 有定) 038 118 262 264

지지지야(知之至也) 133

진(秦) 222 223 232

진(晉) 223

진(晉)괘 068 073 075 276

진덕(進德) 026 060 133 203

진서(秦誓) 163 213 230 231 268 269 275

진실무망(眞實无妄) 168

진진(蓁蓁) 178

징분질욕(懲忿窒欲) 149

ㅊ

차위(此謂) 028 1452 155 177 180 224 235 238

차위물격(此謂物格) 102 108 109 110 112 245 264

차위유인인 위능애인 능오인(此謂唯仁人 爲能愛人 能惡人) 213 230 232 268 269

차위지본(此謂知本) 102 109 110 112 118 124 125 126 127 245 264

차위지지지야(此謂知之至也) 109 110 112 118 125 132 264 265

차지위자겸(此之謂自謙) 135 169 265

천도(天道) 031 033 034 047 059 89 144 281 290 292

천명지위성(天命之謂性) 048 066

천부지성(天賦之性) 039 066 168 248

천오(賤惡) 161 165 166

천재(天才) 047

천하평(天下平) 022 038 055 056 057 262 275

첨피기욱(瞻彼淇澳) 090 118 121 263 264

청송 오유인야 필야사무송호(聽訟 吾猶人也 必也使無訟乎) 102 109 118 124 245 264

청이불문(聽而不聞) 148 151 265

초국 무이위보 유선 이위보(楚國 無以爲寶 惟善 以爲寶) 206 221 268

초어(楚語) 221

초학자(初學者) 011 039 051

춘추(春秋) 018 252 290

춘추린필(春秋麟筆) 252

춘추절필(春秋絶筆) 252

충(忠) 164 192 195 196 202 203

충서(忠恕) 027 164 192 195 196 199 239

충신(忠信) 133 199 203 205 239

취렴지신(聚斂之臣) 225

치국(治國) 023 026 060 063 170 177 266 275

치이지(致而知) 251

치지(致知)
022 023 024 026 038 049 050 060 063 111 119 126 128 132 136 247 248 249 250 251 262 274

치천하지대경대법(治天下之大經大法) 069

친(親) 032 043 046 048 053 084 086 087 104 238 248 249 251 285

친민(親民) 021 026 031 033 040 043 060 080 086 247 248 263 274

친애(親愛) 086 161 165 166 167 249

친이신(親而新) 086 250 251

친친(親親) 095 096 166

칠서(七書) 016

ㅋ

쾌(夬) 237 276 292

ㅌ

탕지반명(湯之盤銘) 080 263

탕평정직(蕩平正直) 190 194 284

태(泰) 014 035 202 219 236 237 276 292

태갑(太甲) 065 069 071 074 263

태극(太極) 011 014 030 031 042 043 063 089 293

태학(太學) 042 254

퇴계(退溪) 019 126

ㅍ

팔조목(八條目) 020 022 023 038 049 055

평천하(平天下) 023 026 060 063 193 285

풍(風) 027 077 106

피위선지(彼爲善之) 213 216 217 230 268 269

필신기독(必愼其獨) 135 137 144 169 265

필충신이득지 교태이실지(必忠信以得之 驕泰以失之) 198 202 221 268 269

ㅎ

하(夏) 070 279

하도(河圖) 011 025 033 052 058 279

하서(夏書) 070

하우(夏禹) 279

하학(下學) 050 051 052 056 112 275

학역지관(學易之關) 017 029 048 057

학이취지 문이변지(學以聚之 問以辨之) 130

한거(閒居) 135 137 138 265

항(恒) 078 276

항룡-유회(亢龍有悔) 048 199

허령불매(虛靈不昧) 039 084

허무(虛無) 258 259

헌공(獻公) 223

헌문(憲問) 066

혁신(革新) 081 082 083 086 087 088

혁혁사윤(赫赫師尹) 186 198 267

혁혜훤혜(赫兮喧兮) 090 118 121 263 264

현기현이친기친(賢其賢而親其親) 090 095 263 264

현친(賢親) 096 099

혈구지도(絜矩之道) 186 188 189 194 204 267

호언(狐偃) 223

호연지기(浩然之氣) 015

호오(好惡) 162 163 164 165 166 167 168 169 177 181 191 195 196 197 199 233 238 239

호요(好樂) 148 265

호이지기악 오이지기미자 천하 선의(好而知其惡 惡而知其美者 天下 鮮矣) 160 266

호인지소오 오인지소호 시위불인지성(好人之所惡 惡人之所好 是謂拂人之性) 160 163 221 266 268

홍범(洪範) 054 076 190 194 201 279 280

홍범구주(洪範九疇) 076 089 285

화(和) 149 156

화패이입자 역패이출(貨悖而入者 亦悖而出) 206 221 226 268 269

황극(皇極) 053 059 076 089 279 280

황건기유극(皇建其有極) 089

황제(黃帝) 254 255

회재(晦齋) 이언적(李彦迪) 019 020

효제자(孝弟慈) 171 174 180 181 183

효자 소이사군야(孝者 所以事君也) 170 171 266

후말(後末) 120 249

후직(后稷) 082 087

휵마승(畜馬乘) 224 225

휵마승 불찰어계돈(畜馬乘 不察於雞豚) 221 224 230 269

휼고(恤孤) 187 188 195

흥(興) 187